高等职业教育汽车运用与维修专业教材

汽车故障诊断技术（第二版）

主　编　孔旭红

中国劳动社会保障出版社

图书在版编目(CIP)数据

汽车故障诊断技术 / 孔旭红主编. -- 2 版. -- 北京：中国劳动社会保障出版社，2019
高等职业教育汽车运用与维修专业教材
ISBN 978 - 7 - 5167 - 3562 - 6

Ⅰ.①汽… Ⅱ.①孔… Ⅲ.①汽车-故障诊断-高等职业教育-教材 Ⅳ.①U472.42

中国版本图书馆 CIP 数据核字(2019)第 025448 号

中国劳动社会保障出版社出版发行

（北京市惠新东街 1 号　邮政编码：100029）

*

三河市华骏印务包装有限公司印刷装订　新华书店经销

787 毫米×1092 毫米　16 开本　15.25 印张　339 千字

2019 年 3 月第 2 版　　2022 年 12 月第 5 次印刷

定价：39.00 元

营销中心电话：400-606-6496

出版社网址：http://www.class.com.cn

内容简介

本书以汽车故障诊断技术为主线，分别介绍了汽车故障诊断基本知识、汽车故障诊断仪器和设备的正确使用、汽车发动机故障诊断、发动机电控系统故障诊断、电控柴油发动机故障诊断、汽车底盘故障诊断、汽车底盘电控系统故障诊断、汽车电气系统故障诊断、汽车安全气囊系统故障诊断。通过学习本书内容，学生可以初步掌握汽车故障诊断与排除的技能。

本书注重理论联系实际，力求理论知识通俗易懂、深入浅出，实操内容够用、实用。本书可作为高等职业院校汽车运用与维修专业的教材，也可作为社会培训机构或汽车爱好者的参考用书。

本书由孔旭红主编，参与编写的人员有魏洪英（第一、四章）、史芸台（第二、五章）、李薇（第三章）、孔旭红（第六、七、八、九章）。

前 言

“高等职业教育汽车运用与维修专业教材”为国家级职业教育规划教材，自出版以来，受到了广大相关职业院校师生的好评。为了更好地服务社会，为广大师生提供实用、好用的教材，中国劳动社会保障出版社适时地对这套教材进行了改版。改版教材是在充分考虑我国汽车运用与维修职业教育特点的基础上，依据最新的法规、标准和技术发展成果，由学术水平高、教学经验丰富的教师编写而成。教材在以下方面进行了尝试和创新：

一、在品种上进行了优化。教材在上一版次的基础上，保留了反响较好的品种，去掉了适用性差的品种，增加了一些学校急需品种。改版后的教材共有25个品种，分别为《汽车营销（第三版）》《汽车文化》《新能源汽车概论》《无人驾驶汽车概论》《汽车电气设备构造与维修（第二版）》《汽车车身电气设备系统及附属电气设备检修（第二版）》《汽车总线技术》《汽车销售实务》《汽车售后服务管理》《汽车专业英语（第三版）》《商用车电气系统检修》《柴油发动机构造与控制系统检修》《汽车底盘构造与维修（第二版）》《汽车构造（第三版）》《汽车机械基础（第二版）》《汽车车身修复技术（第二版）》《汽车机械识图》《汽车机械识图习题册》《汽车故障诊断技术（第二版）》《二手车鉴定及评估（第二版）》《汽车发动机构造与维修（第三版）》《汽车检测技术（第三版）》《汽车维修技术（第二版）》《汽车维修质量检验（第二版）》《汽车自动变速器原理与维修（第三版）》。

二、在内容上作了更新。改版教材参考了现行的法律法规、技术标准等规范性文件，吸收了最新的维修技术和方法，在车型的选择上，既着眼于主流车型，又兼顾院校的教学实际，因此，教材能够满足大多数院校的教学使用。为了给教师提供更多的教学便利，每一套教材还配有精心制作的PPT课件，尽量采用多媒体的元素来展现教学内容，从而使教学更直观，更轻松。

三、在理念上选择了坚持。同上一版教材一样，改版教材仍然坚持以职业为导向，以能力培养为目标，以适用、够用为原则，实现知识和技能的合理统一。

四、在编写风格上进行了继承和发展。改版教材继承了上一版的编写风格，对图片的质量进行了大幅的提升，强调尽量以表格的形式对内容进行总结、归纳，增加了“技术提示”“安全提示”“环保提示”等模块，以利于学生在学习专业知识的同时，也了解一些紧密相关的其他知识。

五、在服务上进行了大胆的创新。选用教材的教师可以加入教材交流 QQ 群，通过这个平台教师可以下载资源、浏览样张、分享经验、反馈意见、与主编和出版者交流，享受一对一、面对面的贴心服务。教材 QQ 交流群号：577237654。

编　者

2018 年 8 月

目　录

第一章 汽车故障诊断基本知识

学习目标

1. 通过学习本章内容，掌握汽车故障的分类、现象及其危害，了解汽车故障的成因及变化规律，能进行汽车故障的初步判断。

2. 掌握汽车故障诊断的方法，了解汽车故障诊断注意事项，能用直观诊断法对汽车的某些典型故障进行初步分析和诊断。

汽车是一种运动的机械，由许多总成、机构和元件构成。汽车的结构异常复杂，零部件数量繁多。由于某一种或几种原因的影响，汽车的技术状况随行驶里程的增加而变化，动力性、经济性、可靠性、安全性逐渐或迅速下降，排气污染和噪声加剧，故障率增加，这不仅对汽车的运行安全、运行消耗、运输效率、运输成本及自然环境造成极大的影响，而且还直接影响汽车的使用寿命。因此，研究汽车故障的变化规律，定期检测汽车的使用性能，及时而准确地诊断出故障部位并排除故障，就成为汽车应用的一项重要内容。

汽车在使用过程中出现故障，其原因既有主观方面的，也有客观方面的。主观方面的原因主要包括设计制造、材料选择、自然老化等，客观方面的原因主要包括工作条件、使用维护等。汽车故障一旦出现，就应借助一定的方法和手段，利用必要的仪器和设备，通过正确的逻辑判断，查找出导致故障的原因，并及时予以排除，使汽车尽快恢复正常工作状态，以利于延长汽车使用寿命，提高工作安全性。

随着科学技术的发展，仪器设备诊断在汽车诊断技术中从无到有，所占比重越来越大。仪器设备诊断大致经历了以下几个发展阶段：

第一个发展阶段是一些简单测试仪表的应用阶段，如转速表、气压表、真空表、电压表、电流表等被应用到汽车诊断工作中，其测试结果可作为人工经验诊断的依据，使汽车诊断从“耳听、手摸”的定性阶段逐步向定量阶段过渡。

第二个发展阶段是专用诊断设备的应用阶段。电子技术的进步，特别是计算机在专用诊断设备上的应用，对汽车诊断技术产生了重大影响。诊断设备由单机发展为配套机组，由单功能发展为多功能，由手工操纵发展为自动控制，并逐步开发出实用的汽车诊断专家系统。

目前已研制出来并投入使用的汽车诊断设备中，用于发动机诊断的主要有发动机无负荷测功仪、发动机综合测试仪、电子示波器、点火正时仪、废气分析仪、发动机异响诊断仪、机油快速分析仪、频谱分析仪、油耗计、气缸漏气量检测仪等，用于底盘诊断的主要有制动试验台、侧滑试验台、车轮定位仪、车速表试验台、灯光检验仪、底盘测功机、车轮动平衡机等。

汽车诊断技术随着汽车技术的发展和汽车行驶条件的改善而不断发展。随着汽车工业的发展，汽车结构越来越复杂，电子化程度越来越高，电子控制燃油喷射系统、电子控制防抱死制动系统、自动变速器等新结构在汽车上的应用已越来越普及；而高速公路建设对汽车的使用性能，特别是高速行驶的安全性能提出了更高的要求。这些不仅使人工经验诊断法难以适应日趋复杂的故障诊断，同时也提出了开发新型汽车诊断设备的客观需求。

强化和完善汽车监控预测功能，将成为汽车诊断技术发展的必然趋势。将汽车的故障诊断扩大到系统状态的预测，进而发展到元件状态的预测，从而提高汽车行驶的质量和可靠性。而这项预测技术的实现，取决于关键技术项目的解决，如故障机理的解析技术、诊断参数信息的识别和传感技术、预测故障模式的建立及故障模式的精确度和通用性的实用水平、新的检测手段的开发和运用、高速微处理机大容量廉价记忆装置的普及等。

第三个发展阶段是汽车故障诊断专家系统的应用阶段。汽车故障诊断专家系统是基于知识工程的基本理论，结合汽车故障诊断的特点，综合运用专家系统、计算机、模糊数学等学科有关知识的产物。

网络技术的异军突起给汽车故障诊断注入了新的活力。人们可以通过网上查询迅速获得所需要的资料，而且可以通过热线咨询随时得到具有高水平的“故障诊断专家系统”的指导。通过网络技术，可以将传感器检测到的数据远程传输到计算中心进行处理；同时，计算中心将分析结果反馈回现场指导故障诊断。可视网络技术的投入使用，将使远在千里之外的专家能像在现场一样，一步一步地指导检修人员诊断和排除故障。

神经网络作为有效的方法之一，已经在语音识别、文字识别、目标识别、计算机视觉、图像处理与识别、智能控制、系统辨识等方面显示出极大的应用价值。神经网络作为一种新的模式识别技术或知识处理方法，在汽车故障诊断领域有广阔的应用前景。

汽车故障诊断专家系统具有促进汽车维修机制改革、提高诊断和维修质量、降低维修成本的巨大潜力。

虽然汽车诊断技术发展很快，但目前的诊断仪器与设备还只能诊断汽车的部分性能和故障。对某些总成，如离合器、变速器、差速器、主传动系统等的故障诊断，目前还缺乏方便、实用的仪器和设备；汽车的外观检查，如车体是否周正，车身和驾驶室是否开裂、变形，漆膜是否脱落、锈蚀，甚至一些可能引起重大事故的部位的缺陷，如转向横拉杆、直拉杆球头松旷，传动轴和车轮螺栓松动等，都离不开人工凭经验检查。

技术提示
人工经验诊断法虽有一定的缺点，但在某些方面仍是仪器和设备诊断所不能代替的。

第一节　汽车故障诊断的基本概念及术语

一、基本术语

1. 汽车故障

汽车故障是指汽车部分或完全丧失工作能力的现象。

2. 汽车诊断

汽车诊断是指在不解体（或仅卸下个别零件）的条件下，确定汽车技术状况，查明故障部位及原因的检查。

3. 汽车技术状况

汽车技术状况是指定量测得表征某一时刻汽车外观和性能参数值的总和。

4. 诊断参数

诊断参数是指供诊断用的表征汽车、总成及机构技术状况的参数。

5. 汽车维修

汽车维修是指汽车维护和修理的总称。

6. 汽车检测

汽车检测是指确定汽车技术状况或工作能力的检查。

二、汽车故障诊断的意义

通过汽车故障诊断，可以在不解体的情况下判断汽车及各总成的技术状况，以便确定汽车是否可以继续正常行驶或需送厂维修。据统计，在汽车故障诊断过程中，查找故障的时间约占70%，而排除故障的时间约占30%。

汽车结构日益复杂，故障诊断的地位越来越重要。对汽车故障进行准确、迅速的诊断，可以有效提高维修质量，保证汽车的可靠性及安全性。可以这样说，故障诊断技术已经成为汽车维修工作的核心，只要判断正确，维修工作只是更换零部件和调整的过程。

三、汽车故障诊断基础知识

绝大多数汽车故障的发生，都是因为汽车零件本身或零件之间的配合状态发生了异常变化而引起的。汽车故障虽然类型较多，且故障的产生从一定程度上来看似乎有很大的偶然性，令人难以把握，但是汽车故障自有其变化规律，绝大多数故障都是有迹可循的。

1. 汽车故障的分类

按不同的分类方法，汽车故障可分为不同类型。

（1）按丧失工作能力程度分类：

1）局部故障。指汽车丧失部分工作能力，其他功能仍保持完好，汽车尚能行驶。

2）完全故障。指导致汽车完全丧失工作能力的故障（尽管故障只发生在某一部分）。

（2）按故障性质分类：

1）一般故障。指不影响行驶的故障，或能及时、较方便排除的故障。

2）严重故障。指影响汽车行驶的故障，或会造成严重后果的故障。

（3）按故障发展速度分类：

1）急剧性故障。指故障一旦发生，汽车工作状态便迅速恶化，故障发展很快，必须马上停车修理的故障。

2）渐变性故障。指发展缓慢，即使出现也能继续行驶到有条件的地方再进行修理的故障。

（4）按故障可能造成的后果分类：

1）非危险性故障。指不会引起车辆及零部件损坏、人身伤害或财产损失的故障。

2）危险性故障。指有可能引起人身伤害、车辆损坏及财产损失的故障。这类故障是故障诊断和预防的重点内容。

（5）按工作状态分类：

1）间歇性故障。指有时发生、有时消失的故障。

2）永久性故障。指故障出现后，如不经人工排除，将一直存在的故障。

2. 汽车故障的成因

汽车在使用过程中难免会产生各种各样的故障，而零件的失效是引起汽车故障的主要原因。汽车零件失效的影响因素很多，主要有设计制造、工作条件、使用维护和自然失效四个方面。

（1）设计制造：

1）设计不合理是汽车零部件损坏的起源。如轴类零件截面变化太突然、孔类及槽类零件截面削弱等都会产生应力集中，从而引起汽车零件的早期损坏；某些零部件在设计时就存在缺陷，如对其受力状态考虑不全面，或是对其在汽车行驶时的运动轨迹、振动幅度等考虑不周，导致汽车运动时机件发生摩擦、剐蹭、冲击等，使机件产生损坏，从而引起汽车故障。

案例：设计制造考虑不周引发的故障

2001 年，在中国轰动一时的日本三菱帕杰罗（PAJERO）V31、V33 越野车索赔及召回案，就是由于汽车在设计制造时考虑不周，又长期在较差路况行驶，从而导致制动管摩擦破裂、漏油而使制动失灵。

2）材料选择不当必然会引起汽车故障。在选择零件材料时要充分考虑其强度、硬度、韧性及耐磨、耐热、耐腐蚀等多种性能；否则，由于某些方面不能满足实际使用要求，必然会引起故障。

3）制造缺陷也可引发汽车故障。零件制造工艺不合理、加工过程中操作不当、加工及装配精度不够等，均会影响零件的使用性能，从而使汽车产生故障。

（2）工作条件。工作条件包括受力状况和工作环境两方面。汽车零件在工作中有可能承受弯曲、拉伸、压缩、扭转、冲击、振动等多种载荷的作用，有些零件甚至同时承受多种载荷的联合作用。当这些载荷超过零件承受极限，或载荷的作用达到一定次数时，将导致汽车零件功能失效。

有些汽车零件在不同工作介质及工作温度下工作，会引起零件的变形、磨损、腐蚀及材料性质发生变化等，使零件损坏。

（3）使用维护。当汽车出厂后，其使用寿命和故障发生率在很大程度上取决于对汽车的使用和维护。汽车在使用过程中应做到合理使用，定期检测，强制维护，及时修理。使用中违反操作规程，超速，超载，燃料、润滑材料不符合使用要求或变质，不按规定进行定期检测及维护等，均会造成汽车零件的损坏。

（4）自然失效。汽车作为一种运输工具，长期在各种条件下工作，其零件自然会发生渐进性的变化，使零件的形状、尺寸、表面及内在质量、配合副的相互位置乃至配合性质等产生不可逆转的变化，造成汽车技术状况恶化，严重的还会因零件断裂等造成行车事故，带来不可估量的损失。材料的自然失效（俗称老化）尤以橡胶和塑料件最为严重。因此，在进行总成修理时必须更换所有橡胶类零件。一些重要的橡胶件和塑料件（如各种膜片等）必须按说明书规定的周期及时更换，以免引起汽车故障，酿成交通事故。

四、汽车故障的变化规律

汽车故障的变化规律可用汽车的故障率随汽车行驶里程的变化关系来表示。汽车的故障率是指当汽车行驶到一定里程时，其在单位行驶里程内发生故障的概率。故障率也称失效率，是衡量汽车可靠性的一个重要参数。

图 1—1 所示为汽车的故障率（汽车故障变化规律）曲线，形象地称之为浴盆曲线。它表明了汽车故障率与汽车行驶里程的关系。汽车故障的变化可分为三个阶段，即早期故障期、随机故障期和耗损故障期。

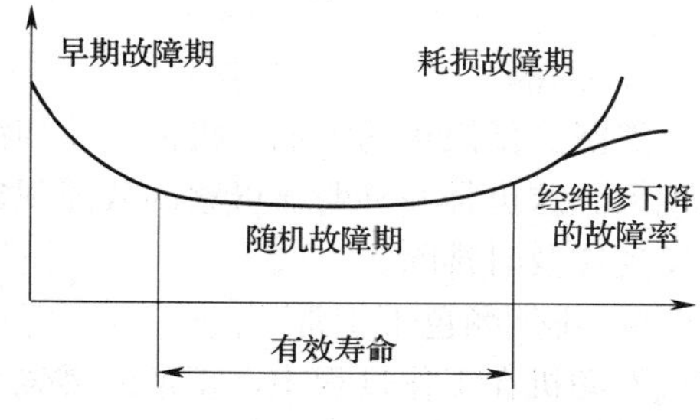

图 1—1　汽车故障变化规律曲线

1. 早期故障期

汽车的早期故障期相当于汽车的磨合期。在此阶段，由于汽车零件的磨损量较大，因此故障率较高，但总的趋势是随着汽车行驶里程的增加，汽车的故障率在逐渐降低。

2. 随机故障期

随着早期故障期的结束，零件的磨损进入稳定时期，汽车及总成的技术状况处于最佳状态，故障率低而稳定，故称为随机故障期，是汽车的有效使用时期。在随机故障期，故障的发生是随机性的，其原因一般是材料隐患、制造缺陷、润滑不良、使用不当及维护欠佳等。

3. 耗损故障期

随机故障期结束后，大部分零件磨损量过大，加之交变载荷长期作用及零件老化，各种条件都恶化，使磨损量急剧增加，汽车及各总成状况很快变差，故障率迅速上升。此时，应及时进行维修，以免导致汽车及总成报废甚至出现严重事故。因此，在实际使用中，必须以汽车故障率曲线为依据，制定出合理的维修周期，以恢复汽车的使用性能。

五、汽车故障现象

1. 工况突变

所谓工况突变，是指汽车的工作状况突然出现不正常现象，这是比较常见的故障现象。例如，发动机突然熄火后再起动困难，甚至不能起动；发动机在行驶中动力突然降低，使汽车行驶无力；汽车在行驶中突然制动失灵或跑偏等。这种故障虽然明显，容易察觉，但其成因复杂，而且往往是由渐变到突变，因此，在诊断时必须认真调查分析突变前有无可疑现象，去伪存真，判明故障的位置。

2. 异响

有些故障往往可以引起汽车发动机或底盘部分的不正常响声，这种故障现象明显，一般可以及时发现。应当指出的是，有些异响故障可能酿成机件事故，故必须认真对待。经验表明，凡声响沉重并伴有明显振抖的现象，多数是恶性故障，应立即停车并查明原因。一般的声响常因成因不同而带有不同的特征，在判断时应当仔细查听，正确分辨。

3. 过热

过热通常表现在发动机、变速器、驱动桥和制动器等总成上。在正常情况下，无论汽车工作多长时间，这些总成均应保持一定的工作温度。除发动机外，若用手触试时感到烫手，即表明该处温度过高。发动机过热说明冷却系统存在故障，如不及时排除会引起爆燃、早燃、行驶无力，甚至造成活塞等部件的烧熔事故。驱动桥过热通常是由装配不良或缺少机油等原因所致，如不及时排除，将引起齿轮及轴承等零件烧损。因此，对过热现象不可掉以轻心。

4. 渗漏

渗漏是指汽车的燃油、机油、冷却液、制动液（或压缩空气）及动力转向系统油液的渗漏现象。这也是一种明显可察的故障现象。渗漏易造成过热、烧损、转向及制动失灵等，一旦发现应及时排除。

5. 排烟颜色不正常

发动机在工作过程中，正常的燃烧生成物的主要成分应当是二氧化碳和少量的水蒸气。如果发动机燃烧不正常，废气中会掺有未燃烧完全的炭粒、碳化氢、一氧化碳及氮氧化物等。对于汽油机而言，正常的废气应无明显的烟雾。气缸里上窜机油时，废气呈蓝色；燃烧不完全时，废气呈黑色；油中掺水时，废气呈白色。若柴油发动机的排气颜色不正常，通常伴随发动机无力或不易起动的现象。因此，烟色是诊断柴油发动机故障的重要依据之一。

6. 失控或振抖

汽车或总成工作时，可能出现操纵困难或失灵现象，有时可能出现自身振抖。例如，由于前轮定位不正确而出现前轮振摆或跑偏，由于曲轴或传动轴动平衡不良而使发动机或传动系统在运转中产生振抖等。

7. 燃油、机油消耗异常

燃油、机油消耗异常也是一种故障现象。燃油消耗增多，一般为发动机工作不良或底盘（传动系统、制动系统）调整不当所致。机油消耗过多，除了渗漏之外，多数是发动机存在故障，这时常常伴有加机油口处大量冒烟或脉动冒烟，排气烟色不正常等现象，其原因主要是活塞与气缸壁的配合间隙过大或活塞与气缸壁有严重损伤。若发动机在工作中机油的消耗量有增无减，可能是润滑系统中掺入冷却液或燃油。因此，燃油、机油消耗异常是发动机故障的一个重要标志。

8. 有特殊气味

汽车在运行中，如有制动拖滞或离合器打滑等故障，则会散发出摩擦片的焦臭味；发动机过热或机油、制动液（带有真空增压器的液压制动系统）燃烧时，会散发出一种特殊气味；电路短路、搭铁导致导线烧毁时也会产生异味。行车中一旦发觉车内有特殊气味，应立即停车并查明故障原因。

9. 汽车外观异常

将汽车停放在平坦场地上，检查其外形状况，如有横向或纵向歪斜等现象，即为外观异常，其原因多数是车架、车身、悬架、轮胎等出现异常。汽车外观异常会引起方向不稳、行驶跑偏、重心转移、车轮吃胎等故障。

六、汽车零件损坏机理

1. 磨损

绝大多数汽车零部件不能继续使用并不是由于汽车零部件的整体破坏，而是由于部分零部件配合副的表面磨损，使其工作性能降低。

磨损是指有相对运动（或趋势）的零件工作表面的物质由于摩擦而不断损耗的现象。据统计，汽车零件中75%是因为表面磨损导致工作性能下降而报废的。按照磨损机理，磨损可分为磨料磨损、黏着磨损、疲劳磨损和腐蚀磨损四种主要类型，此外还有微动磨损、过度磨损等。

汽车零件磨损机理及特点见表1—1。

表1—1　　汽车零件磨损机理及特点

磨损类型	机理分析	表现特征	举例
磨料磨损	由夹在摩擦副间微粒的作用产生的磨损	表面划出沟槽	气缸壁一道道沟槽
黏着磨损	相互作用的摩擦副之间产生表面物质撕脱和转移的磨损	锥形、擦伤麻点、沟槽	活塞、气缸壁、滑动轴承等表面烧伤
疲劳磨损	在摩擦面间接触应力反复作用下表面材料疲劳而产生物质损失的现象	裂纹、麻点、微片脱落	滚动轴承、齿轮等接触表面
腐蚀磨损	在腐蚀和摩擦共同作用下导致零件表面物质损失的现象	生成新物质	气缸壁低温时的腐蚀

（1）磨料磨损。磨料磨损是指在相互摩擦的两表面间，由于硬质颗粒的存在而引起零件表面磨损的现象。磨料磨损将会在材料表面划出沟槽，其磨损程度随运动速度、载荷、磨料硬度等的增大而加剧。减小磨料磨损的主要措施是防止外来磨粒进入及防止摩擦表面间产生磨粒。

（2）黏着磨损。黏着磨损是指在相互摩擦的两个表面之间，由于温度较高，使摩擦表面的金属局部熔化而发生转移，黏附在相接触的零件表面的现象。黏着磨损将会在零件表面形成麻点或鳞尾状磨痕。严重的黏着磨损会使零件表层金属内部撕裂，引起摩擦表面咬黏，即两个摩擦表面黏附在一起，导致相对运动中止，造成机械事故。曲轴烧瓦和发动机拉缸即属此类磨损。减少黏着磨损的主要措施包括采用科学的磨合工艺、按规定要求强化材料表面、选择合适的表面粗糙度、保持良好的润滑等。

（3）疲劳磨损。疲劳磨损是指在周期性载荷长期作用下，相互接触的零件表面产生塑性变形及应力集中，导致形成微观裂纹，随摩擦进程的延续，微观裂纹进一步扩大并交织在一起，最后造成材料局部剥落的现象。疲劳磨损将在材料表面形成麻点、裂纹甚至剥落。疲劳磨损是汽车滚动轴承、齿轮及凸轮等零件的主要磨损形式。

（4）腐蚀磨损。腐蚀磨损是指因材料与周围介质发生化学或电化学反应而引起零部件表面材料损失的现象。腐蚀磨损根据其介质性质等的不同可分为氧化磨损、特殊介质腐蚀磨损和穴蚀三种形式。减小腐蚀磨损的主要措施包括选用耐腐蚀性强的材料、对材料表面进行不同的处理（如表面挤压、表面淬火、碳氮共渗、表面喷钼）及正确的使用维护等。

2. 变形

汽车零件的变形是指在使用过程中，由于受外部载荷及内部应力等的共同作用，零件的形状和位置发生了不能自行恢复的变化。随着使用时间的延长，汽车零件发生变形是不可避免的。零件变形后将对零部件、总成乃至整个汽车的工作能力及使用寿命有很大影响，因此，零件变形是引起汽车故障的主要原因。汽车零件变形的主要影响因素是外载荷和内应力。

（1）外载荷。由于汽车零件在工作时要传递力及扭矩，还要承受各种冲击和振动，这样便在零件内部产生各种应力，当这种应力超过材料的屈服极限时，将使汽车零件产生永久性变形。

（2）内应力。汽车零件的内应力主要来自以下几个方面：

1）汽车零件（特别是复杂零件）在制造加工过程中产生的残余内应力。

2）使用过程中因零件承受力、力矩及冲击、振动等产生新的内应力。

3）零件因温度剧烈变化而产生新的内应力。

4）维护、修理质量较差产生新的内应力。

由于以上内应力的存在，易导致汽车零件产生变形。

3. 断裂

汽车零件在承受较大静载荷、动载荷或达到材料的疲劳极限时，有可能出现断裂。断裂也是汽车零件的常见故障之一。这种故障具有突发性的特点，往往酿成重大事故。断裂可分为韧性断裂和脆性断裂两种。

（1）韧性断裂。韧性断裂是发生在宏观塑性变形下的断裂，这种断裂在断裂之前有明显的塑性变形，某些晶体局部首先破裂，然后才导致材料完全断裂。

（2）脆性断裂。脆性断裂是突然发生的，断裂前几乎不产生明显的塑性变形。这种断裂一般先在材料薄弱处形成微观疲劳裂纹，然后裂纹逐渐延伸到材料本体，裂纹扩展到一定程度时造成零件突然断裂。

4. 腐蚀

汽车零件的腐蚀是指汽车零件材料接触各种介质后起反应而造成零件损坏的现象。按腐蚀的机理，腐蚀可分为化学腐蚀和电化学腐蚀。

（1）化学腐蚀。化学腐蚀是指零件材料直接与介质发生化学反应的现象。化学腐蚀通常在零件表面形成一层覆盖膜层，如铁、铝等金属在空气中氧化，就会在其表面形成一层氧化膜。

（2）电化学腐蚀。当两种不同的金属材料处在同一导电溶液中时，两种金属即相当于一对电极，这样便形成了原电池，产生电化学反应，使阳极金属因有电子流向阴极而受到腐蚀，这种现象称为电化学腐蚀。

防止腐蚀最有效的方法是在金属表面覆盖保护层，以隔绝金属与介质的直接接触，采取的具体措施有喷漆、钝化处理、镀金属层（如镀铬、镍）等。

5. 使用及操作不当

驾驶员的操作规程是根据汽车工作条件、工作性质及诸多因素制定的，若违反操作规程，汽车就容易发生故障。如有些驾驶员经常超速、超载驾驶，发动机高转速低挡位或高挡位低速行驶，这样的操作会使车辆使用寿命缩短，故障频繁发生。

注意

汽车经常超载行驶容易使车架、车桥、悬架和其他零件变形或损坏。

技术提示

汽车起步应缓慢松抬离合器踏板，否则容易造成离合器从动盘、主减速器、半轴等传动系统零部件受冲击和损坏。

6. 环境或道路条件恶劣

外界气温过低或过高都不利于汽车的使用，若驾驶员不采取相应防范措施，极易使汽车发生故障。气温过低，会使机油黏度过高，流动性变差，造成零件磨损加剧，使发动机冷起动困难。气温过高，容易引起发动机温度过高，汽油机的燃油产生气阻，混合气早燃；同时使机油黏度降低，造成润滑不良等。

当汽车在崎岖不平的道路上行驶时，行驶速度多变，变速器换挡次数和离合器的分离接合次数均会增多；同时会引起汽车振动，使悬架等零件受到冲击。

7. 燃油质量和机油质量低

选用燃油牌号不当，或燃油的质量不达标，特别是胶质含量、含硫量、机械杂质和水分超标，会造成汽车技术状况变差或引发故障。如汽油发动机选用不适当压缩比的低辛烷值汽油，是汽车发出“突突”声、起动无力、气缸衬垫损坏等故障的成因。

汽油的蒸发性过强或过弱，直接影响到可燃混合气的形成速度和质量。汽油蒸发性过强，遇到气温过高时，容易形成气阻，中断供油；汽油蒸发性弱，混合气形成速度慢且质量差，使发动机起动困难，或起动后加速缓慢，功率下降。

汽油中胶质含量超过规定值，容易造成油路堵塞，燃烧室形成积炭。

柴油发动机在冬季选用凝固点高的柴油，是供油系统发生故障以致不能起动的原因。

汽、柴油中含机械杂质和水分超标，会加速零件磨损，使燃油路堵塞、零件腐蚀，冬季还容易使管路中的油冻结。

8. 管理、使用维护不当

如车辆装载不合格或超载；新车或大修车不执行走合规定，不进行走合保养等，均容易使车辆产生故障。

第二节　汽车故障诊断方法及注意事项

现代汽车性能越来越完善，结构越来越复杂，对汽车故障进行诊断的难度也不断增加，这就要求人们首先要了解故障现象，然后结合工作原理进行周密分析，按正确思路进行排查，最后准确判断故障部位及原因。

故障诊断按其诊断的深度可分为初步诊断和深入诊断。初步诊断是根据故障的现象，判断出故障产生原因的大致范围。深入诊断是根据初步诊断的结果对故障原因进行分析、查找，直到找出产生故障的具体部位。

汽车故障常用的诊断方法有直观诊断、利用随车故障自诊断系统诊断、利用简单仪表诊断和利用专用诊断仪器诊断等。

一、汽车故障诊断方法

1. 直观诊断

直观诊断又称经验诊断或人工诊断，就是利用人的感觉器官，对汽车故障现象通过问、看、听、摸、闻、试、比、测、想、诊等过程，了解故障的特点，深入分析、判断，进而确定故障部位的诊断方法。

（1）问。接车后，要向驾驶员详细询问车辆的行驶里程、行驶状况、行驶条件、维修情况、故障表现、故障起因等，掌握故障的初步情况。有些常见故障或某车型的普遍故障通过“问”即可准确地判断出来。

（2）看。主要是通过观察发现汽车较明显的异常现象，例如，有无漏油、漏水、漏气，发动机排气颜色是否正常，液体流动是否正常，各部件运动是否正常，连接机件有无松脱、裂纹、变形及断裂等现象，轮胎气压及轮胎磨损状况，车架、车桥、车身及各总成外壳、护板等有无明显变形现象，有无剐蹭痕迹等。

（3）听。所谓“听”，一般是在汽车工作时听有无敲缸、异常摩擦、传动带打滑、机械撞击、排气管放炮等杂音及异响。汽车整车及各总成、各系统在正常工作时，发出的声音一般都是有一定规律的，通过仔细辨别能大致判断出声音是否正常，根据异响特征甚至可直接判断出故障的部位及原因。

（4）摸。用手触摸各接头、插接口、固定螺栓（钉）等是否松脱，各总成部件的温度有无异常等。例如，汽车空调制冷工作时高压管应烫手（70℃左右）、低压管应冰手（0℃左右），否则说明不制冷；行车间隙用手摸胎侧温度，可判断胎温是否过高；用手摸导线接头是否牢固，有无发热现象，可以判断有无虚接或接触不良。

（5）闻。主要通过出现故障后产生的不同气味来判断故障部位及原因。例如，发动机烧机油会产生烧油味，混合气过浓使排气中有生油味，离合器、制动器等摩擦片打滑时会发出煳臭味，传动带打滑后会产生烧焦味，导线过热后会发出胶皮味，橡胶及塑料件过热后会发出橡胶及塑料味等。

（6）试。试是通过对汽车及总成做不同工况的模拟试验，再现并确认故障现象，以进一步判断故障部位及原因。

（7）比。就是用正常总成或零部件替换怀疑有故障的总成或零部件，比较前后差异。若替换后故障消失，就说明故障判断正确；若故障现象无变化，表明判断错误，另有其他故障原因，需进一步查找；若故障现象有变化但未完全排除，表明其他部位还有故障。

（8）测。对于现象不明显的复杂故障，使用以上方法很难判断故障部位，此时需要借助工具、量具或仪器进行测试。例如，用量具测量磨损尺寸，用万用表测电阻、电压或电流，用诊断测试仪器测量各种工作参数，提取故障代码，用示波器测波形等。

（9）想。针对已确认的故障现象，结合故障部位的工作原理、工作条件等进行综合分析，由浅入深，由表及里，去伪存真，根据不同故障的特点和规律进行认真鉴别，得出准确的判断结论。

（10）诊。对于复杂故障，单靠经验或简单诊断很难判断故障部位，必须借助于一定的仪器和设备，按照一定的方法和步骤，对故障进行全面、细致的检查和分析，通常使用故障树进行诊断。

采用直观诊断法时，要求进行故障诊断操作的人员必须掌握被诊断系统的结构和工作原理，对其可能产生故障的现象和原因有一定的了解，并掌握关键部件的检查方法。直观诊断法由于受诊断者的经验和对诊断车辆的熟悉程度限制，诊断结果差别极大。经验丰富的诊断专家可以运用直观诊断法诊断发动机可能出现的绝大多数故障。在诊断无故障代码或检测设备难以诊断的疑难故障时，直观诊断占有重要的地位。

2. 利用随车故障自诊断系统诊断

随车诊断是指利用汽车电控系统所提供的故障自诊断系统进行诊断的方法。它利用故障自诊断系统调取汽车电控系统的相关故障代码，然后根据故障代码表的故障提示找出故障部位。

随车自诊断系统通常只提供与电控系统有关的电气设备或线路故障代码，一般只能做出初步诊断结论，具体故障原因还需要通过直观诊断和简单仪器进行深入诊断。

随车故障自诊断在汽车电控系统故障诊断中是一种简便、快捷的诊断方法，但是其诊断的范围和深度远远不能满足实际使用中对故障诊断的要求，常常出现汽车有故障现象而随车故障自诊断系统无故障显示的情况。因此，随车故障自诊断系统并不是万能的，汽车故障的最终排除还要靠人来完成。

3. 利用简单仪表诊断

利用简单仪表诊断，是指利用万用表、示波器、气缸压力表等常用仪表对汽车故障进行诊断的方法。电控系统的各部件均有一定的电阻值范围，工作时输出电压信号有一定范围，具有特定的输出脉冲波形，利用万用表测量元件的电阻或输出电压，用示波器测试元件工作时的输出电压波形，用万用表测量元件导通性等，可判断元器件或线路是否工作正常。

这种诊断方法的特点是诊断方法简单，设备费用低，主要用于对电控系统和电气设备的故障进行深入诊断。其缺点是对操作者的要求较高，在利用简单仪表诊断时，操作者必须对系统的结构和线路连接情况及元器件技术参数有详细的了解，才能取得较好的诊断效果；否则，不但不能诊断出故障，还有可能造成电控系统零部件损坏。

4. 利用专用诊断仪器诊断

随着汽车电子化的发展，汽车故障专用诊断仪器在汽车维修业广泛使用。常用的专用诊断仪器有汽车专用万用表、汽车专用示波器、发动机综合参数测试仪、无负荷测功仪、四轮定位仪、汽车故障解码器等。使用专用故障诊断设备可以大大提高汽车故障诊断效率，但专用诊断设备成本较高，一般适用于专业化的故障诊断和较大规模的汽车维修企业。

5. 备件替代法诊断

当怀疑某个元器件发生故障时，可用一个好的备件去替换该元器件。若故障排除，证明判断正确；若故障特征没有变化，证明故障不在此处；若故障有好转但未完全排除，可能除了此处故障外还存在其他故障点，需进一步查找。备件替代法是一种行之有效的常用方法，但此方法要求准备较多的备件，而且还必须与原车备件型号一致，会加大维修成本。

6. 故障征兆模拟诊断

在故障诊断中常常遇到偶发性故障，平时没有明显的故障征兆，特殊条件下才偶然出现，这时必须对故障进行深入分析，模拟车辆出现故障时相似的条件和环境，设法使故障特征再现。在实际诊断作业中，故障征兆模拟试验是一种有效的手段。

在故障征兆模拟试验中，必须把可能发生故障的范围缩小，然后再进行故障征兆模拟试验，判断被测试的元器件工作是否正常，同时也验证了故障征兆。在确定故障部位的范围时，应参考相关系统“故障诊断表”或“故障树”。

7. 利用故障树诊断

对于复杂故障，单靠经验或简单诊断一般情况下解决不了问题，这时必须借助于一定的设备和仪器，按照一定的方法和步骤，对故障进行全面、细致的检查和分析，也就是用故障树诊断法进行诊断。故障树诊断法又称故障树分析法，是将导致系统故障的所有可能原因按树枝状逐级细化的一种故障分析方法。故障树诊断法特别适用于对像汽车这样的复杂动态系统的故障分析。

应用故障树诊断法的关键是建立故障树。首先在熟悉整个系统的前提下逐步分析导致故障的可能原因，然后将这些原因由总体至局部再到部件逐层排列，最后得出导致该故障的多种原因组合，用树状图形式画出，即为故障树。

用故障树诊断法进行诊断时，应注意一定要按照导致故障的逻辑关系进行逐步检查和分析，否则就会出现遗漏或重复工作，甚至查不出故障原因的现象。

需要说明的是，以上各种诊断方法各有优缺点，每种故障诊断方法并不能被其他方法完全取代。在实际应用中，不同诊断方法常常结合使用、互为补充，以提高诊断故障的准确性。

汽车故障的诊断方法有多种，但主要有直观诊断法和设备仪器诊断法两种。直观诊断法的特点如下：诊断速度快，不需要复杂、昂贵的检测诊断设备和仪器，检测诊断成本低；但这种方法只能得出定性的、可能的原因，故障诊断的准确度低，且对一些微小的、直接影响汽车或总成工作状态的参数测量显得无能为力。设备仪器诊断法的特点如下：故障诊断的准确度比直观诊断法高，特别是对直观诊断法无能为力的故障非常适合；但检测诊断成本高，一次性投入大。

为达到最佳的故障诊断效果，对维修人员的要求如下：既有丰富的实践经验，又会使用先进的故障检测设备和仪器，两者灵活运用。在实际故障诊断中，先进行人工直观诊断，必要时再用相应的设备、仪器进行检测，这样可使故障诊断速度和精度大大提高，且降低维修成本。

二、汽车故障诊断注意事项

（1）诊断故障时要尽量避免拆卸零件。

（2）诊断及测试故障时，要在绝对保证安全的条件下进行，使用专用诊断仪器时不应一个人操作。

（3）诊断故障前，要弄清楚故障部位的工作原理及结构类型，做到胸有成竹。对于重要系统（如电控系统），若无生产厂家详细的维修资料，最好不要动手。

（4）故障的判断要有充分的依据，不要乱拆、乱接、乱试，胡猜乱碰不但排除不了故障，反而有可能造成新的故障。

（5）有些故障与汽车各总成的工作原理没有任何关系，主要根据经验来判断，特别是长期维修某一车型的技术人员，有时只听故障现象的介绍就可以准确判断故障部位及原因。因此，在进行故障判断时不要总往复杂方面想，应从简到繁、由表及里、逐步深入。

（6）电控系统发现故障时，一般应先查是否是油路堵塞、导线接触不良等故障，不要轻易怀疑是电控系统元件（特别是ECU）故障，因为电控系统工作可靠，出现故障的可能性很小。

（7）某些对汽车总成或零部件有伤害的故障不要长时间或反复测试，否则将使故障更加严重，造成更大的损失。

（8）分析时要追究导致故障产生的深层原因，不要头疼医头、脚疼医脚，否则可能会导致故障反复出现。

（9）对配合件，在拆卸时要注意装配记号及安装方向。若原来没有或看不清装配记号，就应重新做标记。安装时一定要按记号装配。

（10）过盈配合件应尽量采用拉拔器等专用工具拆装；无专用工具时应垫软金属或木块后再击打，不能直接用锤子击打零件，以免造成零件变形。

（11）装拧螺栓时，应分数次、交叉、对称、均匀地按规定力矩拧紧，以免零件变形或结合不牢。装配完毕，有锁销的应锁紧。

（12）装配完毕，应清点诊断过程中所使用的工具、仪器、抹布等是否齐全（特别是垫片之类的小零件），以防止这些东西掉入机器内部或卡在其他部位（特别是旋转的部位）而造成机件损伤，甚至导致人员受伤。

复习思考题

一、思考题

1. 直观诊断法通过哪些过程判断汽车故障部位？
2. 进行汽车故障诊断时应注意哪些事项？
3. 按不同的分类方法，汽车故障是如何划分的？
4. 汽车故障的规律是什么？
5. 人工经验诊断的常用方法有哪些？

二、选择题

1. 汽车故障率较低的阶段是（　　）。

A. 早期故障期　　B. 随机故障期　　C. 耗损故障期　　D. 偶然故障期

2. 在对汽车进行故障诊断时，首先进行（　　）。

A. 直观诊断　　B. 备件替换诊断　　C. 随车故障诊断　　D. 故障树诊断

3. 在对汽车进行故障诊断时，应（　　）。

A. 进行尽可能多的检测　　B. 进行尽可能多的分析和判断

C. 尽可能少拆卸零件　　D. 尽可能多拆卸零件

4. 影响汽车零件变形的主要因素是（　　）。

A. 腐蚀与磨损　　B. 外载荷与内应力　　C. 内载荷与外应力　　D. 断裂

第二章 汽车故障诊断仪器和设备的正确使用

学习目标

1. 熟知常用诊断设备和仪器的分类方式、可实现的功能及各自的适用范围。
2. 熟知常用诊断设备和仪器的基本操作步骤并能熟练使用。

汽车故障的出现主要是由于汽车技术状况的变化而引起的，而汽车的技术状况是可以通过对状态参数变化的测量来反映的。因此，可用一定的检测诊断设备或仪器对汽车的技术状况进行检测，从而找出导致汽车产生故障的原因，及时进行排除。

由于汽车故障诊断设备是根据汽车各系统的结构特征和工作原理而专门研制的，因此其限定性较强，一般只能用来测定某一系统或某一方面的故障参数。汽车故障诊断设备有多种，本教材只讲授几种常用的且有一定技术含量的诊断设备，主要包括汽车专用万用表、汽车故障解码器、发动机综合参数测试仪、汽车专用示波器及四轮定位仪等。随着我国科学技术水平的不断发展，这些诊断设备及仪器国内已能自行设计和生产，目前我国使用的大部分检测诊断设备都是由国内企业生产的。

第一节 汽车故障诊断的一般仪器

一、跨接线

简单的跨接线就是一段多股导线，它的两端分别接有鳄鱼夹或不同形式的插头。跨接线具有多种样式，如图 2—1 所示。工具箱内必须有多种形式的跨接线，以用于特定位置的测量。

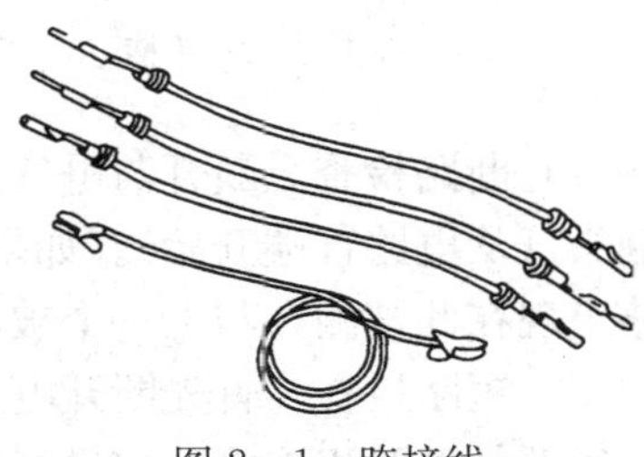

图 2—1 跨接线

虽然跨接线比较简单，但却非常实用。跨接线起旁通电路的作用，如某一电气部件不工作，将跨接线连接在被试部件触头“－”与车身搭铁之间，此时若部件工作，说明其搭铁电路开路。如搭铁电路良好，就将跨接线连接在蓄电池“＋”极与被试部件的电源触头“＋”之间，此时若部件工作，说明部件电源电路有故障（断路或短路）；如部件仍不工作，说明部件存在故障。

注意

（1）用跨接线将电源电压加至试验部件之前，必须先确认被试部件的电源电压是否为 12 V。如有的喷油器电源电压为 5 V，若加上 12 V 的电压就可能致使喷油器损坏。

（2）跨接线不可错误地连接在试验部件触头“＋”与车身搭铁之间。

二、测试灯

1．12 V 测试灯（无源）

12 V 测试灯由 12 V 试灯、导线、各种型号的端头组成，如图 2—2 所示。它主要用来检查系统电源电路是否给电气部件提供电源。

将 12 V 测试灯一端搭铁，另一端接电气部件电源触头。如灯亮，说明电气部件的电源电路无故障。如灯不亮，再接电源方向的第二接点，如灯亮，则故障在第一接点与第二接点之间，电路出现的是断路故障；如灯仍不亮，则再去接第三、第四……接点，直到灯亮为止，且故障在最后被测触头与上一个被测触头间的电路上，大多为断路故障。

2．自带电源测试灯

自带电源测试灯与 12 V 测试灯的结构基本相同，只是在手柄内加装两节 1.5 V 干电池，如图 2—3 所示。它用来检查电气电路断路和短路故障。

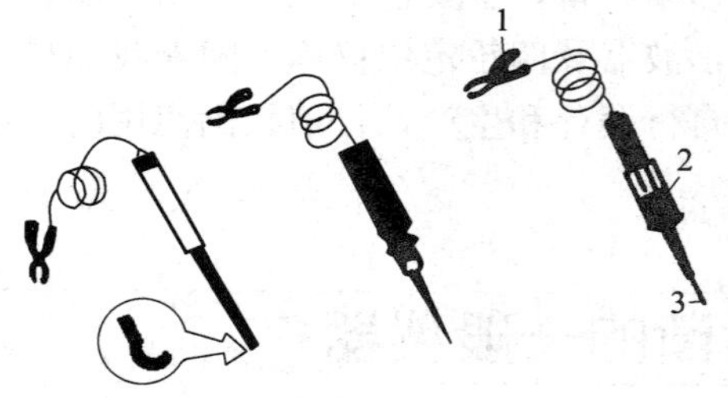

图 2—2　12 V 测试灯

1—搭铁夹　2—手柄　3—探针

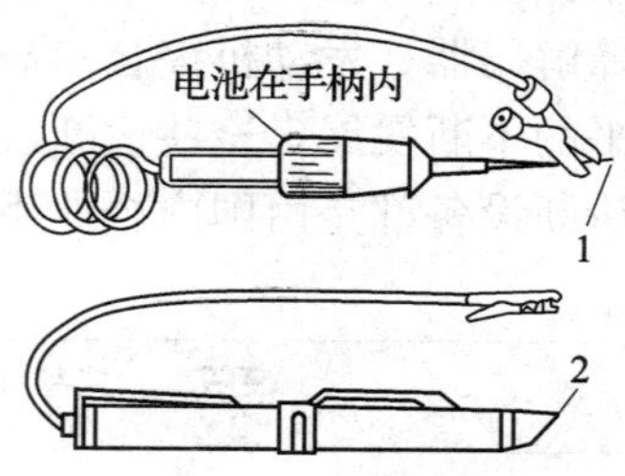

图 2—3　自带电源测试灯

1—探针　2—探头

（1）断路检查。断开与电气部件相连接的电源电路，将测试灯一端搭铁，另一端接电路各触头（从电路首端开始）。如果灯不亮，则断路出现在被测点与搭铁之间；如果灯亮，则断路出现在此被测点与上一个被测点之间。

（2）短路检查。首先断开电气部件电路的电源线和搭铁线，测试灯一端搭铁，一端与余下电气部件电路相连接，如果灯亮，表示有短路故障（搭铁）存在；然后逐步将电路中插接器拔开，开关打开或拆除部件等，直到灯灭为止，则短路出现在最后一个开路部件与上一个开路部件之间。

注意
不可用测试灯检查发动机计算机控制系统，除非维修手册中有特殊说明。

三、手持式真空泵

现代汽车上采用了许多真空控制系统，诊断和排除真空控制系统的故障时可采用手持式真空泵。

手持式真空泵有多种形式。它主要由一个真空表和一个吸气筒组成，如图 2—4 所示。在检测时，被测部件不需拆卸，可在车上对其进行检测，通过推拉手持式真空泵手柄，给部件施加一个适当的真空度，即可确定部件上控制阀打开、关闭时的真空度。

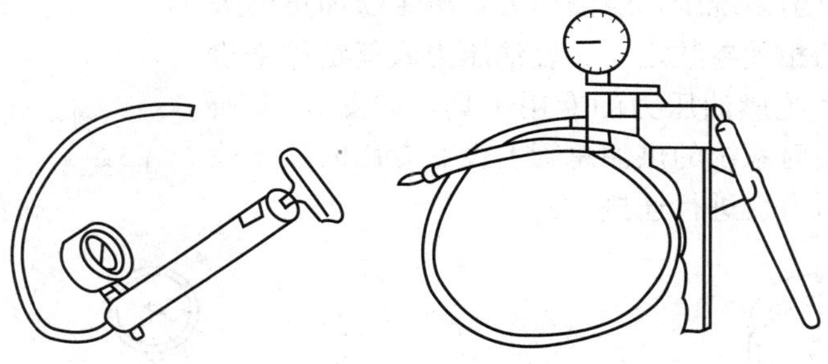

图 2—4　手持式真空泵

另外，也可用真空表对真空源进行检测。当发动机运转时，进气歧管处产生真空，真空控制系统的真空源大都利用进气歧管的真空，所以用真空表对真空源进行检测比较方便。

使用手持式真空泵一般要注意以下几点：

（1）将手持式真空泵连接好，准备测试时，应确定连接处没有真空泄漏，否则测量结果失准。

（2）绝大部分真空软管材料是橡胶的，少部分是尼龙的，当连接手持式真空泵和被测部件时，要选用直径合适的软管。软管的内径大于被测部件、管子或接口的外径时，真空读数不准确，或根本没有读数；软管的内径小于被测部件、管子或接口的外径时，强行安装会损坏软管口，导致下一次无法使用。

（3）一般情况下，将手持式真空泵连接到被测部件或系统时往往需要几个附件，即多个软管或连接头，要特别注意它们之间的连接，一定不要松弛，以免真空泄漏。

（4）按规定要求的范围建立真空，不能过大，否则会损坏被测部件或系统。当活塞密封损坏时，由于手持式真空泵不能建立规定的真空进行测试，或者不能维持真空达到规定的时间，须停止测试，待修理好手持式真空泵，或换一个好的手持式真空泵才可重新进行检查。

（5）做完检查后，在拆连接软管前要先泄掉真空，然后再卸软管；否则，灰尘、湿气等会被吸入发动机部件或相关的系统内，可能造成不良后果。

（6）检查完毕，拆下手持式真空泵，将从发动机上拆下的软管或管路重新接好。安装前要检查一下管子端口是否有开裂、脆化或磨损，如果有，要将损坏部分切掉。安装时要保证连接头处清洁和紧固。

四、压力表

压力表可用来测量管路、容器及设备内液体或气体的压力。由于其使用方便，价格低廉，在汽车修理时使用广泛。

1. 气缸压力表

气缸压力表用来测量气缸内压缩终了时的压力，如图 2—5所示。它是利用火花塞孔或柴油发动机喷油器孔对气缸压力进行测量的。

2. 燃油压力表

在发动机燃油喷射系统中，燃油压力是决定喷油量的关键因素，也是重要的相关参数之一。燃油压力表就是用来检测燃油供给和喷射系统燃油压力的专用工具，如图 2—6 所示。一般电控汽油喷射系统的供油总管上设有专用的油压检测口，用以与燃油压力表进行连接。

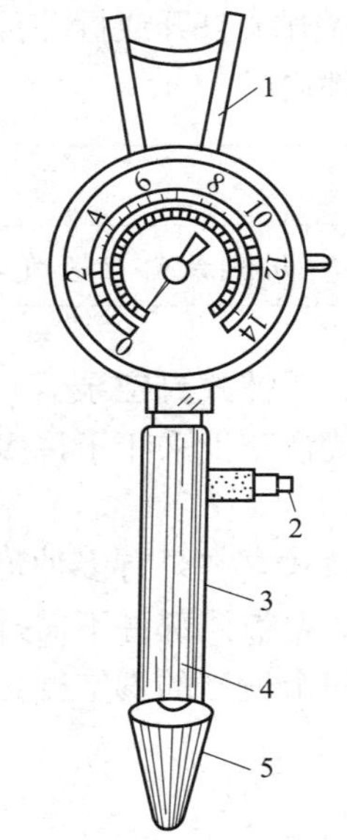

图 2—5　气缸压力表

1—按把　2—放气阀　3—连接管　4—阀塞　5—橡胶套

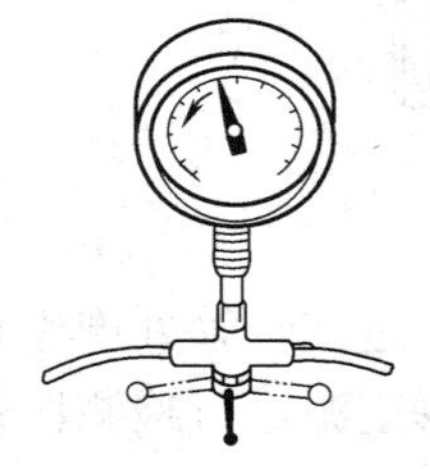

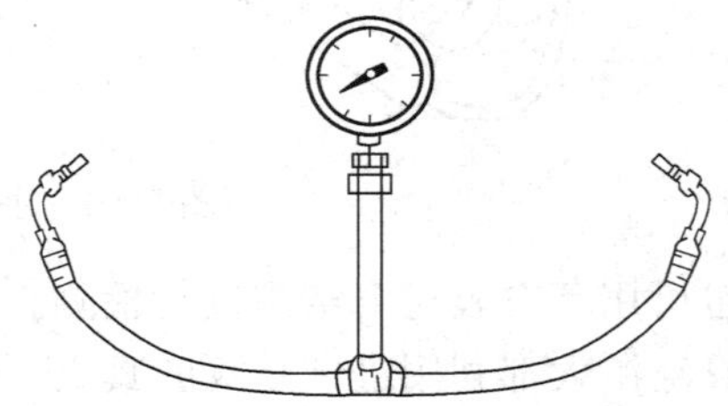

图 2—6　燃油压力表

在汽车发动机中，化油器式的发动机燃油压力最低，节气门喷射（SPI）式发动机油压居中，多点喷射式（MPI）发动机油压最高。其中节气门喷射式发动机油压为 62～69 kPa，因此仅用一个机械式的压力范围为 6.9～103.45 kPa 的燃油压力表即可。但对于计算机控制的多点喷射式发动机，它的油压通常为 206.9～275.9 kPa，必须用专用的高压式燃油压力表，它的测量范围一般在 6.9～690.0 kPa 之间。

一般来说，对于化油器式的发动机，只要将燃油压力表的软管用管夹连接车上测量点进行测量即可。但对于多点喷射式发动机来讲，若采用直接连接测量，发动机起动后产生的高压油会在管夹处外喷，甚至喷到人的脸上，将严重影响数据的正常读取。为解决这个问题，通常在燃油总管上设有一个专门用来测燃油压力的检测口（见图 2—7），检查口上用螺旋盖旋紧，口内设有单向阀，以防尘土进入燃油管路或高压燃油从检测口中溢出。需要检测油压时，把螺旋盖卸下，并用相应的接头和软管将测量仪与检查接口连接好，再将接头处拧紧，起动发动机，读取燃油压力表上的数据即可。

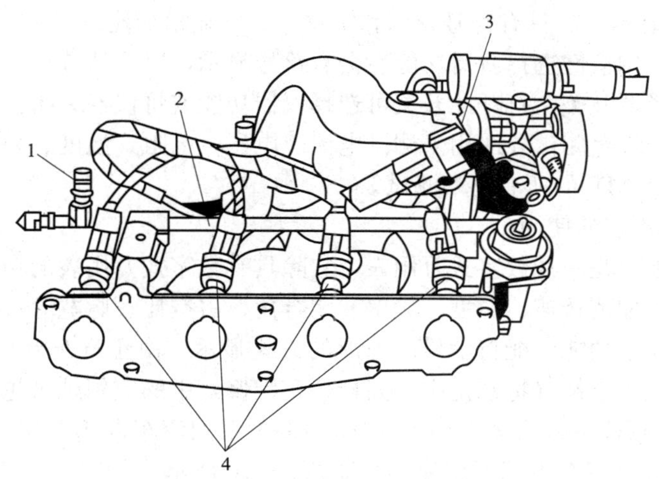

图 2—7　多点喷射系统燃油压力测量接口

1—燃油压力检测口　2—横杆　3—导线插座　4—燃油喷嘴

在实际车型中，油压检查接口并不标准，有的车型甚至没有。根据实际车况，检修人员应选用适当直径和螺距的接头进行连接。对于根本没有检测口的车型，要严格按维修手册中的操作步骤，对燃油系统进行适当拆卸，再连接燃油压力测量仪进行检测。

五、听诊器

用听诊器判断异响，可大大提高判断的效率。电子听诊器可接收人耳难以辨别的微弱声音，经过放大和滤波处理后，输出人耳极易识别的声音。电子听诊器如图 2—8 所示。

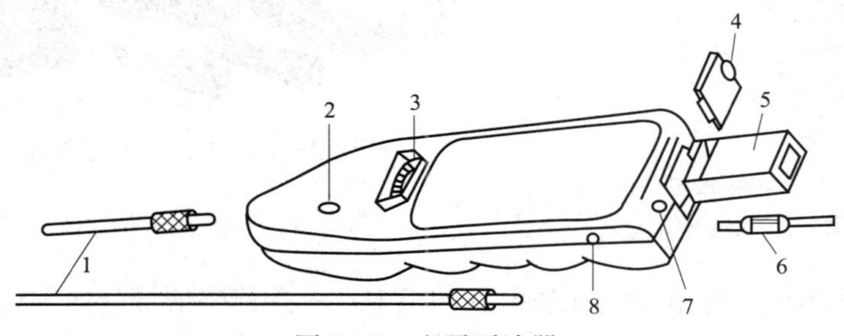

图 2—8　电子听诊器

1—探针　2—电源指示灯　3—开关及音量控制旋钮　4—电池盖
5—电池　6—耳机插头　7—耳机插口　8—记录仪插口

六、汽车专用万用表

万用表可测量电路及元器件的电压、电流、电阻等多种参数，也可测量各种电路及电气设备的通断情况，在附加一些辅助装置后，还可进行其他电气性能项目的测试，因而在汽车维修领域应用十分普遍。

1. 数字式万用表

数字式万用表具有检测精度高、测量范围广、抗干扰能力强、输入阻抗高等特点，因而在汽车维修行业得到了广泛的应用。数字式万用表如图 2—9 所示。

（1）LCD 电子显示屏。具有符号识别和字符、数字显示功能。

（2）功能按键。用按键选择所需功能后会有符号显示，以确认选择。

（3）旋转式选择器开关。打开此开关可选择仪器功能或将仪器关闭。

（4）伏特终端。红色测试导线用来测试电流、电压、电阻、温度、频率、转速。黑色测试导线用于普通（COM）的所有终端测试。

2. 汽车专用万用表的使用

汽车专用万用表也是一种数字式万用表，它除具有数字式万用表的功能外，还具有一些汽车专项测试功能，如测转速、温度、频率、闭合角、占空比、脉宽等；有些汽车专用万用表甚至还具有图形显示功能，能将信号以图形的方式显示。由于汽车专用万用表功能齐全，测量准确，因此在汽车维修（特别是中、高档轿车维修）中的应用越来越广泛。常见的汽车专用万用表主要有 OTC 系列汽车专用万用表、EDA 系列汽车专用万用表、KM300 型汽车专用万用表、VC400 型汽车专用万用表等，如图 2—10 所示。

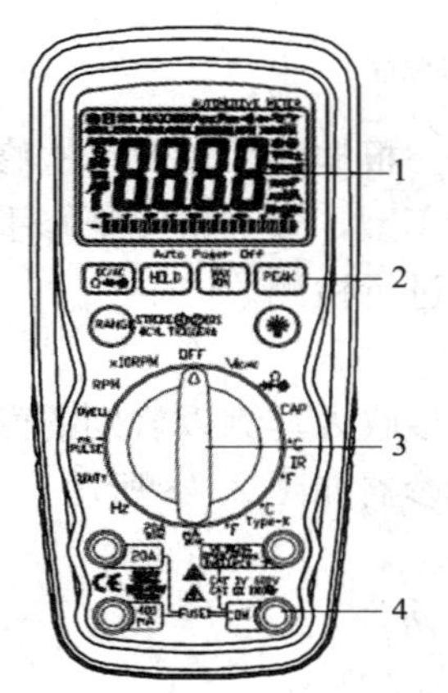

图 2—9　数字式万用表

1—LCD 电子显示屏　2—功能按键

3—旋转式选择器开关　4—伏特终端

图 2—10　汽车专用万用表

（1）信号频率测试。在电控汽油喷射发动机中，一些传感信号（如发动机转速信号、空气流量传感器的电信号等）是以频率方式输出的。例如，通用汽车公司生产的别克轿车，空气流量传感器电信号的频率随进气歧管空气流量的改变而改变，空气流量传感器的技术状况可用数字式万用表的频率挡予以检测，方法是：将数字式万用表的功能选择开关置于频率挡，公用插座的黑色测试线接被测信号的接地端，测试插座插入红色测试线后与信号相接，在数字式万用表显示器上即可读出被测信号的频率值。

（2）发动机转速测量。将数字式万用表的功能开关置于转速挡，将转速挡测量专用插头插入仪表插孔中，转速传感器夹在某一缸的高压线上，发动机运转时数字式万用表即显示发动机转速。通过发动机转速的测量，可检测发动机的怠速，调整点火正时。

（3）占空比测量。将数字式万用表的功能开关置于占空比挡，公共插座的黑色测试线接地，测试插座的红色测试线接被测电路和信号线，仪表即显示测试电路一个工作周期脉冲通电时间的相对百分比值。通过测量占空比，可诊断怠速辅助空气阀、废气再循环阀等装置的技术状况。

(4) 温度检测。将数字式万用表的功能开关置于检测温度挡，按温度测量单位选择摄氏挡或华氏挡，把温度传感器插头插入测温插孔中，传感器的测温探头接触被测物体，显示器即显示所测温度。通过检测温度可检测电控汽油喷射发动机温度传感器的特性参数。

(5) 继电器闭合角检测。将数字式万用表功能选择开关置于对应被测发动机缸数的闭合角测量挡，公共插座的黑色测试线接地，测试插座的红色测试线接点火线圈的负极接线柱。发动机工作时，仪表将显示点火线圈低压电路导通时分电器凸轮轴的转角，即继电器触点闭合角。也可检测半导体点火系及计算机控制点火系中低压电路的导通状态，用此诊断点火系的技术状况。

有的功能比较齐全的数字式万用表还具有检测起动机的起动电流、氧传感器的工作特性及喷油器的喷油脉冲宽度、喷油时间、数据锁定、自动断电、熔断电流保护、触发电流调整、熔丝烧毁指示、逻辑线路检测、数字显示及蓄电池能量不足提示等多种功能。

第二节　汽车故障电脑诊断分析仪

一、发动机综合参数检测仪

发动机综合参数检测仪又称发动机性能分析仪或发动机综合性能检测仪。该仪器技术含量较高，检测项目齐全，可全面检测、分析、判断发动机在各种不同工况下的工作性能及技术参数，能对多种车型所存在的机械及电子故障进行全面分析和诊断，在汽车综合性能及汽车故障的检测诊断中发挥着重要的作用。因此，一般的修理厂、4S店及检测站都配有发动机综合参数检测仪。目前国内汽车维修行业应用较广泛的发动机综合参数检测仪主要有德国的波许系列和国产的元征EA系列（包括EA1000、EA2000、EA3000）、金德系列（包括K100、PC2000）等。

1. 检测仪的功能与特点

(1) 功能。在所有汽车检测设备中，发动机综合参数检测仪的功能最多，检测项目最全。随着电子技术在汽车上的广泛应用，除发动机电控技术外，越来越多的汽车采用了底盘电控技术、车身电控技术。因此，有些型号的发动机综合参数检测仪的功能已超出了发动机性能检测的范畴，相应地增加了对汽车底盘电控系统和车身电控系统等进行检测的功能。

1）无外载测功（无负荷测功），即加速测功。

2）检测点火系统。能够进行一次与二次点火波形的采集与处理，例如，对点火系统多缸子列波、并列波、重叠波和重叠角的处理与显示，断电器闭合角和开启角检测，点火提前角的测定等。

3）进气歧管真空度波形测定与分析。

4）各缸压缩压力的测定。

5）各缸工作均匀性的测定。

6）起动过程各参数的测定，主要包括起动电压、电流及转速等。

7）机械和电控喷油过程各参数的测定，这些参数主要包括压力、波形、喷油、脉宽、喷油提前角等。

8）电控供油系统各传感器参数的测定。

9）起动机与发电机检测。

10）数字万用表功能。

11）排气分析功能。

12）测试结果查询。

（2）特点。与其他发动机单项性能检测仪相比，发动机综合参数检测仪具有以下三个特点：

1）动态检测功能。它的传感系统和信号采集与记忆系统能迅速、准确地捕获发动机每一个瞬间的实时状态参数，这些动态参数是对发动机技术状况进行有效分析的科学依据。

2）通用性。检测过程不依据被检车辆的数据卡（即检测软件），只针对基本结构和各系统的形式及工作原理进行检测，因此它的检测结果具有普遍性，检测方法同样也具有广泛的适用性。

3）主动性。发动机综合参数检测仪不仅能适时采集发动机的动态参数，而且还能主动发出指令干预发动机工作，以完成某些特定的检测内容（如断缸试验）。

2. 检测仪的基本结构与工作原理

发动机综合参数检测仪由信号提取系统、信号处理系统、采控与显示系统三部分组成。图 2—11 所示为国产 EA1000 型发动机综合参数检测仪外形结构。EA1000 型发动机综合参数检测仪通过传感器采集信号，经前端预处理器处理后，输入计算机进行处理，以不同的形

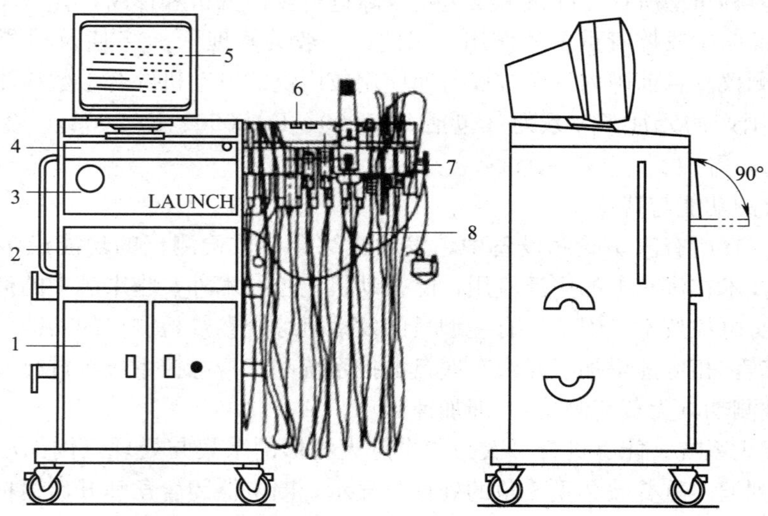

图 2—11　国产 EA1000 型发动机综合参数检测仪外形结构

1—排放仪柜　2—打印机柜　3—主机柜　4—热键板　5—显示器

6—前端处理器　7—传感器挂架　8—主电缆

式输出，可方便地对发动机进行故障检测诊断。它还可以与检测线的主机进行数据通信，对车辆及用户信息、检测数据进行交换、集中监控与管理。

（1）信号提取系统。信号提取系统的作用是拾取测量点的信号。EA1000 型检测仪的信号提取系统如图 2—12 所示。该仪器配备有多种传感器、夹持器和探针等，以便直接或间接地与测点接触。其信号提取系统由 12 组拾取器组成，每一组拾取器根据用途不同，由相应的传感器、夹持器或探针、电缆及插接头构成。各拾取器测试电缆均带有活动滑块，已标示其名称。

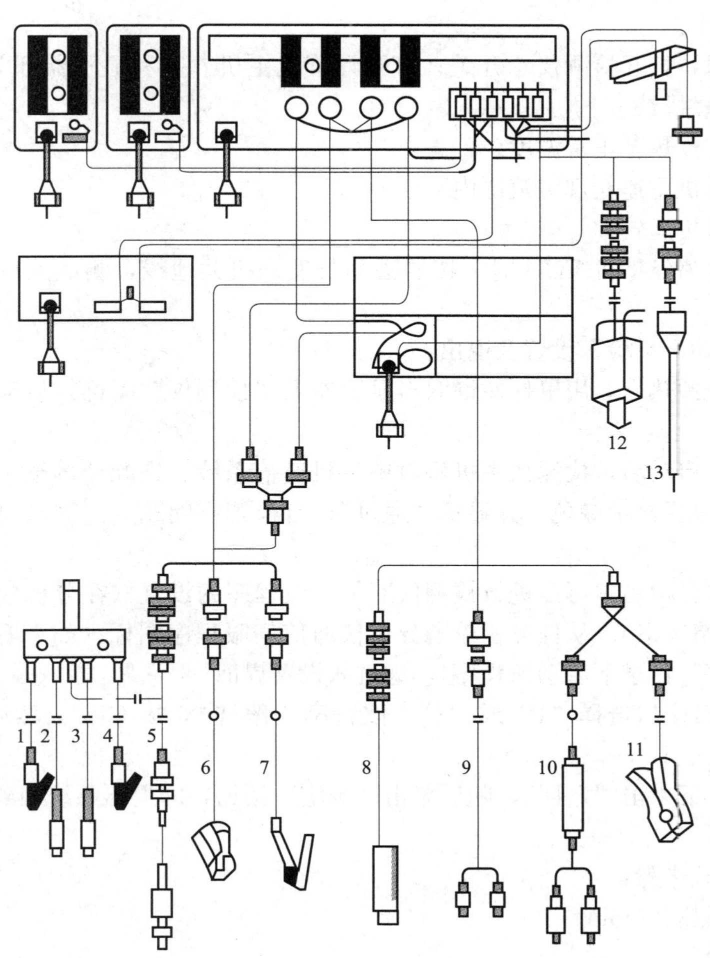

图 2—12　EA1000 型检测仪的信号提取系统

1、4—蓄电池夹（红色为正极，黑色为负极）　2、3—点火线圈一次接线夹　5—上止点传感器
6、7—电感式或电容式夹持器　8—频闪灯　9—探针　10—鳄鱼夹
11—电流互感钳　12—压力传感器　13—温度传感器

（2）信号预处理系统。用传感器从各处采集来的原始参数并非都是数字信号，不能被测试仪控制器直接使用，因而必须经过滤波、衰减、放大、整形等预处理，转换成标准数字信

号后才能送入控制器中。信号预处理系统又称前端处理器。

（3）采控与显示系统。该系统功能强大，采用菜单式操作，使用方便灵活；为了使操作更方便快捷，还设置了相应热键。采用计算机控制，能高速采控信号。其显示装置现在均使用彩色显示器。该设备还配有打印机，用来打印测试结果。

3. 检测仪的使用方法

国内外发动机综合参数检测仪的型号较多，其使用方法也各有不同。现以国产 EA1000 机型为例介绍发动机综合参数检测仪的使用方法。

（1）准备工作：

1）接通电源，打开检测仪总开关；打开计算机主机开关和显示器开关，预热 20 min；检查电源是否可靠搭铁。

2）发动机应预热至正常温度。

3）调整发动机怠速在规定范围内。

4）保持发动机运转。

5）在检测电喷发动机 ECU 时，仪器必须与发动机共地线，测试人员必须随时与汽车车身接触。

（2）系统启动、自检、设置及退出：

1）检测仪经预热后，用鼠标左键双击显示器上“检测仪”图标，启动检测仪综合性能检测程序。

2）检测程序启动后，检测仪主机将对单片机通信系统、适配器等逐一进行自检。自检通过者，右侧对应栏显示绿色，并显示“通过”；自检若有问题，计算机将在右侧检测结果栏中进行提示。

3）系统通过自检后，可以进行检测仪通信伺服程序的设置（在分析仪和检测线主机采用串口通信方式情况下）。从任务栏单击分析仪通信伺服程序图标（如果看不到，也可以从“开始”→“程序”目录下启动该程序），即进入设置界面。

根据所用通信端口选择“1”或“2”，波特率一般选择“9 600”，然后最小化该界面，系统即进入检测状态。

4）在主菜单下单击“退回”，随后单击“确定”按钮，即退出系统回到 Windows 界面，如图 2—13 所示。

（3）一般测试步骤：

1）开机前预热 20 min。

2）系统自检。

3）输入用户及车辆信息。

自检完成后，显示屏出现用户资料录入界面（见图 2—14），可输入被测车辆的相关信息。

首先输入被测车辆的牌照号。若被测车辆为以前检测过的车辆，则在输入牌照号后，系统将在各栏目内自动弹出以前所输入的该车辆的所有信息；若被测车辆以前并没有被检测过，则必须填写或在该栏目的下拉菜单中选择被测车辆的相关信息，主要有汽车类型、汽车冲程数、汽车发动机缸数、汽车点火次序和点火方式等，然后单击“确定”按钮，确定本

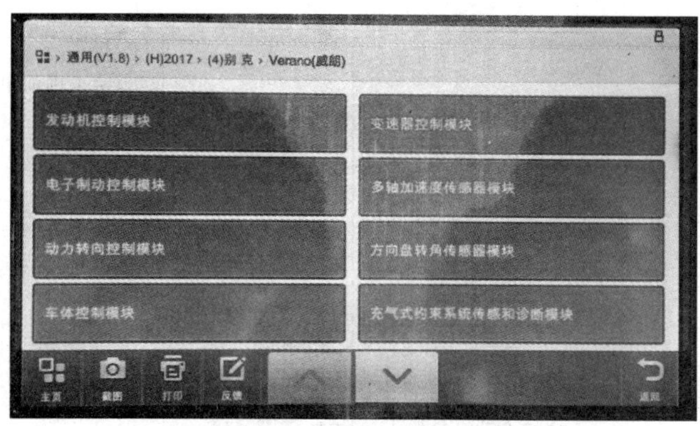

图 2—13　检测仪模块选择界面

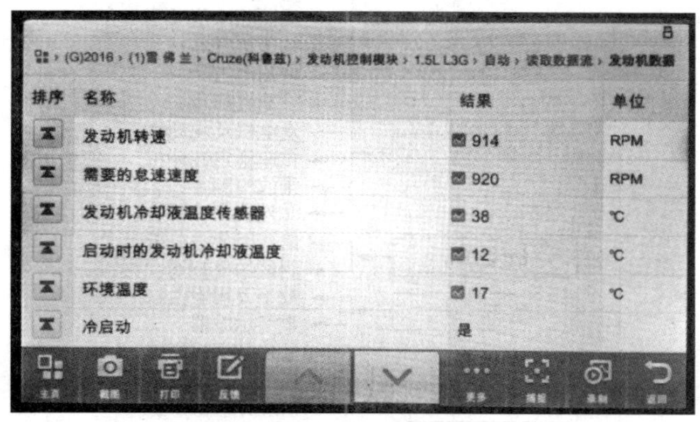

图 2—14　用户资料录入界面

次输入信息。此时如果检测仪和检测线主机已联网，并且主机数据库中已经存有该车辆的检测数据，则会弹出对话框，应按对话框的提示进行操作。

若想修改以前输入的有关信息，应单击“修改”按钮，否则系统会提示“修改用户参数请单击［修改］按钮”。车辆信息修改完后，单击“确定”按钮，将弹出对话框“该记录的［汽车类型］［冲程］［点火次序］［发动机缸数］［点火方式］其中之一已被修改，如果保存，则它在数据库中的原有的测试记录都将被删除！您确认吗?”选择“是”，系统将确认本次修改；若选择“否”，系统将返回用户资料录入界面，供用户重新输入。

4）被测车辆信息数据输入完毕，单击“确定”按钮，将进入检测仪模块选择界面，如图 2—13 所示。

（4）主菜单说明：

1）主菜单上端第一行显示发动机的类型、缸数、冲程数、点火次序及测试日期。

2）主菜单上端第二行的四个小方格显示各级下拉菜单的名称，在检测过程中，所在的菜单位置一目了然。

3）菜单界面的中部为菜单显示栏，左边为主菜单，右边为当前所选主菜单项目的下一级菜单，其默认值为传统汽油机检测功能菜单。菜单结构如图 2—15 所示。

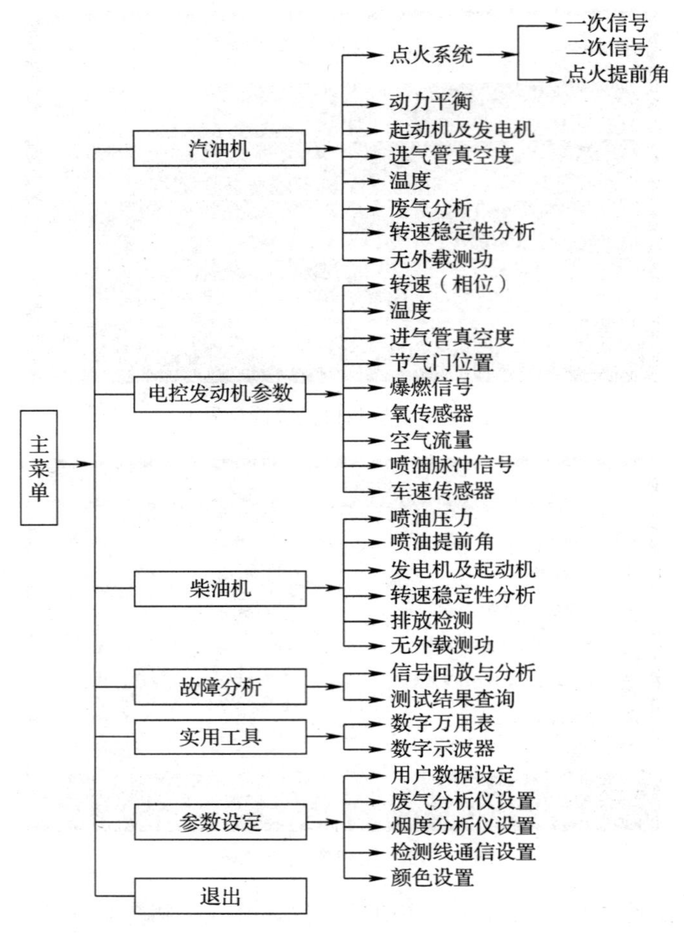

图 2—15　菜单界面

（5）仪器操作说明：

1）本仪器有六个软开关（定义为热键），根据各软开关的文字提示，用鼠标左键单击即可进入所要激活的功能。它与 EA1000 机型热键板上的“F1～F6”完全对应。其中的上传结果为在采用局域网通信方式下向主机传送检测结果数据用，在采用串口通信方式下界面不显示此键。

2）仪器设有技术指导热键和汽车维护数据热键，在实际检测过程中，用户可随时单击这些热键，以获取相应的技术指导或部分车型的维护数据。

3）在检测中按热键“F6”，可对当前检测界面进行打印。检测结束后，按“P”键可以对检测结果进行打印。

4）在分析仪主菜单中，检测功能选择可用鼠标点亮，也可用“↑”“↓”“←”“→”键移动色棒，按回车键进行选择。

5）可用鼠标点亮屏幕下端软键。

6）在测试前，需按热键“F2”清除内存有效数据（第一次进入该系统时，自动将数据清空）。

7）如需清除以前的检测数据，单击显示器下方的“清除数据”按钮。

二、汽车解码器的功能及类型

汽车电控系统故障检测仪又称汽车解码器，是用来与汽车电控系统的控制中心进行数据交换的专用仪器，也是到目前为止检测汽车电控系统故障最有效的仪器。汽车专用解码器的主要功能如下：读取电控系统的故障代码。在故障排除后清除故障代码。读取电控系统ECU中的数据流，有些专用解码器还可对ECU中的某些数据进行更改。直接向执行器发出动作指令，以检查其工作状况。路试时监测并记录各传感器、执行器的工作参数，以便进行分析和判断。可通过计算机进行资料的更新升级。有的解码器还具有万用表、示波器、打印机及显示电控系统电路和维修指导、客户档案管理等功能。

技术提示

系统数据流是指发动机或底盘电控系统在工作状态下各电控参数的数据，如电压、温度、转速、压力等。通过状态参数可检测与电控有关的各部件的工作情况。

目前所用的解码器，按其数据流的形式可分为通用型和专用型两种类型。专用型解码器是由汽车制造厂家为检测本厂生产的汽车而专门制造或指定的，只能检测某一品牌或某一车型的解码器，而不能用来检测其他公司生产的汽车。专用型解码器一般只配备在汽车4S店，主要目的是为本厂生产的汽车提供良好的售后服务。有实力的汽车生产厂家都有专用型解码器，如大众汽车的V. A. G1551、V. A. G1552、V. A. S5052解码器，宝马汽车的MODIC、GT－1解码器，奔驰汽车的HHT、STAR2000解码器，通用汽车的TECH－Ⅱ解码器，伏特汽车的SuperStar－Ⅱ解码器，日产汽车的Consult、Consult－Ⅱ解码器，丰田汽车的XOBD2000解码器等。通用型解码器不是由汽车生产厂家提供或指定，而是由其他专门生产检测仪器和设备的公司制造的。它可以检测不同汽车生产厂家制造的多种车型，通过配备不同的检测接头，有的可以检测几十乃至上百种不同厂家的车型，因而一般配备在综合性维修企业中。例如，由美国生产曾在我国红极一时的红盒子（Scanner）MT2500解码器、德国BOSCH公司生产的KTS300/500解码器、美国欧瓦顿勒工具公司生产的OTC系列解码器及国内生产的电眼睛、车博世、修车王、仪表王、金奔腾、车灵通、易网通等都属于通用型解码器。

对于具体车型，从故障诊断的深度和广度方面讲，通用型解码器不如专用型解码器，因为通用型解码器毕竟不是专门为检测某一种车型而生产的，所以有些车型的某些电控系统它是检测不出来的。但对于综合性汽车维修企业来说，由于车源品种繁多，而又不可能配齐所有车型的专用解码器，因此就应配用通用型解码器。

下面介绍几种常见的通用型解码器。

1. MT2500型解码器

（1）仪器特点。MT2500型汽车电控系统检测仪是美国Snap－On公司生产的汽车专用解码器，俗称“红盒子”(因其具有红色外壳而得名)。红盒子解码器在 20 世纪 90 年代几乎垄断了我国汽车电控系统检测仪市场，在众多高级轿车修理厂普遍使用。与国内生产的一些通用型解码器相比，在性能、稳定性等各方面都比较优越。红盒子解码器主要有以下特点：

1）良好的用户界面。该仪器采用中文界面，大型背光屏幕，清晰简捷，数据丰富；新型转轮设计，翻页更方便；并能根据需要采用打印机或终端输出。

2）适用范围广。该仪器面向中国市场，针对世界各大车系，配备多种车型卡。

①美国车系 5 合 1 卡。包括通用、福特、克莱斯勒、吉普等车系。

②亚洲车系 15 合 1 卡。主要包括丰田、本田、现代等车系。

③欧洲车系卡。包括奔驰、宝马、标致、奥迪、大众等车系。

3）功能强大。可检测发动机、变速器、车身、ABS 及安全气囊等系统。

①利用配备的专家辅助修理卡，可对多种常见故障进行经验指导及现象分析。

②通过欧亚红盒子连线系统，可在计算机上显示诊断数据及多种可选择波形。

③对 MT3000 型发动机综合分析仪及 Counselor－Ⅱ示波器全兼容。

④对装备 OBD－Ⅱ系统的车型可进行标准 OBD－Ⅱ检测。

4）具有以下强大的数据处理功能：

①汽车工作状态的数据流通信。

②汽车上的黑匣子。

③行车记录功能。

(2）仪器简介。MT2500 型解码器主要由主机、测试软件卡盒、诊断接头及其连接线组成，同时还配备有各种类型的诊断接头、资料传输线及电源接头，如图 2—16 所示。

1）按键功能：

①滚轮（转轮）。在屏幕上显示菜单时，通过滚动滚轮可移动屏幕光标“>”，按下“Y”键即进入光标所在行显示的功能项。

②“Y”键。表示肯定、确认。其功能包括：“Y”键可进入光标所在行；可连续通过测试程序和其他操作的程序；能触发一个完整的数据流或传递周期记录；观测一个记录时用以改变滚轮滚动方向；为某些菜单或测试项目提供帮助信息和提示命令；当屏幕提示要选择“Yes”或“No”时，回答“Yes”则按“Y”键。

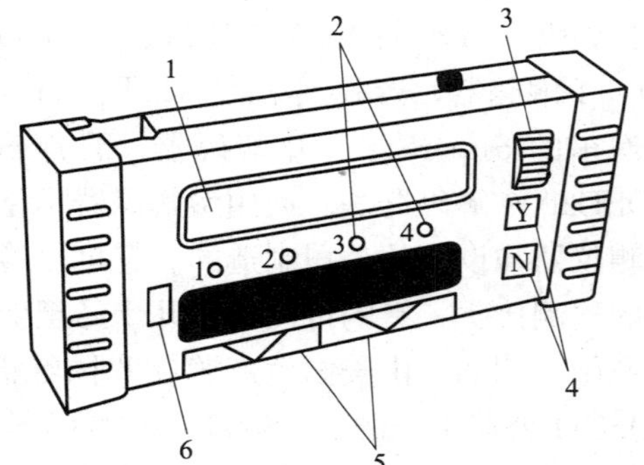

图 2—16　MT2500 型解码器面板及按键

1—荧幕（背光）　2—LED 指示灯　3—滚轮　4—Y 或 N 选择键　5—测试软件　6—备用电源

③“N”键。表示否定、不是。其功能包括：退回上一级菜单或从任何菜单及程序退出；放弃正在运行的程序；返回前一菜单或从菜单退出；连续返回上一级菜单，直到主菜单；为某些菜单或测试项目提供帮助信息和命令；当屏幕提示要选择“Yes”或“No”时，回答“No”则按“N”键。

2）快速识别按钮。按快速识别按钮“Quickid”，将使内部电池向仪器提供电源，可在与汽车连接前输入该车的 VIN 识别码；松开按钮后，将使仪器与蓄电池或汽车上的点烟器连接。

3）音响指示器。MT2500 型解码器装有音响指示器，以表明某些操作和状态。当仪器与汽车电源连接时，发出“嘟、嘟”两声短促的响声；当按下“Y”键或“N”键时，发出“嘟”一声短促的响声。

4）测试接头。MT2500 型解码器的测试接头如图 2—17 所示。

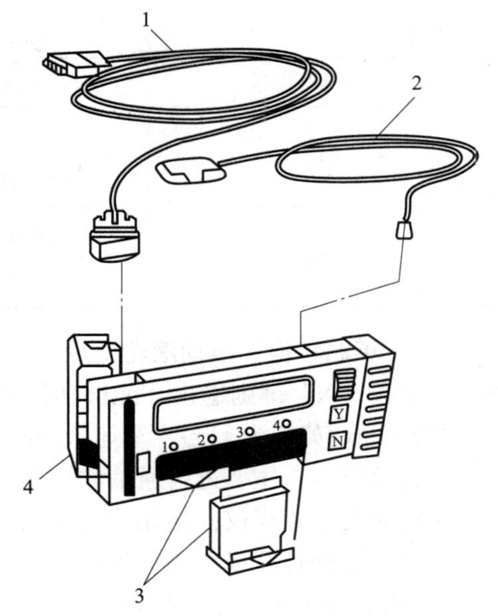

图 2—17　MT2500 型解码器的测试接头

1—诊断接头连接线　2—列表机和工作站的连接线　3—诊断软件卡匣座　4—备用电源

（3）使用方法：

1）做好检测的各项准备工作，挑选合适的诊断卡并插入解码器中。

2）用快速识别按钮启动仪器。

3）按照屏幕提示选择待测汽车的生产厂家，并将相应的适配接头连接于仪器的线缆上。

4）输入汽车识别特征码，或从存储器中选择原识别的车型。

5）选择生产年款、车型识别牌及发动机型号。

6）连接仪器电源线缆，确认车型识别，屏幕将显示所选汽车检测主菜单。

7）主菜单选项。包括故障代码功能、功能测试、故障代码和数据、用户设定、重新查看行车记录、故障排除器等。

8）选择故障代码功能。按“Y”键屏幕将显示：自动读取故障代码、清除故障代码、如何获得故障代码、打印故障代码。

9）选择功能测试菜单。可对开关、传感器、点火正时、喷油器、怠速、发动机风扇等项目进行测试，测试方法和参数的选择因车型不同而异。测试开关性能时，点火钥匙置于“ON”位，但不起动发动机。当开关状态发生变化时，显示屏将交替显示“HIGH”和“LOW”，LED 指示灯 3 也随之闪烁。按“Y”键继续，按“N”键返回上一级菜单。

10）功能重选。按“N”键返回后，再按“Y”键，屏幕将显示：空挡/离合器、指示灯、怠速、前照灯、制动灯、鼓风机、空调、后窗除霜、水温开关。例如，打开空调开关，显示屏开关状态显示“HIGH”，LED 指示灯 3 点亮；反之，若显示“LOW”，LED 指示灯 3 熄灭。

11）必要时可进行用户设定。进入用户设定后，屏幕将显示 LED 灯菜单、公/英制转换、通信设定、背景灯控制（只用于外部电源供电）等。

①LED 指示灯设定功能。LED 指示灯设定功能见表 2—1，一般前两个 LED 指示灯由原厂设定，后两个 LED 指示灯则由操作者自己设定。若要改变原有设定，滚动滚轮到需要的数值，按下“Y”键选定，按“N”键退出。设定时，首先设定 LED 指示灯 3，再设定 LED 指示灯 4。

表 2—1　　LED 指示灯设定功能

LED 指示灯序号	LED 指示灯熄灭	LED 指示灯点亮
1	开环操作	闭环操作
2	废气含氧量少	废气含氧量多
3	断开扭矩交换离合器	接通扭矩交换离合器
4	断开爆燃传感器	接通爆燃传感器

②公/英制转换。滚动滚轮出现要切换项时，按“Y”键一次切换，再按“Y”键则回到原位，若按“N”键则退出。能够转换的单位主要包括温度（公制为℃，英制为℉）、压力（公制为 kPa，英制为 Hg）、车速（公制为 km/h，英制为 mile/h）。

③通信设定。主要进行通信波特率设定。

④电源设定。当仪器使用汽车电源时，背景灯始终点亮；当使用备用电源时，可长按“N”键 4 s 选择打开或关闭背景灯；为节省备用电源，可设定为在仪器不操作时自动关闭。

2. V. A. G1552 型故障诊断仪

(1) V. A. G1552 型故障诊断仪的基本组成及检测条件：

1）仪器组成。V. A. G1552 型故障诊断仪的组成如图 2—18 所示。

①键盘。用于用户操作诊断仪。

②显示屏。带照明的显示部分，是显示信息的地方。显示内容共分两行，每行显示 40 个字符。

③插座。用于连接电源线以及与控制单元进行数据交换通信。

④程序卡插槽。用于插程序卡。

⑤和⑥测试电缆。用于连接诊断仪和车辆的诊断接头。

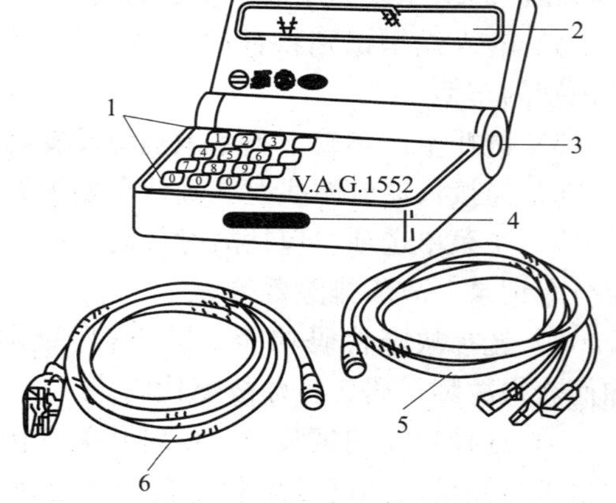

图 2—18　V. A. G1552 型故障诊断仪的组成
1—键盘　2—显示屏　3—插座　4—程序卡插槽
5—奥迪测试电缆　6—标准 OBD-Ⅱ测试电缆

2）检测条件。在使用 V. A. G1552 型故障诊断仪读取故障码之前，必须确定完成下列操作：

①为 V. A. G1552 型故障诊断仪装入新的程序卡。

②打开诊断仪电源开关。选择操作模式 3，使诊断仪进行自检。自检完成后按“→”键，自检结束。

③正确连接 V. A. G1552 型故障诊断仪，如图 2—19 所示。

a. 打开位于驻车制动手柄旁边的诊断插座上方的盖板，断开点火开关。

b. 将 V. A. G1552 型故障诊断仪的黑色插头插入黑色故障诊断插座中。

c. 将白色插头插入白色插座（蓝色插头不用）。

④被测车辆熔断器盒中的熔丝正常。

⑤进入 ECU 的电压正常。

⑥电动油泵继电器正常。

⑦起动发动机，怠速运转。若不能起动，则用起动机带动发动机转动至少 5 s，不要关闭点火开关。

⑧发动机搭铁良好。

（2）V. A. G1552 型故障诊断仪的使用方法。将 V. A. G1552 型故障诊断仪连接好后，自动进入操作模式 1 “车辆系统测试”，也可以按 “C” 键选择操作模式 3 “自检测” 或模式 4 “维修站编号”。检测发动机故障时，选择操作模式 1。

1）故障代码的调出：

①进入 “车辆系统测试” 模式后，仪器显示如图 2—20 所示。

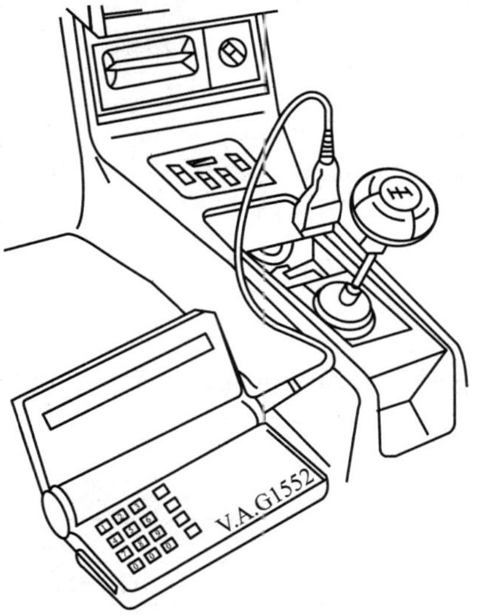

图 2—19　V. A. G1552 型故障诊断仪的连接

Rapid data transfer	HELP
Insert address word ××	

a）

快速数据传输	帮助
输入地址字 ××	

b）

图 2—20　仪器显示（1）

a）英文显示　b）中文显示

此时，可用键盘输入一个两位数字，这个两位数字代表控制单元的地址字，这一地址字用来选择车辆中某个需要测试的控制单元。地址字对应的车辆系统见表 2—2。

表 2—2　地址字对应的车辆系统

地址字	指定系统	地址字	指定系统	地址字	指定系统	地址字	指定系统
01	发动机电器	12	离合器电器	24	侧滑控制	17	仪表板插件
41	柴油泵电器	03	制动器电器	15	安全气囊	08	空调/暖气电器
02	变速器电器	14	车轮阻尼电器	26	电子车顶控制	00	自动测试步骤

②输入 “01”，然后按 “Q” 键，则地址字和选择的测试系统会显示在屏幕上，如图 2—21 所示。可以按 “C” 键更改输入。

Rapid data transfer	Q
01—Engine electronics	

a）

快速数据传输	Q
01—发动机电器	

b）

图 2—21　仪器显示（2）

a）英文显示　b）中文显示

③按“Q”键，待显示屏显示控制单元标志后，按“→”键，则显示屏显示如图 2—22 所示。

Rapid data transfer HELP
Insert address word ××

a）

快速数据传输 帮助
输入地址字 ××

b）

图 2—22 仪器显示（3）

a）英文显示 b）中文显示

此时，可用键盘输入一个两位数字，这个两位数字代表欲选择测试的功能。数字与功能对照见表 2—3。

表 2—3 **数字与功能对照**

数字	功能	数字	功能
01	查询控制单元版本	06	结束输出
02	查询故障存储内容	07	控制单元编码
03	最终控制诊断	08	读取测量值块
04	基本数据设置	09	读取单个测量值
05	清除故障存储内容	00	更新

④输入“02”（即“查询故障存储内容”功能），显示屏上显示故障数量，如图 2—23 所示。

3 fault recognized →

a）

查到了三个故障 →

b）

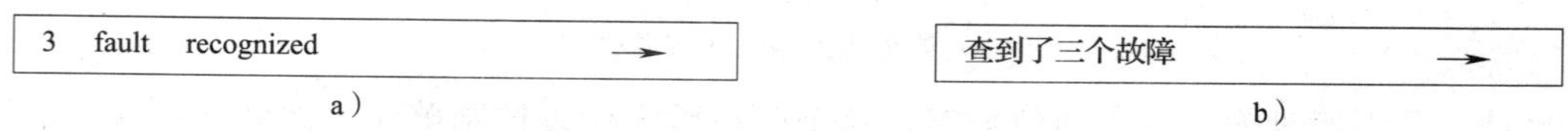

图 2—23 仪器显示（4）

a）英文显示 b）中文显示

按“→”键显示各故障的故障代码，如图 2—24 所示。

fault source: 00513 →

a）

故障代码：00513 →

b）

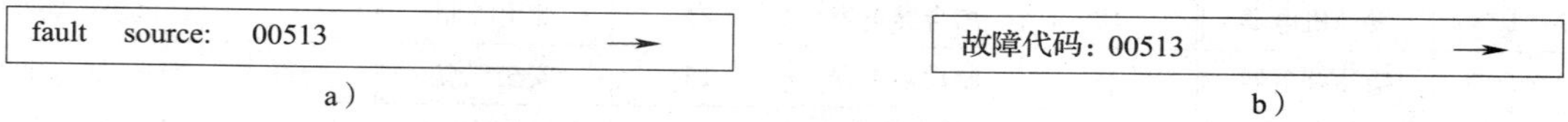

图 2—24 仪器显示（5）

a）英文显示 b）中文显示

再按“→”键显示故障代码的说明文字，如图 2—25 所示。

Engine speed Sender—G28
No Signal /SP

a）

发动机速度传感器—G28
无信号 /SP

b）

图 2—25 仪器显示（6）

a）英文显示 b）中文显示

故障所在位置的名称显示在显示屏的上面一行，“G28”是元件名称的代号。故障类型（“No Signal”或“无信号”）显示在显示屏的下面一行。

2）故障代码的清除。故障代码调出结束后，显示屏的显示如图 2—26 所示。

Rapid data transfer　　HELP Select funtion ××	快速数据传输　　帮助 选择功能 ××
a）	b）

图 2—26　仪器显示（7）

a）英文显示　b）中文显示

输入“05”后，按下“Q”键，确认清除故障代码，故障存储器中的故障被清除，显示屏上的显示如图 2—27 所示。

图 2—27　仪器显示（8）

a）英文显示　b）中文显示

若显示屏的显示如图 2—28 所示，则表明故障代码没有被清除，须再一次查询故障存储器并排除车辆故障。

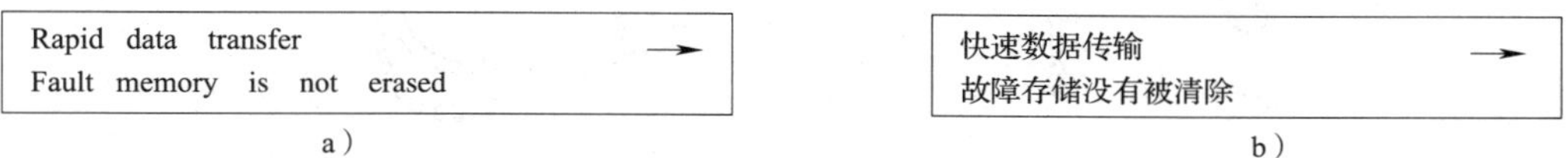

图 2—28　仪器显示（9）

a）英文显示　b）中文显示

3）结束输出。上述操作完成后可选择“06”功能，结束与控制单元的对话。这时，诊断仪退回原始操作状态，可输入新的地址，进行其他检测。

3. X－431 电眼睛

X－431 电眼睛是元征公司生产的最新一代汽车诊断电脑，是汽车电子应用技术和信息网络技术相集成的产品。它所采用的“开放式汽车诊断技术”是由元征公司率先在全球提出并倡导的最新汽车诊断技术。X－431 电眼睛所具有的诊断功能有查询控制电脑型号、读取故障代码、读取测量数据流、清除故障代码、系统基本调整、通道调整匹配、读取独立通道数据、测试执行元件、控制单元编码、系统登录、传送底盘号等，其基本配置如图 2—29 所示。

（1）主要特点。可方便地从网上下载诊断软件并直接使用，诊断程序随汽车业的发展而发展。可提供多语言环境，可在不同国家和地区使用。X－431 电眼睛是目前世界上领先的汽车解码仪器，极具现代感的外观设计和触摸式的大屏幕 LCD 使得产品外形简捷，可拆卸的微型打印机能方便用户的操作。该产品是汽车工业与信息技术结合的产物，开创了新时代汽车诊断仪的发展方向。这种基于开放式诊断平台的产品不仅更新了汽车维修企业的维修诊断方式，而且也受到爱车人士的喜爱。

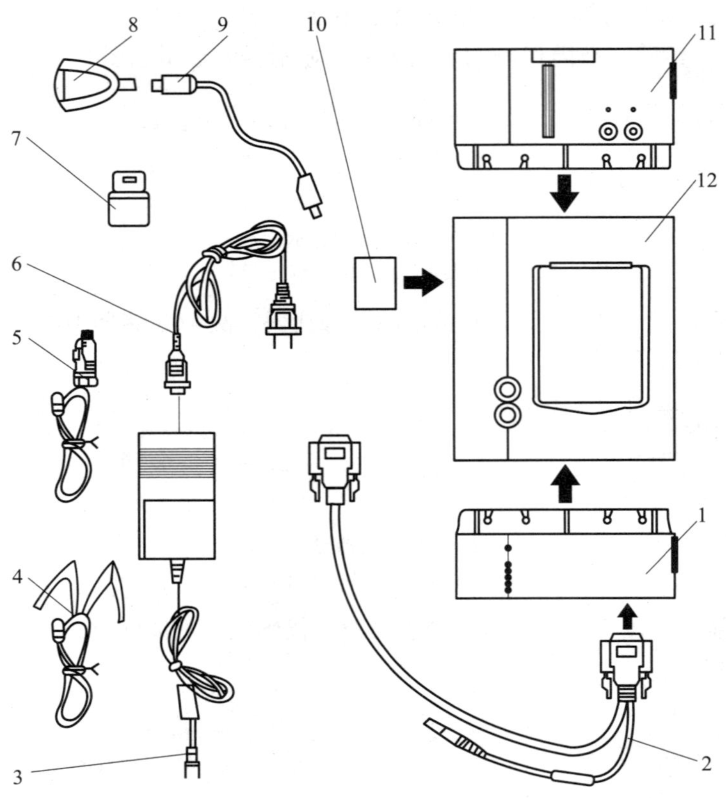

图 2—29　X-431 电眼睛的基本配置

1—SMART BOX 诊断测试盒　2—测试主线　3—开关电源　4—双钳电源线
5—点烟器线　6—电源转接线　7—测试插头　8—CF 卡读写器
9—USB 电缆　10—CF 卡　11—微型打印机　12—X-431 主机

该仪器主机系统是开放式的。X-431 电眼睛是一种基于 Linux 操作系统开发的多功能、多语言环境的具有开放式诊断平台的汽车诊断仪，接口开放，支持第三方开发。

X-431 电眼睛另一先进之处在于具备 PDA（掌上电脑）的所有功能以及其他多种功能，如连笔手写输入、个人数据管理、英汉词典等，超大容量的数据库可以实现对用户及个人资料的多用途管理。

SMART BOX 诊断测试盒分拆后，可用计算机作为上位机进行诊断，也就是说在不用主机的情况下，用计算机配合相应的软件也可进行诊断，而这种软件可以直接从元征公司网站上下载，这个特点保证了以计算机为上位机的诊断系统随着 X-431 电眼睛的更新也同步更新。这个 SMART BOX 诊断测试盒可以与主机分开出售。

SMART BOX 诊断测试盒与上位机的接口是一个标准的 RS232 口（三线），可在这个基础上开发更多的 BOX 提升这个产品的功能，如 REMOTE BOX 等，这个特点为产品的增值服务提供了很多的便利。

SMART BOX 诊断测试盒由于进行了详细的功能设计，为后续的升级服务（网上下载升级）奠定了基础，不像过去的 431ME 的升级需要更换接头等。

微型打印机是可拆装的，它与主机相连的是标准接口，所以用户可用它进行随机打印，也可拆下来用标准的打印设备打印。

（2）一般测试条件：

1）打开汽车电源开关。

2）汽车蓄电池电压应为 11～14 V（X－431 电眼睛的额定电压为 12 V）。

3）节气门应处于关闭状态，即怠速触点闭合。

4）点火正时和怠速应在标准范围内，冷却液温度和变速器油温达到正常工作温度（冷却液温度为 90～110℃，变速器油温为 50～80℃）。

5）X－431 电眼睛使用环境正常温度范围为 0～50℃（在环境温度 5℃左右开机后需热机 30 min）。

（3）准备与连接：

1）插 CF 卡。将 CF 卡插入 X－431 电眼睛 CF 卡插孔内，注意使印有“UP SIDE”字样的一面朝上，且确保插入到位。

2）选择测试接头。X－431 电眼睛带有各种测试接头，测试时，根据汽车诊断座的类型选择相应的测试接头。

3）查找诊断座。不同车型的诊断座位置会有不同，测试时应找出诊断座。

4）将 X－431 电眼睛测试主线的一端插入 SMART BOX 诊断测试盒数据接口内，测试主线的另一端与选择的测试接头相连接；将测试接头的第三端与汽车诊断座相连接。

5）连接电源。可通过以下任一方式获取电源：

①通过点烟器线。取出点烟器，将点烟器线的一端插入汽车点烟器孔，另一端与 X－431 电眼睛测试主线的电源插头连接。注意在需要关闭点火开关时应先关闭 X－431，以防止非法关机。

②通过双钳电源线。将双钳电源线的电源钳分别夹在蓄电池的正极和负极，另外一端插入 X－431 电眼睛测试主线的电源插头。

③通过电源转接线。将电源转接线的一端插入 100～240 V 交流电源插座，另外一端插入开关电源的插孔内，将开关电源的电源插头与 X－431 电眼睛测试主线的电源插头连接。

6）打开点火开关，进行检测。

（4）操作注意事项：

1）X－431 电眼睛外部有一个皮套，既能对主机起到保护作用，又能将主机、SMART BOX 诊断测试盒、打印机更为牢固地结合在一起。注意操作时尽量不要将主机的皮套拿下，同时在操作时屏幕尽量水平朝上。

2）连接主电缆和诊断座时要小心插拔，使用时将紧固螺钉拧紧，避免在移动过程中使接口断开和损坏。

3）操作 X－431 电眼睛时应握住主机，不要握着 SMABT BOX 测试盒或打印机盒，以免造成 SMART BOX 诊断测试盒或打印机受力过大，接口松动。

4）插拔打印机、SMART BOX 诊断测试盒时，应将主机握紧，避免掉到地上。

5）不要在不必要的情况下频繁插拔 CF 卡。当取出 CF 卡时，应按顶杆弹出 CF 卡后再将其拔出；插入 CF 卡时应对准插座位置。

6）尽量轻拿轻放，避免撞击，不使用时应将电源拔下。

7）使用完 X－431 电眼睛后注意将触摸笔插入主机后的插孔中，同时将电缆和接头等附件放入箱子，避免丢失。

8）如需将主机从皮套里拿出或装入皮套时，应先将 CF 卡拔出，同时将顶杆压入，以免刮坏皮套。

三、汽车专用示波器

汽车专用示波器主要用来测试汽车电控系统各传感器工作时的实际输出波形、点火波形等，它能将汽车工作过程中随时间变化的各种电量（指电压、电流等）进行显示和记录，通过与标准波形进行比较，不但能进行电路系统整体运行状态的分析，而且还能进行某一段电路或某一电气元件的故障分析。

汽车专用示波器主要功能如下：

（1）电源电压波形测试。

（2）点火波形测试。

（3）各传感器波形测试。

（4）电控系统各执行器电压波形测试。

现代汽车专用示波器的功能往往更加强大，有些还具有万用表功能和诊断数据库，甚至还具有解码功能，使汽车故障的检测诊断更加方便、快捷、准确。目前国内应用的汽车专用示波器常见的有 MT2400、W18、FLUKE98、THM570U、APC2000、OTC3820、MT3000 等型号。此外，国内外众多生产厂家所生产的各种发动机综合性能测试仪及一些解码器也具有示波器功能。

技术提示

有些示波器带有解码功能，而有些解码器又带有示波功能；有些万用表带有示波功能，而有些示波器又带有万用表功能。从这些现象可以看出，随着电子技术在汽车上的广泛应用，汽车电控系统各种检测诊断仪器的功能也在相互渗透、调整及合并，今后汽车电控系统检测诊断仪器将向小型化、多功能化、笔记本电脑化方向发展。

目前，国外已普遍使用各种 PC 电脑诊断系列、掌上电脑及无线检测诊断仪器，现正逐渐兴起采用电脑平台的检测诊断仪。由于电脑检测诊断仪利用电脑平台，具有内存大、速度快、操作简单、升级方便、直观性强等优点，还可扩展其他诸如汽车维修资料库、客户档案管理、字典、专用示波器、专用万用表等功能，且价格较低，因此在汽车维修行业得到迅速普及。

复习思考题

一、思考题

1. 试列举汽车常用故障诊断仪器。
2. 简述如何使用解码器读取数据流。
3. 简述汽车专用示波器的功能。
4. 简述如何正确使用气缸压力表进行测量。

二、选择题

1. 检查电源电路是否能为电气设备供电的装置是（　　）。

A. 跨接线　B. 尾气分析仪　C. 试灯　D. 解码器

2. 在对汽车进行故障诊断时，首先进行（　　）。

A. 直观诊断　B. 备件替换诊断　C. 随车故障诊断　D. 故障树诊断

3. 气缸压力表用来检测气缸内（　　）时的压力。

A. 进气冲程　B. 压缩冲程　C. 做功冲程　D. 排气冲程

4. （　　）影响发动机的喷油量。

A. 进气道结构　B. 燃油压力　C. 燃油滤清器　D. 排量

5. 数字式万用表不能检测（　　）。

A. 电压　B. 电流　C. 频率　D. 故障代码

6. 使用通用型解码器时要选择合适的（　　）。

A. 主机　B. 测试线　C. 电源　D. 诊断接头

7. 解码器诊断范围广，诊断性能较强的是（　　）。

A. 通用型　B. 专用型　C. 都不可以　D. 没有区别

8. MT2400 型示波器的优点包括（　　）。

A. 结构小巧　B. 增加万用表功能

C. 增加诊断功能　D. 示波、诊断、测试三合一

第三章　汽车发动机故障诊断

学习目标

1. 掌握发动机常见故障现象，能正确分析每种现象产生的原因。

2. 掌握发动机常见故障的分析思路和判断方法，并能灵活运用，判断故障部位，排除故障。

第一节　冷却系统故障诊断

一、冷却系统的组成

汽车发动机冷却系统一般为封闭强制循环水冷系统，即利用水泵提高冷却液的压力，强制冷却液在发动机中循环流动。汽车发动机封闭强制循环水冷系统由水泵、散热器、冷却风扇、节温器、补偿水箱、发动机气缸和气缸盖中的水套以及其他附属装置等组成，如图 3—1 所示。

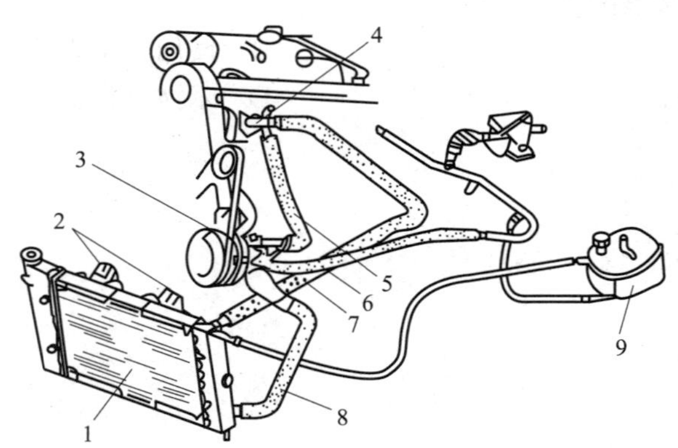

图 3—1　发动机冷却系统的组成

1—散热器　2—冷却风扇　3—水泵　4—气缸盖出水口　5—旁通（小循环）水管　6—暖风出液管　7—气缸盖大循环出水管（进散热器）　8—散热器出水管　9—补偿水箱

冷却液在冷却系统中的循环路径如图 3—2 所示。冷却液在水泵中增压后，经分水管进入发动机机体水套。冷却液从气缸水套中流过并吸热而升温，然后向上流入气缸盖水套，吸热后经节温器及散热器进水软管流入散热器。在散热器中，冷却液向流过散热器周围的空气散热而降温，最后冷却液经散热器出水软管返回水泵，如此往复循环。

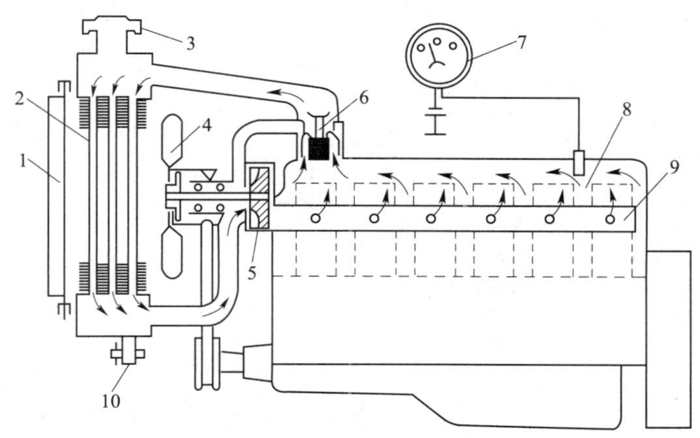

图 3—2　发动机强制循环式水冷系统循环路径

1—百叶窗　2—散热器　3—散热器盖　4—风扇　5—水泵
6—节温器　7—水温表　8—水套　9—分水管　10—放水开关

二、冷却系统零部件的检查

发动机的工作温度主要取决于冷却液的温度。若冷却装置使用及维修不当，冷却液温度过高或过低，不仅影响发动机的功率、油耗，甚至会引起活塞与气缸咬住、气缸盖破裂等严重事故。

1. 散热器和水套的检查

保持冷却系统外部和内部的清洁，是确保正常散热能力的基本条件。如果散热器和空调冷凝器外部附有泥土、油污或散热片因碰撞而变形，均会使散热器的通风量减少，使冷却液温度过高，应及时清洁和检修。

2. 冷却液量的检查

检查补偿水箱中冷却液的液面，液面应在“L”和“H”两条线之间。若液面过低，应检查是否有泄漏。

3. 风扇传动带张紧力的检查

检查时，在动力转向泵和空调压缩机之间的传动带中部以 29.4～39.2 N 的力按下，传动带的下移量为 6～13 mm 为合适，否则应予以调整。

注意

当冷却液温度很高时，不可打开散热器盖子，因为全封闭式冷却系统的内压高于大气压，高压会使高温液体喷出，发生烫伤事故。应停车怠速运转 5 min 后熄火，待冷却后再加冷却液，以防止气缸盖骤然冷却而破裂。

4. 节温器开启温度的检查

节温器开启温度的检查见表 3—1。

表 3—1　　节温器开启温度的检查

车型或发动机型号	调节元件的结构及工作参数	节温器工作参数		
		开始开启时温度（℃）	完全开启时温度（℃）	最大升程（mm）
东风 6100Q	蜡式节温器；风扇与水泵固定连接；硅油风扇离合器。冷却液温度高于 80℃（空气温度高于 65℃）时接合，冷却液温度低于 70℃（空气温度低于 35℃）时分离	76	86	>8
桑塔纳、奥迪	蜡式节温器；双速电动风扇；温控开关在散热器一侧。冷却液温度为 95℃时接通低速挡，105℃时接通高速挡；冷却液温度为 84～93℃时切断低速挡，93～98℃时切断高速挡	85	105	>7
标致	双阀门蜡式节温器；电磁式自动风扇离合器；温控开关装在散热器上。冷却液温度高于 90℃时接通，低于 90℃时切断	75（504 型） 82（505 型） 88（全封闭冷却系统）	105（无空调） 110（有空调） 116（有水压阀）	
切诺基	蜡式节温器；硅油风扇离合器。空气温度为 77℃时分离，88℃时接合	90	104	
夏利	蜡式节温器；电动风扇；温控开关（黑色）装在节温器附近。冷却液温度为 92℃以上接通，87℃切断	82	95	≥8
南京依维柯（SOFIM8140.275 型柴油发动机）	蜡式节温器；风扇与水泵轴固定连接	79	94	7
富康—雪铁龙	单速电风扇；温控开关装在散热器上。冷却液温度为 97℃时接通，118℃时过热警报灯点亮	89	101	7.5

三、冷却系统的故障诊断

冷却系统常见故障及其原因见表 3—2。

表 3—2　　冷却系统常见故障及其原因

序号	故障部位	故障原因	故障现象	故障处理
1	百叶窗	叶片锈蚀	开闭不灵，通风量减少，发动机温度过高	更换新件
2	散热器	裂损漏水、水垢堵塞	冷却效能降低，发动机经常“开锅”	用清水冲洗或焊修
3	散热器盖、排气阀	工作失效	冷却液泄漏和溅出，冷却液蒸发过多	更换新件

续表

序号	故障部位	故障原因	故障现象	故障处理
4	风扇	断裂、装反、传动带打滑	空气流量减少，冷却液循环过慢	按规范安装，调整传动带松紧度，必要时更换新件
5	水泵	水封老化、密封圈磨损、轴松旷	冷却液泄漏或不足，发动机过热，轴承异响	修复或更换
6	节温器	阀门卡滞，工作失效	冷却液循环减慢或中断，发动机温度过高	更换新件
7	冷却液温度表及感应塞	工作失效	冷却液温度表指示不准或不指示	更换新件
8	水套	锈蚀及水垢过多	导热不良，散热器经常“开锅”	清洗冷却系统，使用防锈冷却液
9	分水管	锈蚀或损坏	冷却液泄漏，堵塞	更换新件
10	放水开关	损坏	冷却液泄漏而减少	更换新件

下面分析发动机冷却系统的几种常见故障。

1. 冷却液充足但发动机过热

（1）故障现象：

1）发动机冷却液充足，但行驶过程中发动机无力，冷却液温度超过规定值。

2）汽车行驶中发动机温度正常，但一停车冷却液立即沸腾。

技术提示

发动机过热的原因主要有两个方面，一是冷却系统的冷却强度不足；二是发动机散热量过小。

（2）故障原因：

1）百叶窗开度不足。

2）风扇传动带打滑。

3）散热器出水胶管老化吸瘪或内壁脱层导致堵塞。

4）冷却风扇装反、扇叶角度变小或新换的风扇规格不符合要求。

5）电动风扇不转或转速过低，硅油风扇离合器损坏。

6）节温器失效。

7）水套内水垢过多，或分水管堵塞，分水不畅。

8）散热器内水管堵塞或散热片倾倒过多。

9）水泵损坏。

10）气缸垫烧穿，使相邻两缸相通；或缸体、缸盖出现裂纹，使高温、高压气体进入冷却系统。

11）点火时间过迟。

12）混合气过稀或过浓。

13）燃烧室积炭过多。

14）车辆长时间大负荷工作。

（3）故障诊断。出现故障后依次进行下列检查：

1）检查百叶窗开度是否充足。若百叶窗开度不足，应检查连杆机构运动是否灵活或调整是否适当。

2）若百叶窗开度充足，则应检查风扇转速是否太低。若风扇转速太低，则应检查风扇传动带是否因过松、沾有油污、磨损过度而引起打滑，硅油风扇离合器是否工作良好，电控风扇的热敏开关、直流电动机、控制电路是否工作良好。

3）若风扇转速正常，则应检查风扇的风量。其方法如下：在风扇转动状态下，将一张薄纸放在散热器前面，若纸被牢牢地吸住，说明风量充足；否则应检查风扇叶片方向是否装反，风扇叶片角度是否正确，集风罩是否损坏等。

4）若风量充足，用手触试散热器和发动机的温度。若散热器温度低，而发动机温度高，说明冷却液循环不良。

5）逐渐提高发动机转速，观察散热器出水胶管是否被吸瘪。若胶管被吸瘪，说明散热器严重堵塞，应予以清洗。

6）若散热器出水管良好，则应拆下散热器的进水管，提高发动机转速，冷却液应排出有力；否则说明水泵或节温器有故障。拆下节温器时，若排水量明显增多，则应进一步检查节温器；若排水量不变，则应进一步检查水泵的工作性能、气缸体内的水垢是否过多等。

7）若散热器进水管冷却液排出有力，则应检查散热器各部位温度是否均匀。如果散热器冷热极不均匀，则应检查散热器内水管是否堵塞。

8）若以上检查均正常，发动机温度过高的同时其动力明显下降，则应检查点火时间是否准确，混合气是否过稀或过浓，进、排气门间隙是否过大，燃烧室积炭是否过多等。

9）对于长期未清洗水垢的发动机，应检查水套内水垢是否过多。检查方法如下：将冷却液全部放出，再加满冷却液并计量注入的体积，若比规定值明显减少，则减少的体积为水垢所占体积。

10）若发动机及冷却液温度正常，而冷却液温度表指示冷却液温度过高，则应检查冷却液温度表、传感器及控制电路是否正常。

冷却液充足但发动机过热的故障诊断流程如图 3—3 所示。

2. 冷却液不足、发动机过热

（1）故障现象。发动机运行过程中，水温表常超过红线，水温报警灯点亮，散热器伴随有“开锅”现象，发动机冷却系统冷却液变少或在运行中冷却液消耗异常，使发动机过热，发动机易出现爆燃或早燃现象。

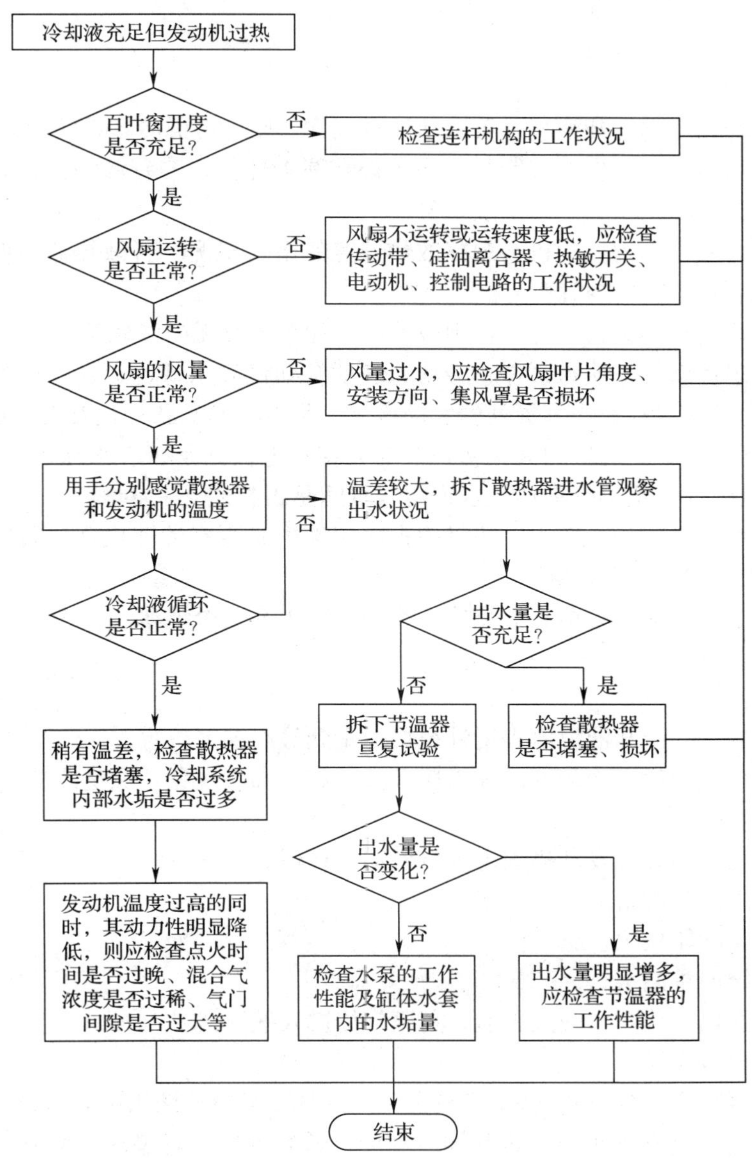

图 3—3　冷却液充足但发动机过热的故障诊断流程

（2）故障原因：

1）冷却系统水套或散热器积垢过多或堵塞。

2）散热器盖的进、排气阀失效。

3）在寒冷季节，停车时冷却液未放净而导致结冰。

4）散热器漏水。

5）水泵水封密封不良。

6）冷却系统其他部位漏水。

7）气缸垫烧蚀。

（3）故障诊断：

1）检查冷却系统的冷却液量。若冷却液量正常，则应考虑冷却系统内的水垢是否过多。

2）冷却液液位过低，应检查冷却系统是否有漏水部位。若有渗漏部位，应紧固或更换相关零部件。

3）加足冷却液，起动发动机，观察散热器盖的密封状况。若散热器盖四周有冷却液溢出，应检查散热器盖的工作状况。

4）若冷却系统外部无漏水部位，则应检查冷却系统有无内漏现象。

5）拆下风扇传动带，使水泵停止转动，起动发动机并以低速运转，在散热器加注口处观察是否有气泡出现；检查排气管处的发动机尾气是否呈水雾状；检查发动机是否有工作不良的气缸；拆下工作不良气缸的火花塞，检查火花塞电极处是否有水珠。若存在上述现象，则应检查发动机的气缸垫是否损坏，水道与气缸间是否相通。

6）拔出油尺，检查是否有水，同时检查冷却液中是否有油珠出现。若冷却液中有油珠出现，则应检查气缸垫是否损坏。

7）在寒冷季节，应注意检查散热器、冷却系统水套是否结冰。

3. 发动机突然过热

（1）故障现象：

1）汽车行驶中，冷却液温度表指针很快指示到最高温度位置。

2）发动机冷起动后，冷却液温度迅速升高并产生沸腾现象，加足冷却液后转为正常。

（2）故障原因：

1）风扇传动带断裂或发动机固定支点松动、移位。

2）节温器主阀门脱落。

3）水泵轴与叶轮松脱。

4）冷却系统严重漏水。

5）气缸垫损坏，水套与气缸相通，高压气体进入散热器。

6）风扇离合器失灵。

（3）故障诊断。若汽车在行驶中发动机突然过热，且冷却液沸腾，应使发动机怠速运转散热 5 min，待冷却液温度下降后再补加冷却液。若发动机自行熄火，应立即用起动机带动发动机运转，以防高温时活塞“粘缸”。

1）汽车在行驶途中温度突然过高，可同时观察电流表或充电指示灯。若电流表同时指示不充电或充电指示灯常亮，说明水泵传动带断裂，使水泵不工作，应进行更换。

2）停车后检查冷却风扇转动是否正常。若为硅油离合器或电磁离合器，应检查离合器是否损坏；若为电控风扇，应检查热敏开关、风扇电动机及其控制电路是否正常。

3）将发动机熄火，用手触摸发动机和散热器。若感觉发动机温度高而散热器温度低，说明水泵轴与叶轮松脱或节温器失效，应予以更换；若感觉发动机与散热器温差不大，则应检查冷却液是否泄漏严重，查找漏水部位，予以修复。

4）汽车行驶途中发动机温度升高，同时排气管有“突突”声，且发动机动力明显不足，可停车检查排气管及散热器、火花塞等。若排气管冒白烟且排出水珠，散热器口向外溢水或冒气泡且呈沸腾状态，某些缸火花塞电极处有水珠，说明气缸垫烧穿或缸盖破裂，应予以更换。

5）若冷车起动后温度迅速升高，冷却液沸腾，可用手触摸散热器出水胶管，若感觉凉且硬，说明放水不彻底或冷却液凝点过高而发生冻结。

四、冷却系统故障诊断案例

1. 发动机过热的故障诊断实例

（1）车型。奥迪 A6 2.4LAT，行驶 280 000 km。

（2）故障现象。车主反映正常行驶时水温过高。

（3）故障诊断与排除。怠速运转 10 min 左右，用 V. A. G1552 型故障诊断仪检查冷却液温度为 108～109℃，感觉水箱进、出口处温度相差很大，说明节温器损坏。更换新节温器后试车，发现水温还高。用 V. A. G1552 型故障诊断仪检测冷却液温度，发现还是 108～109℃。因节温器是新的，而其他部件工作又正常，便将冷却液温度传感器 G62 拆下。G62 为负温度系数热敏电阻式温度传感器，30℃时其阻值为 1 500～2 000 Ω，80℃时其阻值为 275～375 Ω，检查发现 G62 正常，说明水温还是高。一切正常，节温器又是新的，水温怎么还高呢？维修工作陷入僵局。将温度传感器装好后，起动发动机再逐一检查冷却系统的各部件，发现水箱进、出水口处温度还是不一样，显然是节温器不起作用。把节温器拆下，几乎没有冷却液流出。仔细观察发现节温器后面有很多水垢，几乎把节温器全包围了，用螺钉旋具把水垢敲开，冷却液便“哗哗”地流下来。原因就在这里，因节温器被水垢包围，从缸盖通过小循环管路过来的冷却液几乎流不到节温器周围，节温器不能受热开启，冷却液全走小循环。

第一次装节温器时，为防止冷却液过多流出缸体，一人拿下节温器，另一人迅速把节温器装上，未仔细观察节温器安装孔是否有水垢。把水垢清理干净后，装上节温器。注意六缸发动机节温器的通风阀必须在上面。该通风阀为单向阀，只能从里向外流，当冷却液在小循环时，可将冷却液中的气泡排到节温器外面的水箱出水口处。安装四缸发动机的节温器时，节温器的环应垂直向下。装好节温器并更换新的冷却液后试车一切正常。询问车主得知该车以前往膨胀罐中加过很多井水。奥迪 A6 只允许加 G12 红色冷却液，每两年更换一次。若 G12 与其他冷却液混合加入，两种冷却液可能发生反应；若加水可产生水垢，水垢在发动机冷却系统水套中沉积，阻碍冷却液循环，使发动机过热。

2. 发动机突然过热的故障诊断实例

（1）车型。现代索纳塔轿车，行驶里程为 80 000 km。

（2）故障现象。行驶中发动机突然“开锅”。

（3）故障诊断与排除。发动机工作平稳，动力性良好，机油、排气也无异常现象，排除了气缸垫冲坏的可能。打开空调开关，散热器主电风扇不转，用手扳动风扇，感觉电动机发卡。拔下通往电风扇的插座，直接用导线与蓄电池连接，电风扇仍不工作。换上新的电风扇，打开空调开关，电风扇工作正常。触摸上、下水管，上水管不太热，下水管却烫手。分析认为，节温器损坏后不能正常开启，隔断了发动机水套与上水管、散热器之间的通路，冷却系统不能正常进行大循环；温控开关装于节温器后，始终达不到工作的温度，故不能接通电风扇。

拆下节温器，放入热水中检查，节温器不能开启。更换新件后试车，故障排除。

第二节 润滑系统故障诊断

一、润滑系统的组成

发动机润滑系统主要由机油集滤器、机油泵、机油粗滤清器、机油细滤清器、机油传感器、储存机油的油底壳以及由机油管和发动机机体上一系列油道等组成，如图 3—4 所示。

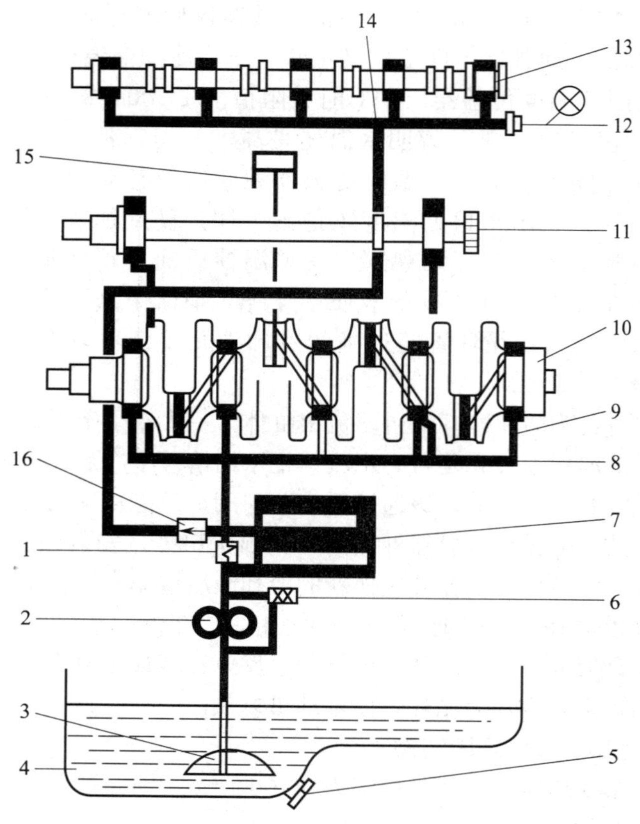

图 3—4 发动机润滑系统示意图

1—旁通阀 2—齿轮式机油泵 3—机油集滤器 4—油底壳 5—放油螺塞 6—安全阀 7—机油滤清器 8—缸体主油道 9—分油道 10—曲轴 11—中间轴 12—缸盖主油道端压力开关 13—凸轮轴 14—油道 15—活塞 16—机油滤清器止回阀

二、润滑系统的故障诊断

润滑系统常见故障及其原因见表 3—3。

表 3—3　　**润滑系统常见故障及其原因**

序号	故障部位	故障原因	故障现象	故障处理
1	限压阀	弹簧过松、过紧、断裂	机油压力过低，零部件润滑不良	更换新件
2	机油泵	机油泵齿轮啮合间隙过大，齿轮与泵盖之间间隙过大	机油压力过低，零部件润滑不良	可磨平泵盖或更换新件
3	进油管接头	油管接头松动或破裂	机油压力过低，警告灯亮	紧固或更换新件
4	集滤器	堵塞、松脱	供油中断、无油压，警告灯亮	清洁、紧固或更换新件
5	曲柄臂油道	堵塞	连杆轴承磨损加快、出现异响；机油飞溅，润滑不良	清洗或用压缩空气疏通
6	隔离油道	堵塞	油路不通畅、机油压力过高、零部件润滑不良、出现零部件异响	清洗、疏通油道
7	缸体主油道	堵塞	油路不通畅、机油压力过高、零部件润滑不良、出现零部件异响	清洗、疏通油道
8	粗滤器滤芯	滤芯脏、堵塞	油路不通畅或失去滤清作用	清洗或更换新件
9	粗滤器壳、盖	壳、盖之间的衬垫未压紧或损坏	漏油、机油消耗快、油压低	紧固或更换衬垫
10	粗滤器心轴	粗滤器脏堵、心轴弯曲、装配不当	心轴转不动，滤芯失去滤清作用	清洗滤芯，调整或更换新件
11	旁通阀	密封不良，弹簧过软或折断	粗滤器失去滤清作用，发动机磨损快	清洗、调整或更换新件
12	细滤器进油管	凹瘪、断裂	漏油、机油消耗快、机油脏污	调整或更换新件
13	细滤器出油管	断裂	漏油、机油消耗快、机油脏污	更换新件
14	放油塞	连接、密封不良	漏油、机油消耗快	紧固密封件
15	细滤器壳、盖	壳、盖之间的衬垫未压紧或损坏	漏油、机油消耗快	紧固或更换新件
16	细滤器滤芯	滤芯脏堵或管道两端密封不良	细滤器的细滤作用明显下降	清洗、更换滤芯或重新组装、调整
17	机油加注口滤网	滤网脏、堵塞	加注机油时受阻或外溢	清洗滤网

续表

序号	故障部位	故障原因	故障现象	故障处理
18	油槽	油槽破裂、折断	使机油飞溅，导向、储油作用变差，润滑作用变差，配气机构易磨损并产生异响	更换新件
19	机油散热器进油单向阀	单向阀调整不当、堵塞或关闭不严	机油压力过低或过高	清洗、调整或更换新件
20	机油散热器开关	开关失灵、堵塞或不能关闭	油温过高	维修或更换开关
21	机油散热器油管	油管堵塞	油温过高	清洗、疏通或更换油管
22	机油散热器	机油散热器管道堵塞	油温过高	清洗、疏通管道
23	机油散热器出油管	出油管断裂	漏油、机油消耗过快	更换油管

下面分析发动机润滑系统的几种常见故障。

1．发动机机油消耗异常

（1）故障现象：

1）车辆正常行驶，每天检查机油时均发现机油消耗量过多。

2）排气管冒蓝烟，机油加注口脉动冒烟。

3）燃烧室积炭增多。

技术提示

正常情况下，发动机消耗的机油与燃油比为0.5%～1%。若机油的消耗量大于1%，说明机油消耗过多。

（2）故障原因：

1）活塞与气缸之间间隙过大。

2）活塞环弹力不足或磨损过大。

3）扭曲活塞环装反。

4）活塞环“抱死”或活塞环端隙对口。

5）气门杆油封损坏。

6）进气门导管与气门杆间隙过大。

7）曲轴箱通风不良。

8）正时齿轮室，曲轴前、后油封，凸轮轴后端油堵等密封不严。

9）油底壳或气门室盖密封不严。

（3）故障诊断：

1）检查发动机外表是否有漏油痕迹。

①检查发动机油底壳周围是否有漏油痕迹。若有漏油痕迹，说明油底壳固定螺栓松动或衬垫损坏，应紧固或更换。

②检查发动机曲轴的前、后端是否有漏油痕迹。若有漏油痕迹，应检查曲轴的前、后油封是否损坏，曲轴传动带轮与油封接触面磨损是否严重，后轴盖的回油孔是否被堵塞等。

③检查发动机气门室盖衬垫处是否有漏油痕迹。若有漏油痕迹，应检查气门室盖螺栓是否松动，密封衬垫是否损坏等。

④检查润滑系统的其他部件是否有漏油痕迹。若有漏油痕迹，则应先紧固其固定螺栓，再检查其密封垫是否损坏。

2）在上述检查过程中，若发现发动机多处有机油渗出，但又找不出明显的漏油处，则应检查曲轴箱的通风装置，清理曲轴箱通风管道中流量控制阀处的积炭和结胶。

3）若发动机外部无漏油痕迹，则应使发动机正常运转，检查排气管排出的废气颜色和机油加注口处是否有废气排出。

①若排气管冒蓝烟，同时机油加注口也向外冒蓝烟，则为活塞、活塞环与气缸壁磨损过大，活塞环的端隙、背隙和边隙过大，多个活塞环的端隙对口，扭曲环装反等原因，使机油窜入燃烧室燃烧造成。

②若排气管冒蓝烟，机油加注口不冒烟，而气门室罩向外窜烟，则应检查气门导管处的气门油封是否损坏，气门导管与气门杆的间隙是否过大等。

4）在安装有机油散热器的发动机上，若冷却系统中发现有机油，则应检查散热器的散热管是否脱焊、腐蚀或破裂。

2. 发动机机油变质过快

技术提示

发动机机油的作用是润滑、清洗、冷却、密封。机油在使用过程中，不可避免地与高温零件及高温气体接触，摩擦副表面的杂质也会掺入机油内。因此，机油使用一段时间后，其性能会逐渐变差。但如果使用时间不长机油即变质，则为不正常现象。

（1）故障现象：

1）车辆行驶不足 12 000 km，出现机油变脏、变色、变稀、机械杂质增多等现象。

2）取样检查时，发动机机油颜色变黑，用手指捻搓，发现机油失去黏性并有杂质。

3）机油呈乳浊状且有泡沫。

（2）故障原因：

1）活塞与缸壁之间间隙过大、活塞环密封不严造成漏气，废气漏入曲轴箱内与机油长时间接触，使机油变质加快。

2）曲轴箱通风不良。

3）发动机冷却不良或机油压力过低，造成摩擦副温度过高，由此使机油的温度过高，加速机油氧化变质。

4）机油滤清器过脏而堵塞。

5）气缸垫或气缸体损坏，造成冷却液进入曲轴箱，使机油变质。

6）发动机工作不良，未燃烧的燃料窜入曲轴箱，造成机油黏度下降。

（3）故障诊断：

1）拔出机油标尺，将少量机油滴在中性滤纸上，观察其扩散后的油迹。若油迹中心黑色较重且有很多杂质，说明机油含有较多的尘土、金属微粒和氧化物等。此时应检查机油压力是否偏低，发动机是否经常处于高温状态，活塞与缸壁的间隙是否过大，曲轴箱通风装置工作是否良好等。

2）若机油已乳化，说明机油中掺进了水分，则应拆下火花塞或喷油器，检查表面是否有水珠。若有水珠，应检查气缸垫是否损坏，水套与燃烧室是否相通，气缸套上的密封垫是否漏水等。

3）若在机油变质的同时伴随着机油压力过低，则应检查机油滤清器是否堵塞，机油滤清器旁通弹簧是否过软，机油泵的供油能力是否下降等。

3. 发动机机油压力过低

（1）故障现象。发动机在正常温度和转速下运转时，机油压力始终低于规定值，油压过低报警灯闪烁。

（2）故障原因：

1）油量不足或机油黏度太低。

2）机油粗滤器堵塞且旁通阀打不开，机油无法进入主油道。

3）机油泵齿轮磨损、泵盖磨损或泵盖衬垫太厚，使供油压力过低，或机油泵外壳裂纹漏油，机油泵轴与连接键销断裂。

4）机油集滤器滤网堵塞，使机油泵吸油量不足。

5）油底壳中的机油吸油管螺母未拧紧或产生裂纹而漏气，使机油泵工作时吸入空气而导致机油压力不足。

6）机油滤清器上的回油阀开启压力调整过低，导致回油过多，使整个润滑系统的机油压力偏低。

7）内、外管路或放油螺塞处漏油。

8）曲轴主轴承、连杆轴承或凸轮轴轴承间隙过大。

9）机油限压阀调整不当、关闭不严或其弹簧折断。

10）燃油泵膜片破裂，使燃油漏入油池，或燃烧室内未燃的气体漏入油池，使机油的黏度下降。

11）气缸垫或气缸体损坏，使冷却液漏入油底壳，将机油稀释。

12）机油压力表或其传感器连接导线断路或接触不良。

（3）故障诊断。行车中，应随时观察机油压力表或机油压力过低报警灯，若发现机油压力为零或报警灯闪亮，则应立即熄火，停车检查。

1）拔出机油尺，检查机油油量及品质。若机油油面低于“MIN”或“L”线，说明机油油量不足，应及时添加；若机油颜色无变化，而黏度降低，且有燃油味，说明机油中渗进了燃油；若机油呈乳浊状并有泡沫，说明机油中渗入了水分，应查明漏水部位并修复，再更换机油。

2）检查机油压力表和传感器的工作状况。

3）检查压力表、传感器的连线是否松脱。若连接良好，则应将传感器端导线拆下，并将其搭铁，接通点火开关，观察机油压力表的状况。若机油压力表的指针急速上升，说明机油压力表良好；若机油压力表指针不动，则应根据仪表的控制电路进行检查。

4）在仪表指示正常的条件下，检查传感器工作是否良好。测量传感器的电阻值，其值应符合要求。

5）若上述检查正常，则应拧松油压传感器，起动发动机，观察从连接螺孔处机油流出的情况。若机油流出有力，则应进一步检查机油压力表的指示值是否准确；若机油流出时无力，则应检查润滑系统工作部件的工作状况。

6）若机油限压阀安装在发动机缸体的外部，可停熄发动机，拆卸并检查限压阀状况。检查限压阀的调整弹簧是否过软、折断或调整不当；检查限压阀柱塞磨损是否过大、钢球密封是否不严密。

7）检查机油滤清器的滤芯是否堵塞、旁通阀是否卡滞或堵塞。

8）拆下油底壳，检查机油集滤器滤网是否过脏，检查机油泵限压阀状况，检查各连接管路是否漏油，检查机油泵的工作性能是否良好等。

9）若发动机已接近或超过大修间隔里程，则应检查曲轴主轴承、连杆轴承、凸轮轴轴承间隙是否过大，检查其他压力润滑部位的配合间隙是否过大等。

机油压力过低的故障诊断流程如图3—5所示。

4. 发动机机油压力过高

（1）故障现象：

1）接通点火开关，机油压力表立即产生压力指示。

2）发动机在正常温度和转速下运转，机油压力表读数高于规定值。

3）发动机在运转过程中，机油压力突然升高。

（2）故障原因：

1）机油黏度过高。

2）限压阀调整不当或卡滞。

3）通往各摩擦表面的分油道堵塞。

4）曲轴主轴承、连杆轴承或凸轮轴轴承间隙过小。

5）机油压力表或传感器工作不良。

6）机油粗滤器滤芯堵塞且旁通阀开启困难。

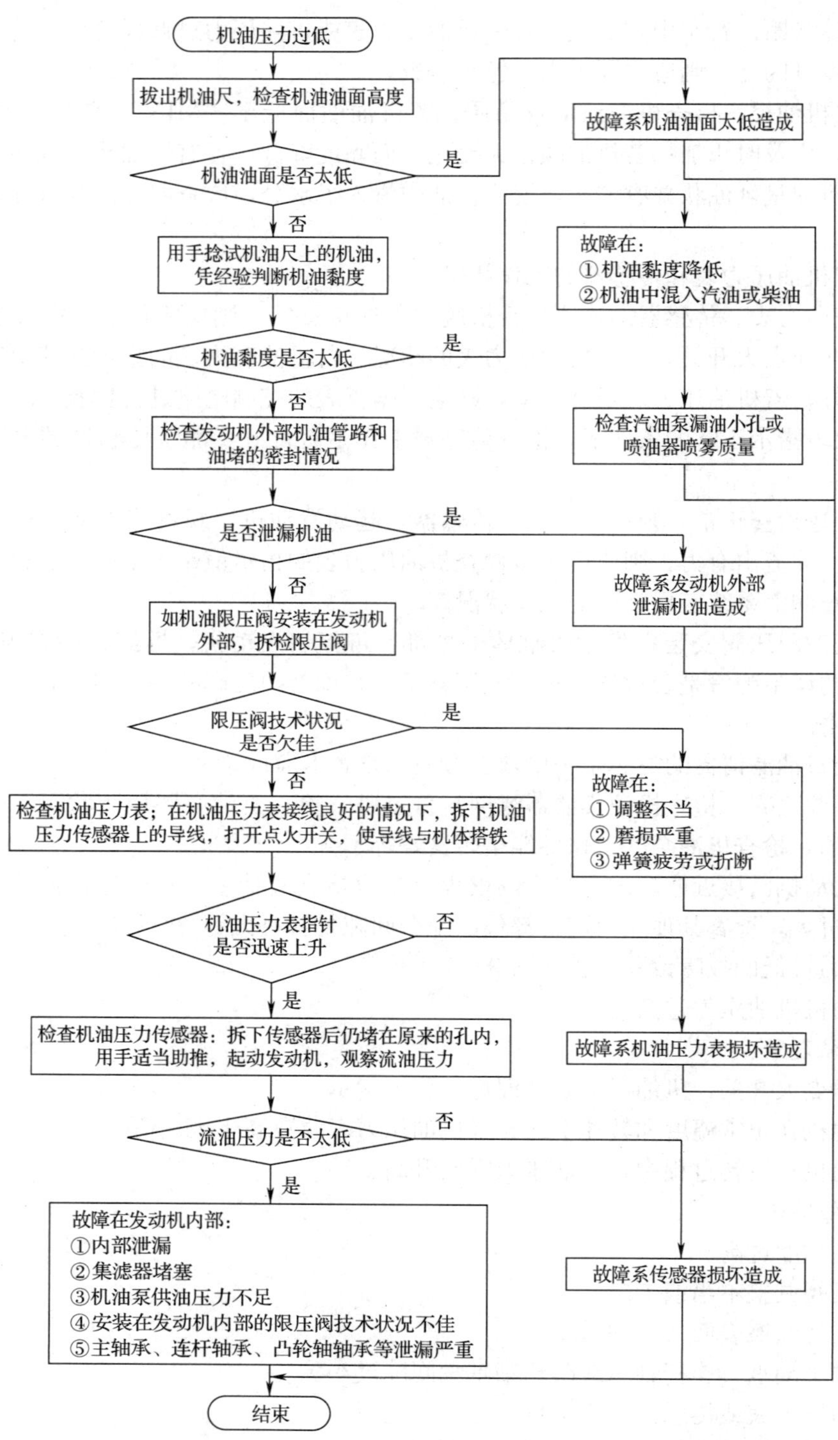

图 3—5 机油压力过低的故障诊断流程

（3）故障诊断。发动机运转过程中，若发现机油压力过高，应熄火排除故障，否则易损坏机油滤清器。

1）发动机运转过程中，机油压力突然升高，但无其他异常现象，应检查机油压力传感器上的导线是否搭铁。接通点火开关，但不起动发动机，观察机油压力表指针是否升至最大值。若表指针升至最大值，则故障系导线搭铁引起；若指示为零，则应检查机油滤清器的滤芯是否堵塞，限压阀柱塞或钢球是否卡死，限压阀弹簧是否过硬等。

2）发动机运转过程中，机油压力表指示始终偏高，则应接通点火开关，检查机油压力表的指针是否为零。若指针不在零位，则应拆下机油压力传感器上的导线，再检查机油压力表的指示状态。若压力表仍有指示，说明压力表工作不良；若指示为零，则压力传感器有故障。

3）检查机油黏度是否过高，若机油黏度过高，则应更换规定牌号和规格的机油。

4）检查机油压力限压阀是否调整不当或不能开启。

5）若过高的机油压力冲坏机油滤清器的密封垫，而机油压力表的读数却较低，则为机油粗滤器的滤芯堵塞，且旁通阀开启困难或缸体上的油道堵塞，应清洗或更换机油滤清器滤芯，清洗旁通阀、限压阀及缸体上的油道，若故障不能排除，则应调整限压阀。

6）若发动机曲轴主轴承、连杆轴承或凸轮轴轴承间隙过小，也会引起机油压力偏高。机油压力过高的故障诊断流程如图 3—6 所示。

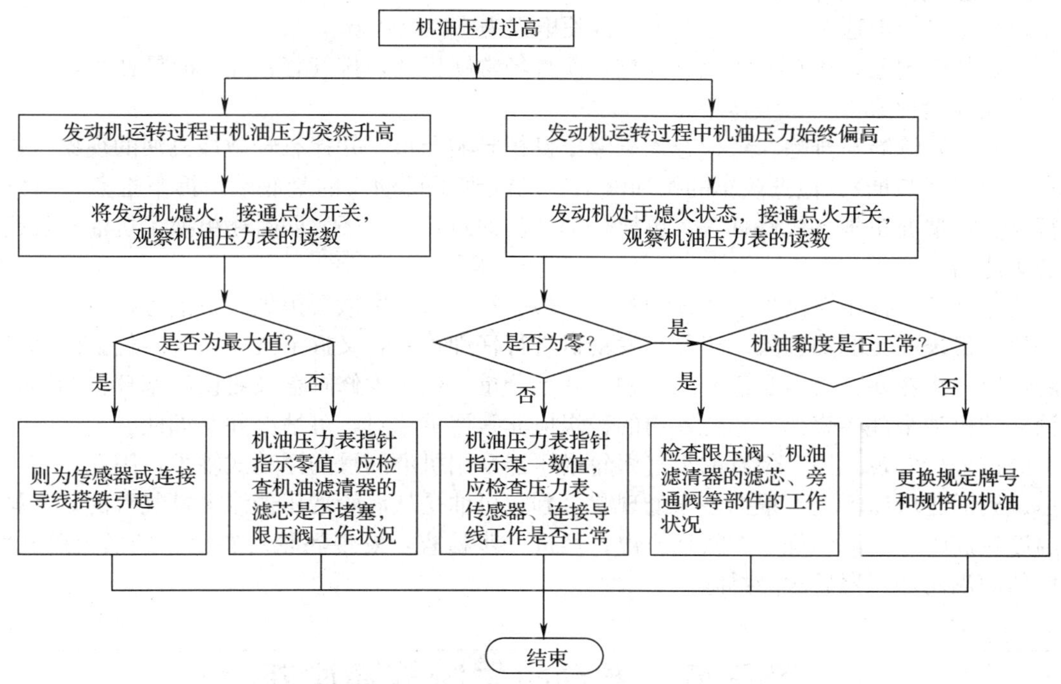

图 3—6　机油压力过高的故障诊断流程

三、润滑系统故障诊断案例

1. 迈腾轿车机油压力低

（1）车型。迈腾轿车。

（2）故障现象。机油压力低。

（3）故障原因分析及解决办法：

1）发动机机油存储量过少，造成润滑系统无油或少油，从而造成机油压力低。解决办法：补加油。

2）机油脏或黏稠导致机油泵不能将机油有效吸入、泵出，造成机油压力低或无压力。解决办法：换油。

3）机油稀或因发动机温度高造成机油变稀，会从发动机的各摩擦副间隙中泄漏，造成机油压力低。解决办法：换油或检修冷却系统。

4）机油管漏油，机油泵损坏或其零部件磨损超标都会导致机油的吸入、泵出量减少或根本无量，从而导致机油压力低或无压力。解决办法：检修。

5）曲轴与大、小轴瓦之间的间隙超标导致机油泄漏，造成机油压力低。解决办法：检修。

6）限压阀或泄压阀弹簧过软或卡滞，钢球损伤造成阀的功能丧失或减弱，导致机油压力降低。解决办法：更换或检修。

7）机油感应塞、压力表或电路故障导致机油压力低。解决办法：更换或检查。

2. 奥迪轿车机油消耗异常

（1）车型。奥迪 200 1.8 T 轿车，行驶里程为 160 000 km。

（2）故障现象。该车发动机有异响，而且经常缺机油，排气管在加速时冒蓝烟，但并未发现存在漏油现象。

（3）故障诊断与排除。经检查该车液压挺杆异响严重，并伴有轻微烧机油的现象（排气管在加速时冒蓝烟）。检查该车的机油液面，已经到了机油尺的最底端。拆下缸盖，对气缸进行测量，情况正常。大修缸盖，更换全部气门油封及活塞环，同时还更换了机油泵及机油泵的集滤器。

两星期后，该车又出现了同样的响声。检查排气管，轻微冒黑烟，机油亏损较多；检查发动机，发现并无漏油迹象。于是对发动机进行仔细检查，又拆下缸盖，观察气缸内部及缸盖的情况，火花塞、气门及活塞顶部积炭并不严重。该车大修缸盖及更换活塞环仅两周，如果消耗的机油全部燃烧掉，燃烧室内的积炭应非常严重才对，可情况并非如此。

经过分析发现，该车装有的废气涡轮增压器采用机油润滑的浮动式轴承，因此，有一条油道通到涡轮增压器上。根据该车的现状，判定机油是从涡轮增压器渗入排气管的。当排气管温度较高时，机油燃烧，有蓝烟排出。经进一步检查，发现涡轮后有大量的黑色胶状物。更换新的涡轮增压器后故障排除。

第三节　发动机异响故障诊断

发动机异响是指发动机在正常工作时发出的各种不正常响声。发动机异响可分为气体冲击金属发出异响和金属与金属撞击发出异响。气体冲击金属发出异响主要源自不正常的燃烧或不正常的进气和排气，主要表现有发动机爆燃、化油器回火、排气管放炮、活塞环窜气、气门漏气。金属与金属撞击发出异响主要源自配合间隙过大、轴承损坏、润滑不良或某些机件损坏，常见异响有主轴承响、连杆轴承响、活塞敲缸响、活塞销响、活塞环响、气门响、气门脚响、气门座圈响、气门弹簧响、气门挺杆响、凸轮轴响、正时齿轮响、正时链条响以及水泵、发电机等附件响。

一、异响的特征分析

在维修发动机前确定异响的原因及其部位是非常重要的。异响与发动机转速、负荷、温度、润滑条件等多种因素有关，异响部位不同，其声响特征、伴随现象、发生时间各不相同，许多异响具有明显的声调特征，可以帮助维修人员确定故障部位。

1. 音频特征

发动机异响有不同的声调，如主轴承响为沉闷的“当当”声，而气门脚响为清脆的“嗒嗒”声。通过对声响波形的绘制，可以对各自声响的频率、振幅、连续性进行观察。

2. 转速特征

一般情况下，异响会随发动机转速的变化而改变。异响不同，异响最明显的转速范围也不同。如活塞敲缸响、活塞销响、气门脚响在怠速时较明显，连杆轴承响、气门座响在中速时较明显，主轴承响、连杆轴承响、活塞环响在急加速时较明显。

3. 负荷特征

有些异响与发动机负荷有关，负荷变化时异响加重或减弱。如曲轴主轴承响、连杆轴承响、活塞敲缸响和点火敲击响等均随负荷的增大（爬坡、加速、满载等）而增强，随负荷的减小而减弱；而有些异响与负荷无关，如气门响，在负荷变化时异响不变。

4. 温度特征

有些异响与发动机温度有关，而有些异响与发动机温度无关或关系不大。如活塞敲缸响在低温时响声明显，温度升高后异响减弱或消失；发动机过热引起的早燃突爆声，活塞因变形、配合间隙过小引起的敲缸异响等在低温时响声不明显，温度升高后变得明显；主轴承响、连杆轴承响和气门脚响等受温度影响较小。

5. 缸位特征

单缸断火或复火时响声有明显变化的异响称为发动机上缸或响声上缸。例如，连杆轴承响、活塞环响以及因气缸配合间隙过大造成的活塞敲缸异响等，在单缸断火时响声减轻或消失；活塞销窜出或松旷响、连杆轴承盖螺栓松动响造成的敲缸，在单缸断火时响声明显加重；曲轴主轴承响在单缸断火时响声变化不明显，而在相邻两缸断火时响声减轻或消失；气门脚响在单缸断火时响声不变或变化不明显。

6. 工作循环特征

发动机异响与工作循环有很大关系，例如，一般曲柄连杆机构异响在每个工作循环发响两次，配气机构异响在每个工作循环发响一次。

7. 异响听诊部位和振动区域

常见异响在发动机上引起振动的区域有气缸盖、气缸体中上侧、气缸体下侧、油底壳与曲轴箱分界面、正时齿轮室部位和加机油口（或曲轴箱通风管口）等部位。

8. 伴随现象

发动机出现异响时，常常伴随有其他故障现象出现，如机油压力降低、排气管排烟颜色异常、功率下降、运转无力、燃油消耗过大、个别缸不工作或工作不良、振抖、运转不稳定、回火、放炮、机油变质、排气管有“突突”声以及加机油口脉动冒烟等。

二、发动机异响的检测与诊断

技术状况良好的发动机在运转过程中仅能听到均匀的排气声和轻微的噪声，当发动机运转过程中出现异常响声时，就表明相关部位出现故障。对于有异响的发动机，重要的是找出异响的特征和规律，分析产生原因，找出异响部位。发动机常见异响的特征、产生原因及处理方法见表3—4。

表3—4　　发动机常见异响的特征、产生原因及处理方法

异响名称	听诊部位	异响特征描述	与各要素的关系					处理方法
			转速（或负荷）	单缸断火（或断油）	温度影响	节奏	其他	
曲轴轴承响	下部	沉重的“当当”声	急加速明显，随负荷增加而增大	无明显变化，相邻两缸断火（或断油）时响声明显减小	无关	间响	曲轴主轴承松旷时会伴有机油压力下降，高速时机体振动	立即停车
连杆轴承响	中部	清脆的“嗒嗒”声，响声较短；若轴承严重松旷，发出“哗啦”声	急速运转声清晰，急加速时响声明显，随负荷增加而增大	异响变化明显，发动机复火的瞬间响声迅速恢复	无关	间响	机油压力有时有下降现象；从加机油口处听诊，响声为连响	立即停车
活塞敲缸响	上部	清脆的“嗒嗒”声；若纵向敲缸，音调较低	中速以下明显，纵向敲缸高速时声音不减	单缸断火响声减小或消失，但纵向敲缸无变化	冷车响声明显，热车响声减小或消失	一般为间响，纵向敲缸为连响		及时检修
活塞销响	上部	清脆、响亮、有节奏的“嗒嗒”声，响声较尖锐，如钢球相击的声音	怠速及中速明显，中速以下响声随速度变化灵敏，随负荷增加而增大	上缸灵敏，复火响声突然恢复，高速时响声仍较严重，响声易发生变化	有时随温度升高响声增大	间响		及时排除
气缸漏气响	中部	轻微的“哧哧”声	大负荷时才能听到	有上缸现象	无关	间响	加机油口处与响声对应出现冒烟	此故障轻微，考虑到成本，可以暂不处理

续表

异响名称	听诊部位	异响特征描述	与各要素的关系					处理方法
			转速（或负荷）	单缸断火（或断油）	温度影响	节奏	其他	
气门脚响	上部	清脆的“嗒嗒”声	怠速时响声最明显，高速则声音杂乱，随负荷增加而增大	不上缸	一般与温度无关，有些车辆热车后响声自动消失	间响	气门间隙调整正常后响声消失	调整
气门挺杆响	中部	清脆的“嘎嘎”声	怠速明显，中速以上减弱或消失	不上缸	无关	间响	铱住发响挺杆，响声消失	调整
正时齿轮响	前部	原因较多，有因摩擦导致的“叽叽”声，又有因间隙过大导致的“哗哗”声	中速以下较明显	不上缸	无关	既有间响又有连响，有时又无节奏		若响声轻微可继续使用；若响声很大应及时排除
凸轮轴响	中部	音调沉重的“当当”声	中速明显，高速响声减小或消失	不上缸	无关	间响	凸轮轴附近有振动	及时排除
点火过早响	上部	类似金属敲击声	高挡位、低速、大负荷时比较明显	不上缸	温度易升高			调整点火时间

1. 曲轴主轴承响故障诊断

（1）故障现象。发动机突然加速时会发出沉重而有力的“当、当、当”或“咣、咣、咣”的金属敲击声，严重时机体产生很大振动；响声随发动机转速的提高而增大，随负荷的增加而增强；产生响声的部位在缸体下部的曲轴箱内；单缸断火时响声无明显变化，相邻两缸同时断火时响声会明显减弱或消失；温度变化时响声不变化；响声严重时机油压力明显降低。

（2）故障原因：

1）主轴承盖固定螺钉松动。

2）主轴承减摩合金烧毁或脱落。

3）主轴承和轴颈磨损过度，轴向止推装置磨损过度，造成径向和轴向间隙过大。

4）曲轴弯曲。

5）机油压力过低或机油黏度过低。

（3）故障诊断方法：

1）改变发动机转速。转速增高，响声增大，中速向高速过渡时响声明显，急加速异响明显。低速时，用手微微抖动并反复加大节气门开度，仔细听异响，如响声随转速升高而增大，在加速的瞬间响声较明显，一般是主轴承松旷；如在怠速或低速时响声较明显，高速时杂乱，可能是曲轴弯曲；如在高速时有较大振动，油压显著降低，一般是主轴承松旷严重、烧损或减摩合金脱落。

2）如在低速下采用微抖节气门的方法可听到较沉重的“咯噔、咯噔”的响声，踩下离合器后响声减弱或消失，则可以诊断为曲轴轴向窜动。

3）发动机异响随温度升高而增大，到高速时声响变得杂乱，则可能是曲轴弯曲。

4）单缸断火试验时响声不变（若头道或末道主轴承响，则响声会减弱），相邻两缸均断火时响声明显减弱，则可诊断为两缸之间的曲轴主轴承响。

5）反复抖动节气门，从加机油口（或曲轴箱通风管口）处听诊，可听到明显的沉重有力的金属敲击声。用听诊器触在油底壳或曲轴箱与曲轴轴线齐平的位置上听诊，响声最强的部位即为发出异响的主轴承。

2. 连杆轴承响故障诊断

（1）故障现象。当发动机突然加速时，有“当、当、当”连续、明显、轻而短促的敲击声，这是连杆轴承响的主要特征。轴承严重松旷时，怠速运转也能听到明显的响声，且机油压力降低；发动机温度变化时响声不变化；发动机负荷变化时，响声随负荷增加而加剧；单缸断火时响声明显减弱或消失，但复火时又立即出现。

（2）故障原因：

1）连杆轴承盖的固定螺栓松动或折断。

2）连杆轴承减摩合金烧毁或脱落。

3）连杆轴承或轴颈磨损过度，造成径向间隙过大。

4）机油压力过低或机油黏度过低。

（3）故障诊断方法：

1）改变发动机转速，怠速时声响较小，中速时较为明显，稍稍加大节气门有连续的敲击声，急加速时敲击声随之增大，高速时因其他杂音干扰而不明显。诊断时使发动机怠速运转，然后由怠速向低速，由低速向中速，再由中速向高速加大节气门进行试验，同时结合单缸断火法，并在加机油口处听诊，响声随转速的升高而增大，抖动节气门时在加油的瞬间异响突出。响声严重时，在任何转速下均可听到清晰、明显的敲击声。

2）不论发动机温度高或低，在任何情况下都会发出严重而无节奏的“当、当”声，且气缸盖振动很大，做断火或复火试验的结果都一样，则可断定是连杆轴承合金层过热熔化，应立即拆修。

3）单缸断火试验时响声明显减弱或消失，但复火时又立即出现，即响声上缸，则可诊断为该缸连杆轴承响。但当连杆轴承松旷过度时，单缸断火声响无明显变化。

4）若响声混杂，出现“咯铃、咯铃”或“哗啦、哗啦”的响声，也可用断火法检查。

若单缸断火后声响减弱，继续单缸断火声响又有所减弱或消失，则说明多缸连杆轴承松旷。

5）连杆轴承响声在油底壳侧面较大。用听诊器触在机体上听诊，响声不清晰；若在加机油口处或曲轴箱通风管口处直接听诊，可清楚地听到连杆轴承敲击声。

3．活塞销响故障诊断

（1）故障现象。在发动机怠速、低速时连续、较轻地踩、抬加速踏板，可听到清脆而又连贯的“嗒、嗒、嗒”金属敲击声；响声严重时，随转速的升高而增大，随负荷的增大而加重；发动机温度变化时，对响声影响不大；机油压力不降低；单缸断火时响声明显减弱或消失，复火瞬间响声又出现或连续出现两个响声。

（2）故障原因：

1）活塞销与连杆小头衬套配合松旷。

2）衬套与连杆小头孔配合松旷。

3）活塞销与活塞上的销座孔配合松旷。

（3）故障诊断：

1）使发动机处于怠速，轻微踩、抬加速踏板到中速，如声响能灵活地随之变化，并且每踩、抬一次加速踏板都能听到明显、清晰而连贯的“嗒嗒”异响声，则可以初步诊断为活塞销响。

2）将发动机转速控制在声响明显处，然后进行单缸断火试验。若断火后响声减弱或消失，复火时响声会明显出现一响或连续两响；严重时，若在响声较大的转速下进行断火试验，往往响声不消失且变得杂乱。出现以上情况，并且在气缸的上、中部听到的响声比在下部听到的响声大，则可以诊断为活塞销响。

3）根据不同征兆具体诊断：

①若转速越高响声越大，单缸断火时响声反而杂乱，则故障为活塞销与衬套间隙过大。

②怠速运转时若响声有节奏且较沉重，提高转速响声不减弱，同时伴有机体的轻微抖动，断火试验响声加重，则说明活塞销自由窜动。

③若急加速时响声尖锐而清晰，断火试验时响声减轻或消失，则很可能是活塞销折断。

4．活塞敲缸响故障诊断

（1）故障现象。发动机在怠速或低速运转时，气缸的上部发出清晰而明显的“嗒、嗒、嗒”金属敲击声，在中速及中速以上运转时响声减弱或消失。发动机温度变化时响声也变化。多数情况下响声在冷车时明显，热车时减弱或消失；也有个别情况活塞敲缸响在温度升高后加重。负荷越大响声也越大，但机油压力不降低；单缸断火时响声减弱或消失。

（2）故障原因：

1）活塞与气缸壁配合间隙过大。

2）活塞与气缸壁间润滑条件过差。

3）由于磨损和变形而使活塞椭圆度过小或在常温时活塞呈反椭圆状。

4）活塞销与活塞销座孔装配得过紧。

5）活塞销与连杆小头衬套装配得过紧。

6）连杆轴承装配得过紧。

7）活塞圆柱度误差超差。

（3）故障诊断：

1）怠速或低速时比较清晰，中速以上运转时异响减弱或消失。

2）负荷加大，响声加大。

3）一般冷车时响声明显，热车后响声减弱或消失，即冷敲缸；严重时冷、热均敲缸，并伴有振抖。

4）将发动机置于异响明显的转速下进行单缸断火试验，响声明显减弱或消失。

5）曲轴转一圈，发响一次，且有节奏性，转速提高时响声频率加快。

6）润滑不良时响声加重。

7）将听诊器或听诊杆触在机体上部两侧进行听诊，若响声较强并稍有振动，再结合断火试验，即可确定发出异响的气缸。

8）伴随现象。排气管排蓝烟、缸压降低等；用手将螺钉旋具抵紧气缸侧部触试，有明显振动感。

技术提示

发动机敲缸包括冷态敲缸、热态敲缸和冷热态均敲缸。发动机冷起动后活塞敲缸较重，热车后响声减轻或消失称为冷态敲缸，其原因主要是配缸间隙过大或活塞变形。发动机冷态不响，热车后怠速发响，并伴有机体轻微抖动，且温度越高响声越大，即为热态敲缸。热态敲缸要及时排除，否则会转化成拉缸事故。热态敲缸的故障原因为连杆轴颈与主轴颈不平行、连杆弯曲、连杆衬套轴向偏斜等造成的活塞偏缸，活塞配合间隙过小、椭圆度过小或反椭圆、活塞变形等造成的活塞过紧，活塞环端隙、背隙过小造成的活塞环卡滞等。冷热均敲缸的故障原因为活塞销与连杆衬套或与连杆小头装配得过紧，连杆轴承装配得过紧，活塞裙部圆柱度误差超差等。冷敲缸或热敲缸较为严重时也会导致冷热均敲缸。

5. 气门响故障诊断

（1）故障现象。发动机怠速运转时发出连续不断而且有节奏的“嗒、嗒、嗒”（在气门脚处）或“啪、啪、啪”（在气门座处）敲击声；转速增高时响声随之增大，温度变化和单缸断火时响声不减弱；若有数个气门响，则声音显得杂乱。气门脚响和气门座响统称为气门响。

（2）故障原因：

1）气门脚响。

①气门间隙过大。

②气门间隙调整螺钉松动或该间隙处两接触面不平。

③配气凸轮磨损过度，造成缓冲段效能下降，加重了挺杆对气门的冲击。

④气门润滑不良。

2）气门落座响。

①气门杆与其导管配合间隙过大。

②气门头部与其座圈接触不良。

③气门座圈松动。

④气门脚间隙过大。

（3）故障诊断方法：

1）转速增高响声增大、节奏加快。怠速、低速时响声明显，中速以上变得模糊、杂乱。

2）负荷、温度、缸位对气门脚响无影响，断火试验异响无变化。

3）怠速下在气门室或气门罩处听诊，异响非常明显。气门脚响清脆而有节奏，在发动机周围就能听到较为清晰的响声。

4）将气门室盖拆下，在怠速时用适当厚度的塞尺插入气门间隙处，若响声消失或减弱即可确诊为该气门间隙过大。也可用塞尺检查或用手晃试气门间隙，间隙最大的往往是最响的气门。为进一步确诊是气门脚响还是气门座响，可在气门间隙处滴入少许机油，如果响声瞬间减弱或消失，说明是气门脚响；如果响声无变化，说明是气门座响。

5）插入塞尺后，气门没有间隙，若响声不变，可用螺钉旋具撬动气门杆；若响声消除，说明气门杆与导管磨损过度。

6. 气缸漏气响故障诊断

（1）故障现象。发动机运转时，从加机油口处听到曲轴箱内发出“嘣、嘣、嘣”的漏气声；负荷越大时响声越强，转速越高时响声越小；当抬加速踏板或单缸断火时，响声减弱或消失。随着响声的出现，加机油口处脉动地向外冒烟，冒烟次数与发响次数相同。

（2）故障原因：

1）新换活塞环与气缸壁的间隙大。

2）活塞环和气缸壁严重磨损。

3）活塞环开口间隙过大或活塞环开口重合。

4）活塞环弹力过弱或侧隙、背隙过小。

5）活塞环卡死在环槽内。

6）气缸壁拉伤，出现沟槽。

（3）故障诊断方法：

1）提高发动机转速直至响声最明显，稳定此转速，打开机油加注口观察，若有烟向外冒出，可能是气缸漏气响，否则是其他异响。

2）用逐缸断火法检查，若某缸断火后响声减弱或消失，表明该缸可能存在气缸漏气故障。

3）拆下可能漏气气缸的火花塞，向气缸内倒入少量机油，转动发动机数圈后，装好火花塞，重新起动发动机，若响声明显减小，则可确定是该缸漏气响。

7. 液压挺杆响故障诊断

（1）故障现象：

1）发动机怠速运转时发出有节奏的金属敲击声，中速以上响声减弱或消失。

2）用听诊器听，凸轮轴附近响声明显，断火试验响声无变化。

（2）故障原因：

1）挺杆与导孔配合面磨损严重。

2）挺杆液压偶件磨损。

3）机油供油不足。

（3）故障诊断与排除。改变发动机转速，并用听诊器听响声的变化。怠速时发动机顶部响声明显，中速以上响声减弱或消失，断火试验响声无变化，即为液压挺杆响，具体部位可用听诊器根据响声变化来判断。在起动时液压挺杆有不大的响声是正常的（机油未充分进入液压挺杆）。发动机转速达到 2 500 r/min 后继续运转 2 min，若挺杆仍有响声，应检查及调整机油压力；若机油压力正常，则应更换液压挺杆。

8. 点火敲缸响故障诊断

（1）故障现象。发动机急加速或大负荷运转时发出类似金属敲击响，随转速升高而逐渐消失。

（2）故障原因。点火敲缸响是由爆燃和早燃引起的。爆燃发生在火花塞点火后，而早燃发生在火花塞点火前，爆燃可引起早燃，早燃又促进爆燃。其主要原因是混合气过浓，汽油品质差、辛烷值太低，点火时间过早，压缩比过高，燃烧室积炭过多，发动机过热、负荷过大等。

（3）故障诊断。路试是诊断点火敲缸响常用的可靠方法。热车后以最高挡最低稳定车速行驶，然后将加速踏板急速踩到底，如在急加速中发出“哒哒哒”的强烈响声并长时间不消失，而当稍抬加速踏板时响声又会立即减弱或消失，再加速时又重新出现，即可确诊为点火敲缸响。

技术提示
点火敲缸响与气门响的区别：气门响可发生在任何转速下（包括空转转速），而点火敲缸响发生在汽车加速行驶、爬坡和满载等情况下。发动机产生点火敲缸响后，适当推迟点火正时即可继续运行；如响声仍不消除，则应进一步查明原因，检查是否有机体过热或积炭过多等现象。

9. 正时齿轮响故障诊断

（1）故障现象。发动机运转时，在其前部发出一种连续的或节奏明显的响声；一般情况下，转速越高响声越大；温度变化时响声不变化；单缸断火响声不减弱。

（2）故障原因：

1）齿轮啮合间隙过大或过小。

2）曲轴主轴承孔与凸轮轴轴承孔的中心距在使用或修理过程中发生变化。

3）齿轮的齿形加工不准确、热处理时变形或齿面磨损过大。

4）齿轮啮合间隙大小不一或齿轮发生根切。

（3）故障诊断方法。如果发动机冷车时响声较大，而温度升高后响声逐渐消失，则是温度太低造成的，可继续运行。如果发动机热车后响声仍存在，可按图 3—7 所示的流程进行检查。

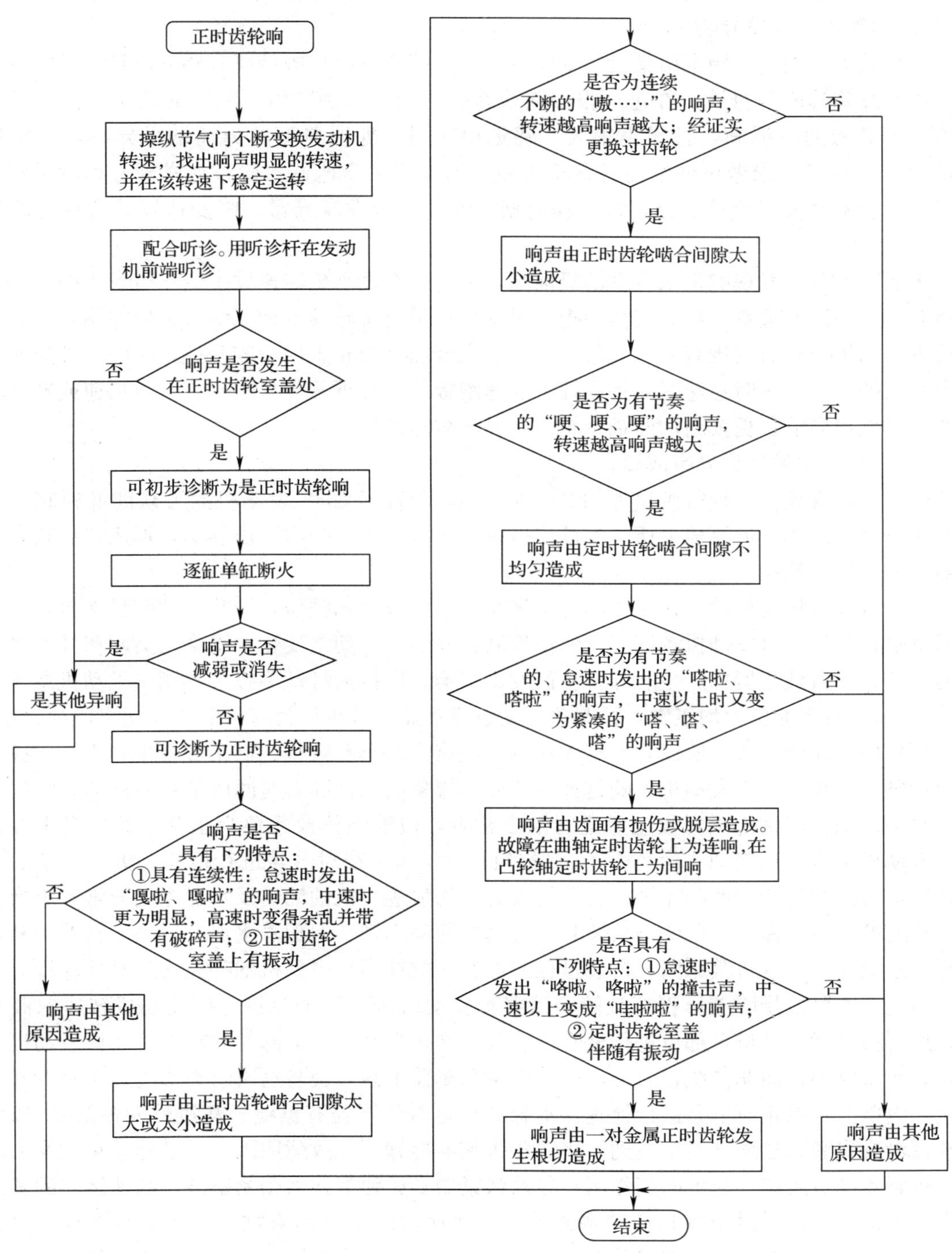

图 3—7　正时齿轮响的故障诊断流程

三、异响故障诊断实例

1. 曲轴传动带轮异响

（1）故障现象。一辆丰田皇冠 3.0 轿车，手动挡变速器，报修离合器分离轴承异响。

（2）故障诊断与排除。在进厂报修前检查时，确实听到“叽、叽”的响声，正好是在抬离合器踏板的一瞬间，且噪声很大，感觉很明显，如同典型的分离轴承异响，故维修人员没有太在意，未做更仔细的听诊检查便立即拆下了变速器。检查后发现分离轴承完好无损，离合器片及压盘总成也正常，其他相关部件均未发现异常。将变速器装合后异响依旧。

再次听诊时，发现响声来自发动机前端，而且是在发动机转速发生变化时发生的，与踩抬离合器踏板没有关系。后又继续检查了风扇传动带过桥轮及空调压缩机带轮等均正常，最终检查到曲轴带轮时发现有异常现象。拆下后发现曲轴带轮阻尼橡胶开裂，是内、外圈转动打滑发出的异响。平时怠速时或平稳踩下加速踏板的情况下并无异响，只在急加速或转速发生变化时发出异响。更换新的曲轴带轮后，异响故障消失。

2. 大众朗逸发动机异响故障

（1）故障现象。一辆行驶里程约 33 000 km，配置了 CDE 发动机的大众朗逸轿车因事故更换发动机缸体，但缸盖上所有附件未拆装，热车出现“嗒嗒”声异响，据用户反映，事故前没有这样的现象。

（2）故障分析与排除。该车声响听起来与液压挺杆声响类似，异响声源明显来自发动机上部及缸盖部位。对发动机各缸进行断油控制，异响声不随之变化。维修人员起初怀疑机油压力不够，导致液压挺杆产生间隙，从而发出声响，但机油灯却不报警，测量发动机怠速和 2 000 r/min 时机油压力均正常，控制单元无故障存储。分析认为有可能是发动机停放过久，液压挺杆内部缺油所致，所以并没有太在意，决定先试车看效果。试车过程中一直注意控制匀速行驶，但越试感觉发动机声响越大，并未如想象的那样随着时间的推移而好转，且发动机有抖动现象。回站熄火对发动机进行基本检查，机油油位及颜色都正常，发动机水温正常，发动机再也无法起动。后经检查，2 缸缸压为 0，无奈对缸盖进行拆检。拆开缸盖后发现 2 缸进气门被顶弯，两凸轮轴及瓦盖均没有拉伤痕迹，机油油道及水道未见异常。更换被活塞顶弯的气门，做了简单清洁后装复，发动机起动正常，但随着水温的升高，异响声开始出现且逐渐增大。分析其原因，拆装过程并没有让挺杆本身得到机油补充，起动后却没有声响，由此基本可以排除液压挺杆故障。试着对发动机进行闪油控制，使发动机转速忽高忽低，用听诊器对发动机各部位进行试听，感觉声响来自发动机上部并靠前部位。该发动机采用正时链条驱动，而非传统正时带，假如链条和罩盖干涉，会与这声响类似吗？于是拆开发动机正时罩盖，对正时链条进行检查，本想看其是否与罩盖有擦痕，却意外发现链条松动，张紧器没有张紧，故障点终于找到。将链条张紧器拆卸开，故障原因一目了然，是维修人员漏装张紧器弹簧底座（起单向阀作用）导致张紧器全凭弹簧弹力张紧链条，高速运转的链条张力在机油压力过低时很容易使柱塞回缩，从而使得链条松动或跳齿，严重时导致正时错乱，使发动机严重损坏。正常情况下，机油压力克服球阀弹簧压力，单向球阀门打开，机油进入柱塞腔，当机油压力过低时，链条张力使得柱塞回缩，腔内压力作用在球阀上，使得球阀关闭进油口，柱塞不能再向后退，以保证链条不至于松动。找到漏装的弹簧底座，装回后试车，车辆一切正常，故障排除。

复习思考题

一、思考题

1. 导致机油压力过低的主要原因有哪些？
2. 发动机温度过高，如何确定故障部位？
3. 曲轴主轴承响有什么故障特征？
4. 活塞销响有什么特点？如何判别？
5. 活塞敲缸响有什么故障特征？

二、选择题

1. 机油压力过低的原因可能是（　　）。

A. 机油黏度过高　　B. 润滑系统油道堵塞
C. 油平面过低　　D. 机油黏度过低

2. 排气管冒蓝烟，不可能的故障原因是（　　）。

A. 机油压力过低　　B. 气门油封损坏
C. 曲轴箱通风不良　　D. 机油压力过高

3. 冷却液温度过低的原因可能是（　　）。

A. 发动机缺水　　B. 节温器损坏
C. 点火过迟　　D. 点火过早

4. 发动机运转时发出连续不断有节奏的“嗒、嗒、嗒”敲击声，转速增高时响声也随之增大，温度变化和单缸断火时响声不减弱，该响声是（　　）。

A. 活塞销响　　B. 活塞敲缸响
C. 气门响　　D. 气门导管响

5. 发动机怠速或低速时，气缸上不断发出清晰而明显的“嗒、嗒、嗒”金属敲击声，中速及中速以上运转时响声减弱或消失，发动机温度变化时响声也变化，单缸断火时响声消失或减弱，该响声是（　　）。

A. 活塞销响　　B. 活塞敲缸响
C. 气门响　　D. 气门导管响

6. 发动机急加速或大负荷时发出类似金属敲击声，随转速升高而逐渐消失，该响声是（　　）。

A. 点火敲缸响　　B. 活塞敲缸响
C. 气门响　　D. 气门导管响

7. 发动机油耗异常的原因是（　　）。

A. 活塞与气缸的间隙过小　　B. 活塞与气缸的间隙过大

C. 活塞环磨损过小　　D. 气门导管与气门杆间隙过小

8. 发动机运转时，在其前部发出一种连续的或节奏明显的响声，一般情况下转速越高响声越大，温度变化时响声不变化，单缸断火时响声不减弱，该响声是（　　）。

A. 活塞销响　　B. 活塞轴承响

C. 曲轴主轴承响　　D. 正时齿轮响

9. 发动机运转时，从加机油口处听到曲轴箱内发出“嘣、嘣、嘣”的漏气声；负荷越大时响声越大，转速越高时响声越小；当抬加速踏板或单缸断火时，响声减弱或消失。随着响声的出现，加机油口处脉动地向外冒烟，冒烟次数与发响次数相同，该响声是（　　）。

A. 活塞销响　　B. 活塞敲缸响

C. 曲轴主轴承响　　D. 气缸漏气响

10. 在发动机怠速、低速时连续、较轻地踩、抬加速踏板，可听到清脆而又连贯的“嗒、嗒、嗒”金属敲击声；响声严重时，随转速的升高而增大，随负荷的增大而加重；发动机温度变化时，对响声稍有影响但影响不大；机油压力不降低；单缸断火时响声明显减弱或消失，复火瞬间响声又出现或连续出现两个响声，该响声是（　　）。

A. 活塞销响　　B. 活塞敲缸响

C. 曲轴主轴承响　　D. 气缸漏气响

第四章 发动机电控系统故障诊断

学习目标

1. 掌握发动机电控系统常见故障现象，能够正确分析产生的原因。

2. 掌握电控发动机故障诊断基本流程及方法，能独立分析电控发动机系统典型故障类型并排除故障。

3. 了解故障自我诊断系统，能够对电控系统主要元器件进行检测。

现代汽车发动机普遍采用电控技术。它以微型计算机为核心，对发动机燃油喷射系统、点火系统、排放控制系统进行控制，在各种工况下为发动机提供适当空燃比的可燃混合气、最佳的点火时刻，大幅度减少了汽车的废气排放，改善了汽车的起动性能，提高了汽车的动力性和经济性。发动机电控系统配备多种传感器，除对燃油空燃比实现控制外，还对发动机点火时刻、怠速转速、废气再循环、散热风扇、燃油泵等系统实现集中控制。当发动机发生故障时，电控系统还提供故障自诊断功能，储存故障代码，点亮故障指示灯，并提供后备系统，采取相应的保护措施，以维持发动机正常工作。

众所周知，汽车发动机的运行工况是多变的，只有电子控制的灵活性和计算机强有力的综合处理能力，才能使发动机在各种运行工况下实现全面优化运行，从而提高发动机的性能。

1. 提高发动机的动力性

在汽油发动机上，电控燃油喷射系统取代了传统的燃料供给系统，减小了进气系统中的进气阻力，部分发动机上还采用了进气控制系统等提高充气效率，而且电控系统可保证进入发动机气缸的空气得到充分利用，从而提高发动机的动力性。

2. 提高发动机的燃油经济性

在各种运行工况和运行环境下，电控系统均能精确控制发动机工作所需的混合气浓度，使燃烧更完全，燃油利用更充分，从而提高发动机的燃油经济性。

3. 降低排放污染

电控系统对发动机在各种运行工况和运行环境下进行优化控制，提高了燃烧质量，同时各种排放控制系统在汽车上的应用都使发动机的排放污染大大降低。

4. 改善发动机的加速和减速性能

在加速和减速运行过渡工况下，电子控制单元的高速处理功能使控制系统能够迅速响应，从而使汽车加速和减速反应更灵敏。

5. 改善发动机的起动性能

在发动机起动和暖机过程中，控制系统能根据发动机温度的变化，对进气量和供油量进行精确控制，从而保证发动机顺利起动和平稳地经过暖机过程，可明显改善发动机的低温起动性能和热机运转性能。

此外，电控系统对发动机各种运行工况的优化控制和电控系统的不断完善，使发动机的故障发生率大大降低。自我诊断与报警系统的应用提高了故障诊断的速度和准确性，缩短了汽车因发动机故障而停驶的时间，具有良好的社会效益和经济效益。

第一节　发动机电控系统常见故障特征分析

发动机电控系统是一个精密而又复杂的机电一体化控制系统，不同车型发动机电控系统的工作原理不尽相同，元器件种类繁多，技术参数差异很大。电控发动机的故障原因较为复杂，可能是控制单元故障，也可能是传感器或执行机构故障，还有很多故障在电控系统之外，故障诊断较为困难。宝来 1.8 L 发动机电控系统如图 4—1 所示。

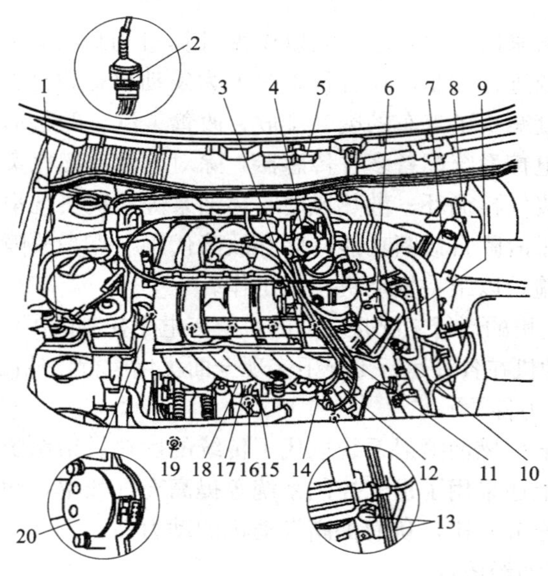

图 4—1　宝来 1.8 L 发动机电控系统

1—活性炭罐电磁阀 1 - N80　2—四孔插头　3—进气歧管转换阀 N156　4—节气门控制单元 J338　5—发动机控制单元 J220　6—凸轮轴调整阀 N205　7—空气流量计 G70 及进气温度传感器 G42　8—离合器踏板开关 F36　9—冷却液温度传感器 G62　10—燃油压力调节器　11—喷油器 N30～N33　12—点火线圈及末级放大器　13—发动机转速传感器 G28　14—爆燃传感器 2 - G66　15—三孔插头　16—爆燃传感器 1 - G61　17—三孔插头（用于发动机转速传感器 G28）　18—三孔插头（用于爆燃传感器 1）　19—助力转向压力开关 F88　20—霍尔传感器 G40

在对发动机电控系统进行故障诊断时，要认真倾听驾驶员对故障现象的描述，了解故障出现的条件，询问该车是否进行过检修，填写客户调查表，有针对性地试车，进一步确定故障特征，判断故障可能出现的部位。

一、电控发动机常见故障现象及原因

发动机电控系统常见故障现象及原因见表4—1。

表4—1　　发动机电控系统常见故障现象及原因

故障现象	故障原因
起动困难	(1) 起动转速低，应检查蓄电池电量、电路接触状况、起动机状态 (2) 点火系统工作不良，高压火花较弱 (3) 燃油泵供油压力不足，油路堵塞等 (4) 冷起动喷油器及其控制回路工作不良 (5) 怠速补偿系统工作不良 (6) 点火时间过早或过晚 (7) 冷却液温度传感器不良 (8) 进气系统严重漏气，混合气过稀 (9) 电插头松动，元件工作不良
怠速不稳	(1) 进气系统漏气，混合气过稀 (2) 冷起动喷油器漏油 (3) 辅助空气阀工作不正常 (4) 怠速调整不当 (5) 各缸喷油器喷油不均匀 (6) 气门间隙不当 (7) 点火时刻不当或点火系统性能不佳
热车怠速不稳	(1) 怠速控制阀或其回路工作不良 (2) 氧传感器不良，热车无修正信号 (3) 冷却液温度传感器不良 (4) 废气再循环系统工作不良 (5) 点火系统不良
发动机回火	(1) 混合气过稀、燃烧速度缓慢 (2) 点火系统不良或点火时间过晚 (3) 燃油供给系统不良，供油不足 (4) 进气系统漏气，混合气过稀 (5) 气门间隙不当，气门动作不正常 (6) 排气系统不畅通 (7) 点火顺序错乱
发动机加速不良	(1) 燃油压力低，供油不畅 (2) 点火系统不良或点火正时不当 (3) 发动机配气系统工作不良 (4) 空气流量传感器或进气压力传感器工作不良 (5) 发动机磨损严重，气缸压缩力不足

续表

故障现象	故障原因
发动机间歇性故障	（1）导线接头松动，接触不良 （2）点火系统性能不稳定 （3）分电器状态不佳 （4）真空管漏气 （5）其他偶发性故障

二、发动机电控系统故障诊断原则

电控发动机常见的故障部位是传感器、执行机构和插接件，极少数故障发生在控制单元，也有相当多的故障由于发动机其他系统的故障引发。电控发动机故障原因较为复杂，故障诊断难易程度不同。电控发动机故障诊断的基本原则可概括为以下几项：

1．先外后内

当发动机出现故障时，先对电子控制系统以外的可能故障部位进行检查。这样可避免对一个与电子控制系统无关的简单故障进行复杂又费时的全面检查。

2．先简后繁

对以简单方法就能检查的可能故障部位先予以检查。首先进行直观检查。看：观察线束连接是否可靠，有无松脱、断裂、损伤；各传感器和执行器有无明显损伤；油箱有无燃油，油路是否漏油，进气管路有无破损、漏气等。摸：用手摸一摸可疑线路连接处有无温度异常，以判断该处有无接触不良等故障。听：使用听诊器等听一听有无漏气声、发动机有无异响、喷油器有无喷油阀振动声等。直观检查可以迅速找出一些较为明显的故障。

当直观检查未找出故障，需要借助仪器、仪表或其他专用工具进行检查时，也要对能就车检查的项目、较容易检查的故障部位先进行检查。

3．先熟后生

造成发动机某一故障现象的原因可能有多种，但某些总成或部件的故障较为常见，应先对这些常见故障部位进行检查，若未找出故障，再对其他不常见的可能故障部位予以检查，这样做常常可以迅速找到故障部位。

4．代码优先

电子控制系统一般设有故障自诊断功能，当电子控制系统出现某种故障时，故障自诊断系统就会通过故障警告灯向驾驶员报警，并以代码的方式储存该故障的信息。利用故障诊断仪读取故障代码，检查、排除代码所指示的故障部位。如果故障代码所指示的故障消除后，发动机故障现象还未消除，或者开始就无故障代码输出，需要对发动机其他可能的故障部位进行检查。

5．先思后行

对发动机的故障现象要先进行分析，确定可能的故障原因有哪些，再进行故障诊断。这样可避免故障检查中的盲目性，既不会对与故障现象无关的部位做无效的检查，又可避免对一些相关部位漏检。

6. 先备后用

所谓先备后用，是指在检修某型号车辆时，先准备好维修车型的有关检修数据资料，制作检测用接头，准备易损配件。电子控制系统器件性能好坏，电气线路正常与否，可以通过测量电压或电阻等参数来判断。如果没有这些数据资料，系统的故障诊断将会很困难，这时可采取新配件替换的方法，但这种方法费工费时，常常会造成维修费用猛增。

技术提示

在故障诊断实践中，收集常用检修数据非常重要。可以从维修手册、专业书刊上收集整理，也可以对无故障车辆有关参数进行测量，作为日后检修同类型车辆的检测比较参数。对故障元件进行分解、检测，分析故障成因，可以积累故障诊断经验。

三、发动机电控系统主要元件故障现象

在对发动机电控系统进行故障诊断时，必须先获取该型号发动机的技术资料，掌握电控系统工作原理及主要元器件的技术参数，了解某一元器件的功能及发生故障时的特征，再根据故障特征确定诊断思路，查找故障部位。发动机电控系统主要元件的功能及故障现象见表 4—2。

表 4—2　　发动机电控系统主要元件的功能及故障现象

<table>
<tr><th colspan="2">元件名称</th><th>功能</th><th>故障现象</th></tr>
<tr><td colspan="2">电控单元（ECU）</td><td>对各传感器输入信号进行分析、处理，发出各种控制指令</td><td>（1）发动机无法起动
（2）发动机工作不良</td></tr>
<tr><td colspan="2">点火线圈</td><td>产生点火高压</td><td>（1）无高压火花
（2）高压火花强度不足
（3）发动机无法起动</td></tr>
<tr><td colspan="2">点火器</td><td>将点火信号放大，控制点火线圈一次电流的通断</td><td>（1）无高压火花
（2）高压火花强度不足
（3）发动机起动困难</td></tr>
<tr><td rowspan="3">空气流量传感器</td><td>叶片式空气流量传感器（L 型电控系统用）</td><td>叶片运动改变电阻值，将空气流量转化为电压信号输入计算机，决定基本供油量</td><td rowspan="3">（1）发动机起动困难
（2）怠速不稳
（3）发动机动力不足，加速不良
（4）发动机易爆燃
（5）发动机油耗增大</td></tr>
<tr><td>卡门旋涡式空气流量计</td><td>通过测量卡门旋涡的频率计算出空气流量，将信号输入计算机，决定基本供油量</td></tr>
<tr><td>热线式（或热膜式）空气流量计（LH 型电控系统用）</td><td>利用电桥热敏电阻值的变化测量空气流量并输入计算机，决定基本供油量</td></tr>
</table>

续表

元件名称	功能	故障现象
进气歧管绝对压力传感器（D型电控系统用）	通过测量进气歧管绝对压力来测量进气量，将相应的电压信号输入计算机，决定基本供油量	（1）发动机起动困难 （2）怠速不稳 （3）发动机动力不足，加速不良 （4）发动机油耗增大
大气压力传感器	将不同海拔高度时测得的气压值转换为电信号输入计算机，对基本供油量进行修正	（1）发动机怠速不稳 （2）发动机工作不良
节气门位置传感器	将节气门的开度转化为电信号输入计算机，判断发动机负荷的大小	（1）发动机起动困难 （2）怠速不稳，易熄火 （3）发动机工作不良，加速性差 （4）发动机动力性下降
节气门位置传感器（触点开关式）	将怠速触点和全负荷触点接通的信号送入ECU，用于判定怠速状态和发动机全负荷状态	（1）发动机起动困难 （2）怠速不稳，无怠速，易熄火 （3）发动机动力性差，爬坡无力 （4）不能进行减速断油控制
进气温度传感器	利用热敏电阻将进气温度转变成对应的电压信号送入ECU，供计算机修正点火、喷油正时及进行喷油量修正	（1）发动机起动困难 （2）怠速不稳，易熄火 （3）发动机性能不佳，混合气过浓，油耗过大
冷却液温度传感器	利用热敏电阻将冷却液温度转变为对应电压信号输入计算机，以调整点火与喷油正时，修正喷油量，进行冷起动加浓	（1）起动困难（特别是冷起动） （2）怠速不稳，易熄火 （3）发动机性能不佳
怠速控制电动机	ECU根据发动机各传感器的信号，指令怠速电动机做出相应动作，决定旁通空气量，以修正喷油量	（1）怠速不稳，易熄火 （2）起动困难 （3）开空调易熄火 （4）怠速过高 （5）发动机易失速
怠速电动机位置传感器	利用电位计检测怠速电动机位置，并以电压信号输入计算机，以修正混合比	（1）怠速不稳 （2）易熄火，起动困难 （3）加速不良
氧传感器	用来监测排气歧管中的氧含量，供计算机修正和调整空燃比	（1）怠速不稳 （2）油耗量大 （3）排放高
曲轴箱通风阀（PCV阀）	曲轴箱通风阀开启时，将曲轴箱内的燃油、机油蒸气和漏入曲轴箱的废气引入进气管，以降低废气排放	（1）发动机不易起动 （2）无怠速或怠速不稳 （3）加速无力，油耗增大

续表

元件名称		功能	故障现象
废气再循环阀（EGR）		控制废气引入燃烧室的量，从而降低发动机的温度，减少 NO_x 排放量	（1）发动机温度过高 （2）发动机不易起动 （3）发动机无力，油耗量大 （4）易爆燃 （5）加速不良，NO_x 排放量高，减速熄火
废气再循环阀位置传感器		利用电位计将 EGR 阀的位置信号输入计算机，以控制 NO_x 排放量	（1）怠速不稳，易熄火 （2）NO_x 排放量高 （3）发动机性能不佳
活性炭罐电磁阀		发动机起动后，计算机指令活性炭罐电磁阀动作，使活性炭罐内的燃油蒸气经电磁阀进入燃烧室	（1）发动机性能不佳 （2）怠速不良 （3）空燃比不正确
爆燃传感器		爆燃传感器将检测到的爆燃信号送入计算机，以修正点火正时	（1）发动机易爆燃，特别是加速时爆燃明显 （2）点火正时不准，发动机工作不良
点火信号发生器	磁感应式	利用磁感应产生脉冲点火信号，送入计算机或点火器控制点火时刻	（1）发动机无法起动 （2）发动机工作不良，运转无力 （3）怠速不稳，间歇性熄火 （4）发动机不易起动 （5）点火高压较低
	霍尔式	利用霍尔效应产生脉冲点火信号，送入计算机或点火器控制点火时刻	
	光电式	通过光电效应产生脉冲信号，送入计算机或点火器控制点火时刻	
曲轴位置传感器		利用电磁感应（或霍尔效应、光电效应）将曲轴上止点信号输入计算机，作为点火正时与喷油正时的修正信号	（1）发动机无法起动或起动困难 （2）加速不良，怠速不稳 （3）间歇性熄火
电动燃油泵		燃油泵在接通点火开关后，可运转 5～9 s，以补充系统初始压力；起动后，向系统连续供油	（1）发动机起动困难或无法起动 （2）发动机工作不良，运转不稳；发动机运转中有“打嗝”现象 （3）喷油器不喷油 （4）发动机运转无力，汽车加速性差
燃油滤清器		用于滤除燃油中的杂质	（1）发动机无法起动或起动困难 （2）发动机起动后熄火或途中熄火 （3）发动机运转无力，汽车加速性差

续表

元件名称	功能	故障现象
燃油压力调节器	调整燃油系统压力，使其稳定供油	（1）发动机起动困难或无法起动 （2）发动机加速无力，高速性能差
喷油器	根据计算机发出的喷油脉冲信号，向进气歧管喷入适量的燃油	（1）发动机工作不稳 （2）发动机加速无力，动力性差
冷起动喷油器	计算机根据冷却液低温信号发出指令（或由温度时间开关控制）起动喷油，热机后喷油停止	发动机起动困难，冬季尤为严重

电控发动机有些故障原因并不在电控系统，在进行故障诊断与排除时应作为首选排除对象。与发动机电控系统无关的典型故障及可能原因见表4—3。

表4—3　与发动机电控系统无关的典型故障及可能原因

故障现象	故障原因
怠速不稳（甚至可能熄火）	（1）怠速调整过低 （2）怠速混合气浓度不当或不均匀（真空漏气） （3）点火正时不准 （4）曲轴箱强制通风阀或管道堵塞 （5）点火高压线有缺陷 （6）火花塞烧蚀或开裂 （7）活性炭罐系统的排污阀有裂纹或其他缺陷 （8）废气再循环阀因卡住而常开
加速时缺火	（1）点火高压线有缺陷 （2）分电器盖开裂或损坏 （3）分火头击穿漏电 （4）点火高压线插错 （5）点火线圈短路或漏电 （6）电容器松脱 （7）一次线圈导线接头松动 （8）燃油滤清器堵塞 （9）燃油泵油压不足 （10）燃油管有裂纹或发软
油耗高	（1）点火时间过迟 （2）排气管堵塞 （3）空气滤清器堵塞 （4）恒温空气滤清器有故障，使热空气一直进入 （5）废气再循环阀因卡住而常开 （6）节温器失灵或控制温度过低
加速时发生爆燃	（1）点火时间过早 （2）燃油品质差 （3）废气再循环阀不能正确开启

四、发动机电控系统故障诊断基本步骤

电控发动机常见故障有不易起动、起动后立即熄火、怠速不稳、怠速过高、行驶无力、加速不良、回火、放炮、冒黑烟、油耗过大等。每一种故障现象都可能有多种故障原因，如何从众多的原因中去伪存真，把真正的故障部位找出来，需要熟练掌握发动机的结构及电子控制系统工作原理，全面了解和掌握计算机的功用及引脚的技术参数，各传感器的结构、工作原理以及传感器损坏时的故障特征，全车电路的布局及走向等。电控发动机故障诊断的一般步骤如下：

1. 确定发动机是否存在故障

在电控发动机故障中，有些故障现象比较明显，有些不太明显。明显的故障现象一般不需要进行专门的试验，如发动机无法运转、汽车行驶无力、排气管放炮等故障。而对于另外一些故障，其故障现象不明显，有些故障现象在特定条件下偶然出现，必须通过专门的试验、测试方可确定，如燃油消耗量大、排气污染超标等故障。

判断电控发动机工作是否正常的主要方法有以下几种：

（1）发动机不能起动，或起动后无法正常运转，或发动机运转时伴有排气管放炮、进气管回火、有明显的敲击声等异常现象时，可以肯定发动机存在故障。

（2）如果发动机故障指示灯（CHECK ENGINE）点亮，说明发动机电控系统存在故障。

（3）如果发动机性能在短时间内发生明显变化，则可以确定发动机存在某种故障。如发动机动力明显下降，燃油消耗量明显增大等。

（4）发动机性能变化不明显时，让发动机在各种工况下运行，观察发动机运转是否平稳，有无异响、抖动。缓慢踩下加速踏板，使发动机转速逐渐提高，注意有无上述情况。如果有，说明发动机可能存在故障。突然踩下加速踏板，观察发动机转速是否能够迅速提高，若有异常情况或发动机转速提高缓慢，说明发动机存在故障。松开加速踏板，观察发动机怠速运转是否良好。

若经过以上操作均未发生异常，说明发动机工作基本正常。

2. 确定故障性质

在发动机运转过程中，若故障指示灯“CHECK ENGINE”点亮，说明电控发动机存在自诊断系统能够监测到的故障，故障一般与电控系统有关，可设法调取故障代码，根据故障代码提示查找故障原因。

如果发动机确实存在故障，而故障指示灯“CHECK ENGINE”在发动机运转时却未点亮，则说明发动机故障为自诊断系统不能辨识的故障，应根据故障现象分析可能的故障原因，进行深入诊断。切记不要随意对电控系统乱拆乱卸，只有确定故障在电控系统时才先检查电控系统，否则均应先检查其他部分。

3. 进行直观检查

为了减少排除故障的工作量，避免弄巧成拙，把简单问题复杂化，应先检查各导线插头是否有松动、接触不良、断路、短路，然后观察各进气管路、真空管路、油路是否有漏气或漏油现象，再进行下一步检查工作。

4．区分故障所在的系统

为减少排除故障的工作量，当发动机出现异常后，应确认故障所在的系统，这项工作可按以下步骤进行：

（1）判断是燃油供给系统还是电子控制系统出现故障。电子控制系统故障特征明显，出现故障一般有故障报警灯警示，比较直观，所以应先从检查电子控制部分是否有故障入手。检查故障报警灯是否点亮报警，有则提取故障代码，按故障代码提示进行检查；若无故障代码提示，可将点火系统的中央高压线拔下，对缸体进行跳火试验，以确认高、低压部分是否正常，如果发现无高压火花或火花过弱，便可确认是点火系统故障。如果上述检查正常，再拔下火花塞上的分缸高压线试火，检查分缸有无高压火花，如无火花，则为中央高压线至分缸线间故障。如经上述检查均正常，且各缸均有高压火花，则电路部分正常，再检查燃油供给系统。利用油压表检查系统油压，电控发动机系统油压一般为 250 kPa，如果燃油压力低于规定值，应检查油泵、油压调节器和管路是否工作不良。

（2）判断是个别气缸还是全部气缸工作不良。发动机工作不良，可能是个别气缸工作不良，也可能是所有气缸均工作不良。如属个别气缸不工作或工作不良，就应从分析和检查引起个别气缸工作不良的原因入手。如果发动机各缸都工作，故障现象不明显，则应从对发动机各缸工作都有影响的原因入手，以减小诊断工作量。这项工作的具体步骤如下：

1）起动发动机，使其怠速运转。

2）当发动机温度正常后，逐缸进行断火试验，观察发动机运转情况。若某缸进行断火试验时发动机运转情况无变化，则为该缸工作不良，应重点分析及检查引起单缸工作不良的原因；若各缸进行断火试验时发动机运转情况均有变化，说明各缸工作情况相同，应重点分析造成发动机各缸工作均不正常的原因。

第二节　OBD－Ⅱ自诊断系统简介

电控发动机中的 ECU 都设有自诊断功能。当系统工作正常时，各传感器送至 ECU 的信号都在规定的范围内变化。当某一电路出现超出规定范围的信号或接收不到信号时，就表明系统出现故障，自诊断系统会将故障类别以代码的形式存入故障存储器，供维修人员查找故障时使用，同时点亮仪表板上的故障报警灯，提醒驾驶员系统有故障，应及时维修。

自诊断系统故障存储有两种形式：一种是间歇性故障，表示系统曾经有过但现在不存在的故障，它不影响发动机当前的工作，此类故障多由振动或接触不良引起，当发动机起动超过一定次数时，若故障再没有出现，很多车型的电控系统就会自动消除这类故障代码；另一种是持续性故障，它是发动机现在存在的故障，直接影响发动机的性能，其故障代码一直存储在故障存储器中，需要在排除故障后进行清码才能消除，这时电控系统会启用备用程序（又称跛行功能），采取相应的保护措施（限制发动机转速）维持发动机工作，使得车辆可以回家或去修理厂进行维修。备用程序系统又称回家系统。

一、OBD－Ⅱ自诊断系统的故障监测

OBD的工作以故障监测为基础。

1．故障监测的目的

自诊断系统故障监测的目的有以下四个方面：

（1）监测电子控制系统本身的硬件，如各种传感器和执行器是否有故障，包括电路短路、断路等。

（2）监测虽不属于电子控制系统，但却是电子控制系统服务对象的硬件（如三元催化转化器、元件的安装位置）是否有故障。

（3）监测发动机工作过程是否正常，如是否有缺火等。

（4）监测发动机机械状态是否正常，如机油油位是否太低、冷却液是否太少等。

2．故障监测的对象

故障监测的对象包括传感器、执行器、开关和电路等，有空气流量传感器、进气歧管绝对压力传感器、节气门位置传感器、节气门定位器、发动机转速传感器、车速传感器、氧传感器、氧传感器加热元件、进气温度传感器、燃油箱压力传感器、爆燃传感器、冷却液温度传感器、空调制冷剂压力传感器、喷油器、蓄电池电压、点火提前角、爆燃控制点火推迟角、蒸发排放物炭罐清洗真空开关、废气再循环阀阀销位置传感器、ECU供电电路电压、故障指示灯驱动电路电平、冷却风扇继电器驱动电路电平、空调压缩机控制继电器驱动电路电平、油箱蒸发排放物炭罐清洗阀驱动电路电平、巡航禁止输出电路电平、发电机灯驱动电路电平、发动机机油油面开关电路和发动机冷却液指示灯驱动电路电平。

3．故障监测的原理

计算机程序不断地将ECU的指令和系统的反应进行比较，同时检查各传感器的信号是否可信，借此确定是否存在某一种故障。归纳起来，可有以下几种途径：

（1）某传感器信号电压的数值超出了可能的范围，或者虽未超出可能的范围，但出现在不应当出现的工况，则可判为不可信。例如，在车速90 km/h、发动机转速3 000 r/min、进气歧管绝对压力65 kPa时出现2％的节气门开度，这显然是不可信的。

（2）在可同时根据几个传感器的信号计算出同一个物理量（如计算空气流量），其计算结果与根据已被判定为无故障的传感器的计算结果不一致时，该传感器可判为有故障。

（3）根据某传感器（如发动机冷却液温度传感器和氧传感器）信号变动所经历的时间和幅度，可判断系统是否存在某些方面的故障。

（4）系统激活了某一个闭环控制功能，却无法达到目标（如A/F：14.7），则可判断系统存在相关的故障。

4．故障检测的条件

只有在一定的条件下才能根据传感器信号确定故障是否存在。这些条件涉及发动机工况、车速、环境状况和其他传感器的信号与状况等，因故障本身的特点而异。

5．故障信息的处理

ECU确认出现某种故障后，便将此信息存入RAM中的故障信息存储器并赋予不同的代码，以便可以用故障阅读仪将故障信息从故障信息存储器中读出，其中的某些故障信息还

立即通过故障指示灯通知驾驶员。同时，ECU 继续进行故障监测。如果相继若干次（如三次）监测为合格，ECU 便将故障指示灯熄灭，不过故障信息依然留存于故障信息存储器中。只有当相继完成多次（如 40 次）暖机循环而不再出现故障时，ECU 才将故障信息的历史记录从故障信息存储器中清除。在维修站利用故障阅读仪清除故障信息功能，或者拆除蓄电池接头而使 ECU 断电，也可以清除存储器中的故障信息。

二、故障应急措施

监测到故障后，按理说应当立即停车，排除故障。但是，实际上故障不会恰好发生在维修站旁边。所以，发生故障时就地停车会给维修带来不便，而且往往也不是交通法规所允许的，特别是在高速公路上尤为如此。比较合理的做法是，发生故障之后尽管车况不佳，也要想办法把车开到维修站。为此要采取一系列故障应急措施，争取两项最基本的控制功能，即燃油定量和点火正时控制能够实施，其他一系列旨在提高经济性、动力性、舒适性及降低排放的控制项目则放在次要地位。并非任何故障都有应急措施可被采用，机械部分故障姑且不提，就以电子控制系统而论，如果 ECU 出了故障，车就开不动了。所以，故障应急措施可分成两大部分，即 ECU 的输入部分（传感器）和输出部分（执行器）。

1. ECU 输入部分的故障应急措施

（1）信号替代法。当某一个传感器发生故障时，可用其他传感器的信号代替该传感器的信号。一个典型的例子就是空气流量传感器，当它发生故障时，通常用节气门位置传感器或进气歧管绝对压力传感器信号代替空气流量传感器信号，结合怠速控制器的状况和转速信号计算每循环吸气量。

（2）信号设定法。当某一个传感器发生故障时，也可将它的信号设定为某一数值。例如，进气温度传感器发生故障时，可将进气温度设定为 20℃；冷却液温度传感器发生故障时，可在不同的工况将冷却液温度设定为不同数值，如起动时可设定为与进气温度同值。

（3）程序切换法。当因某一个传感器发生故障而无法实施某一个控制项目时，便可放弃这一控制项目而将控制过程转向另一段程序。例如，氧传感器发生故障时，只得在本应实施闭环控制的工况放弃闭环控制。又如，爆燃传感器发生故障时，则放弃爆燃闭环控制，但要将点火提前角减小一点。而 EGR 阀阀销位置传感器发生故障时，便放弃 EGR 闭环控制。

2. ECU 输出部分的故障应急措施

ECU 输出部分发生故障时，可针对不同的问题采取特定的应急措施。例如，某缸喷油器驱动电路发生故障时，可将该缸喷油器关闭，停止向该缸喷油。又如，某缸点火电路发生故障时，也可将该缸喷油器关闭，以防止因缺火而损坏三元催化转化器。

三、故障自诊断结果的显示

ECU 故障自诊断系统检测到故障信号，经判断为故障后，即将故障信息以故障代码的形式存储到存储器中，有的控制系统还将全部故障资料也存入存储器中，同时点亮仪表板上的故障指示灯。大多数发动机故障自诊断系统中，都在组合仪表板上设置一个发动机故障指示灯（或报警灯）。在丰田汽车上，该灯在仪表板上显示为“检查”（CHECK）灯或“检查发动机”（CHECK ENGINE）灯。该灯除故障报警外还有其他功能，现分述如下：

1. 故障报警

发动机运行中，当ECU检测出电子控制系统出现故障时（不是全部故障）立即输出控制信号，接通故障指示灯电路，“检查”灯亮，向驾驶员发出报警，通知驾驶员发动机已发生故障。当故障排除且系统恢复正常工作时，灯熄灭。

2. 检查故障指示灯工作是否正常

点火开关置“ON”，未起动发动机时，“检查”灯应亮。如果灯不亮，一般说明故障指示灯电路有故障。发动机起动后（发动机转速一般高于500 r/min时），正常情况下“检查”灯应自动熄灭；如果灯继续亮，说明故障自诊断系统已检测到发动机控制系统有故障或故障指示灯电路出现异常。

3. 显示故障代码

通过一定的操作方法可将内存的故障代码调出（大多数车），由发动机故障指示灯以不同闪亮频率进行显示。

4. 发动机定期维修、养护提示

在有些汽车上，发动机故障指示灯除上述三个作用外，还有发动机定期维修、养护提示功能。在汽车行驶到规定的里程后，微机控制该灯亮，提示发动机的某些系统或部件应维护或更换。

四、故障的最终确定

故障诊断系统提供的故障信息只能提示哪个部分发生了故障，却不能明确指出发生了什么样的故障。例如，某传感器信号超出可能范围，ECU设置了相关的故障信息记录，但这并不意味着该传感器已经损坏，因为也可能是线路开路或短路所致。有时，ECU中的故障信息记录仅仅涉及某种不正常的现象。例如，转速波动超常，ECU设置了缺火故障信息记录，但这种故障信息本身并不表明这种故障一定是点火系统引起的。空气流量传感器、进气系统、燃油系统、喷油器、EGR系统的故障以及氧传感器表面沉积物等，都可能导致混合气过稀而缺火，甚至某些元件的故障信息可能根本就不是该元件本身引起的。例如，氧传感器信号电压过高故障信息可能是活性炭罐燃油饱和所致。

总之，从故障信息到最终确定具体的故障并不是一个简单的过程。为此，需要维修人员具备丰富的发动机机械和电气方面的知识。

技术提示
随着汽车电子技术的不断发展，故障自诊断系统给维修作业带来了很多便利，但是在维修过程中不能完全依赖故障自诊断功能，应根据自诊断系统的提示，运用自己对汽车知识的理解，分析及判断汽车的具体故障。

五、故障诊断案例

1. 故障现象

一辆08款北京现代悦动轿车，在一次交通事故维修后，发动机无法起动。

2. 原因分析

初步检查，发现不跳火，不供油，发动机故障灯稍暗。用 X－431 电眼睛诊断仪检查，故障代码很多，清除后无故障代码。进行元件测试，无法进行点火与喷油，其余元件都能驱动。读数据流，发现电源电压只有 7.8 V，其余显示正常。在进一步检查时无意中把二极管测试灯碰到了电脑板的外壳，发现二极管竟然亮了，用万用表测试，电压为 4.8 V。仔细观察，该电脑板安在空气滤清器外壳上，与车身绝缘，才有了带正电的机会。但当检查到凸轮轴位置传感器时，发现负极线电压也为 4.8 V。经分析决定在此处接一根搭铁线，为谨慎起见，先串接 1 个 22 W 灯泡进行试验。将此处黑色负极线通过灯泡接地后，发现电脑板外壳不再带电，用 X－431 电眼睛诊断仪读数据流，发现电压变成了 12.4 V。起动发动机，能感觉到有打火现象，发现串接的灯泡发亮，表明电脑板供电不足，这说明肯定是负极线不通。对全车的搭铁线进行打磨，但无效。而后决定把串接的灯泡取掉，直接接地，这次起动成功了。经拆检，发现电脑板有一处的接地线烧断了。把烧断的接地线接好，将之前接的那根搭铁线取掉，又在电脑板外壳上补了一根比较粗的搭铁线，故障彻底排除。

第三节　电控发动机典型故障诊断实例

发动机正常工作必须满足的条件有以下几点：

第一，点火系统能够产生足够高的点火电压与点火能量。

第二，可燃混合气要有适当的空燃比。

第三，要有正确的点火正时。

第四，保证有正常的气缸压缩压力。

一、电控发动机典型故障诊断

电控发动机典型故障诊断表见表 4—4。

表 4—4　　电控发动机典型故障诊断表

征兆		怀疑部位											
		燃油泵电路	VSV 电路燃油压力控制	EGR 系统电路	可变电阻器电阻	A/C 信号电路（空调）	燃油质量	漏燃油	漏冷却液	漏机油	漏真空	起动机和继电器	空挡起动开关
不能起动	发动机转不动												1
	起动机不能带动发动机运转												
	无初始燃烧	3											
	燃烧不完全	10									1		

续表

征兆		怀疑部位											
		燃油泵电路	VSV电路燃油压力控制	EGR系统电路	可变电阻器电阻	A/C信号电路（空调）	燃油质量	漏燃油	漏冷却液	漏机油	漏真空	起动机和继电器	空挡起动开关
起动困难	发动机转动缓慢					2							
	常温起动困难	3		10			9						
	冷态起动困难	3											
	热态起动困难	4	3	12			13				14		
怠速运转不好	开始怠速不正确												
	怠速转速太高					3							
	怠速转速太低	5		10		2							
	怠速运转不柔和	9	2	5	6		15				14		
	缺火（怠速不稳）	5					6				8		
驾驶性能不良	加速时发抖/加速性差	4			5						11		
	回火	8		2	3						1		
	消声器放炮	11			6								
	发动机喘振	2			3						7		
	爆燃			5			1						
发动机失速	起动后不久	1					5				4		
	在踩下加速踏板后												
	在松开加速踏板后	2				3							
	在A/C工作时					2							
	从N挡换到D挡时												
	旋转转向机构时												
	起动或熄火时												
其他故障	燃油消耗量过大	12	14				2	1					
	发动机过热								1				
	发动机过冷												
	机油消耗量过高									1			
	机油压力太高									1			
	机油压力太低												
	起动机运转不停											1	
	蓄电池经常放电												

二、典型故障诊断流程及案例

1. 发动机不能起动

发动机不能起动故障包含两种情况：一是起动机不能带动发动机运转；二是起动机能带动发动机运转，但发动机不着火。

发动机不能起动的故障诊断流程如图 4—2 所示。

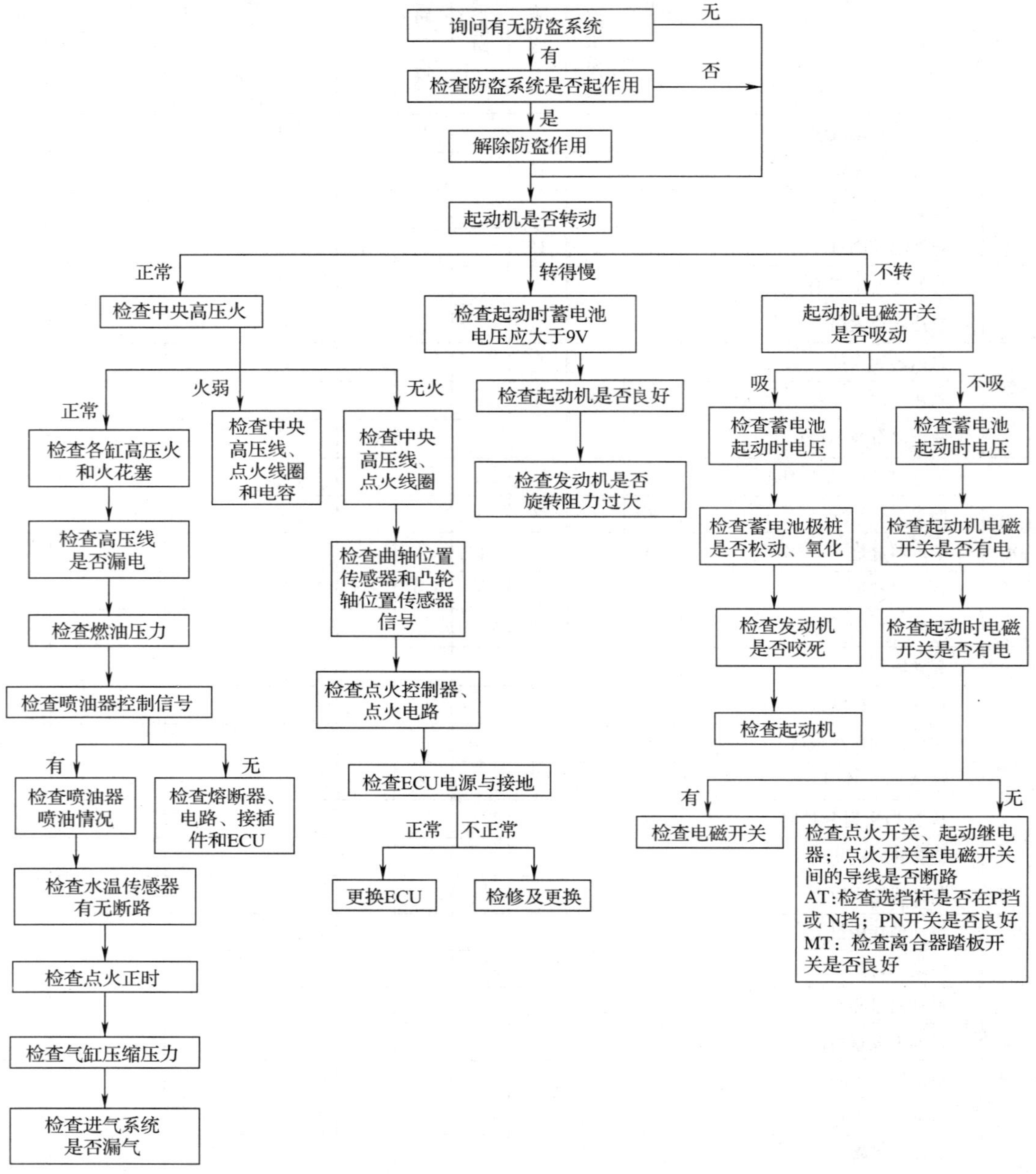

图 4—2　发动机不能起动的故障诊断流程

（1）马自达轿车怠速不稳案例：

1）车型。马自达 626 轿车。

2）故障现象。开始怠速不稳，动力不足，两周后不能起动。

3）故障检查与排除。查明该车无防盗系统，起动机能带动发动机运转，表明起动系统正常。进一步检查中央高压线有火，分高压线高压试火正常；火花塞无积炭，间隙大小正常；各缸喷油器喷油雾化良好，点火正时正确；各缸压缩压力正常，直观检查无漏气的地方。仔细检查发现各缸分高压线前端绝缘套龟裂漏电。将高压线更换后，起动发动机，故障现象消失。

（2）尼桑蓝鸟轿车不能起动案例：

1）车型。尼桑蓝鸟轿车。

2）故障现象。开前照灯、按喇叭均表现为蓄电池有电和搭铁情况良好，但起动发动机时起动机不能带动发动机运转。

3）故障检查与排除。利用万用表检查，发现起动发动机时蓄电池的电压下降很快，电压从 12 V 立即下降至 8 V，表明蓄电池电量不足。更换新蓄电池后，故障排除，立即着车。

（3）道奇轿车点火系统不正常案例：

1）车型。道奇公羊 RAM350 轿车。

2）故障现象。起动机运转正常，高压试火无火。

3）故障检查与排除。高压无火不需要再检查喷油器控制信号和燃油泵是否工作，因为点火系统不正常，发动机 ECU 将控制喷油器不喷油，燃油泵不工作。由于点火正时由曲轴位置传感器和凸轮轴位置传感器确定，因此，应检查曲轴位置传感器和凸轮轴位置传感器信号。经检查曲轴位置传感器无信号。该轿车的曲轴位置传感器、凸轮轴位置传感器和车速传感器都是霍尔式传感器，三根线分别是一根霍尔（＋）（＋8 V）、一根霍尔（－）、另一根信号线。对该车做如下检查：接通点火开关，检查曲轴位置传感器无 8 V 工作电压，再检查凸轮轴位置传感器和车速传感器，均无 8 V 工作电压；将曲轴位置传感器、凸轮轴位置传感器和车速传感器的插头都拔下，接通点火开关，各传感器插头上均有 8 V 电压，说明某一个传感器内部短路。经检查自动变速器输出轴上的车速传感器内部短路。拔去车速传感器插头，插上曲轴位置传感器和凸轮轴位置传感器插头，发动机立即运转；更换车速传感器后一切正常。

2. 冷车起动困难

冷车起动困难的故障诊断流程如图 4—3 所示。

（1）丰田轿车冷起动困难案例：

1）车型。丰田皇冠 3.0 轿车。

2）故障现象。冷车起动困难，起动后“CHECK ENGINE”警告灯熄灭。

3）故障检查与排除。检查冷却液温度传感器和进气温度传感器正常。拆下冷起动喷油器，起动时不喷油；直接供电给冷起动喷油器即喷油。将温度开关 STJ 端子搭铁，起动时冷起动喷油器喷油，说明是温控开关故障。更换温控开关后冷起动立即着车。

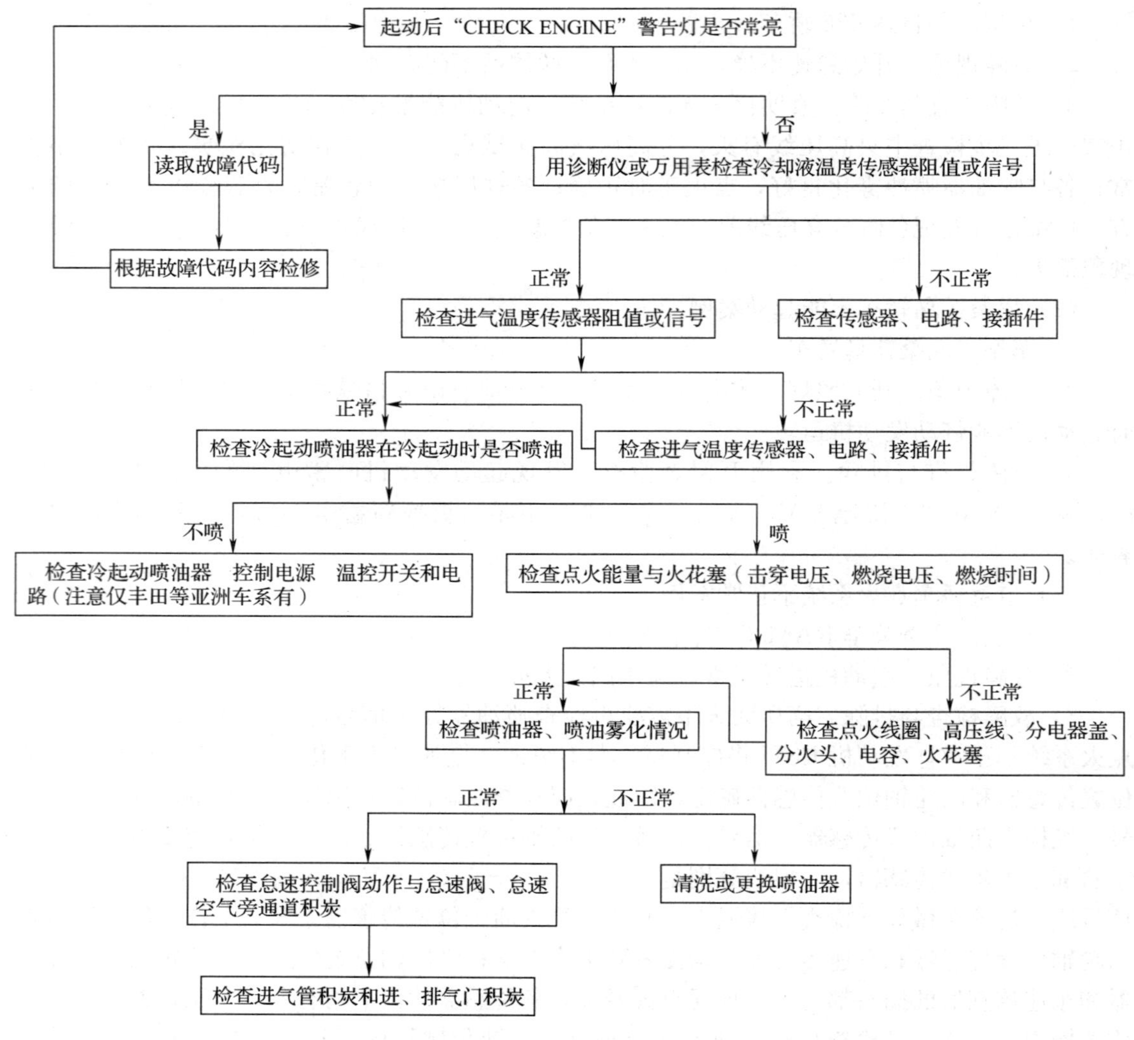

图 4—3 冷车起动困难的故障诊断流程

（2）奥迪轿车冷起动困难案例：

1）车型。6 缸奥迪轿车。

2）故障现象。冷车状态下多次起动方可使其工作，热车状态下一切正常。

3）故障检查与排除。该车没有冷起动喷油器，检查冷却液温度传感器，发现在 10℃时只有 420 Ω。拔去冷却液温度传感器插头，将一个 2 kΩ 电阻插入冷却液温度传感器插头上，冷起动时立即着车，说明冷却液温度传感器损坏。更换冷却液温度传感器后冷起动立即着车。由于冷却液温度传感器信号在允许范围内，所以没有故障代码。

（3）雪佛兰轿车冷起动困难案例：

1）车型。雪佛兰鲁米娜 MPV3.8 L 轿车。

2）故障现象。冷车状态下需两三次起动方可使其工作；暖车期间怠速不稳；发动机达到正常温度后，起动、怠速、动力性能等一切良好。

3）故障检查与排除。首先检查冷却液温度传感器和进气温度传感器，信号正常，系统油压正常，点火高压与能量正常。用燃油清洗机对燃油供给系统清洗 30 min 后，明显感觉动力性和加速性能提高；放置一个晚上后，第二天早上冷起动着车正常，怠速也稳定。此故障原因主要是喷油器雾化不良，造成冷车起动性能不良。

3. 热车起动困难

发动机热车起动困难的故障诊断流程如图 4—4 所示。

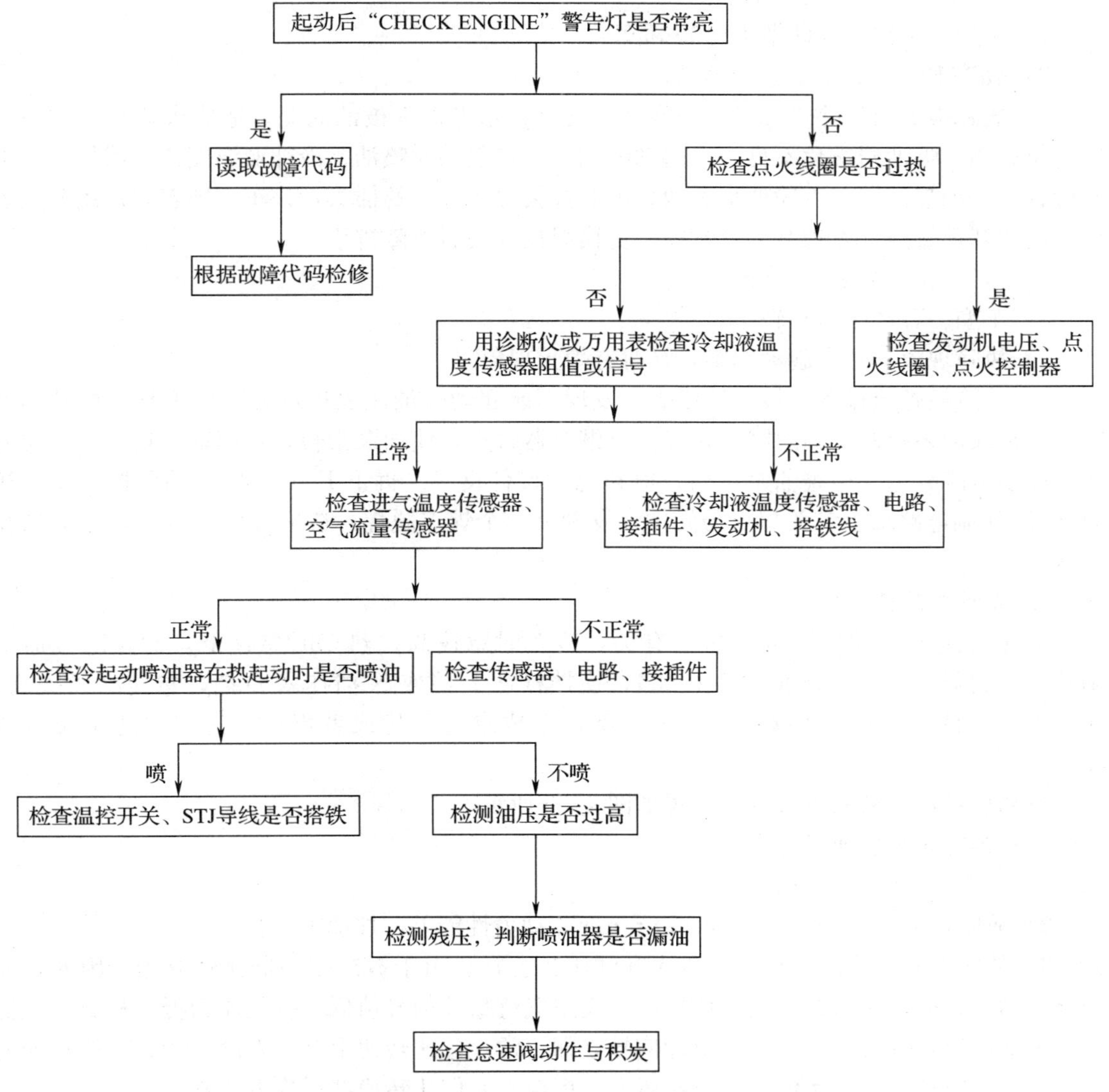

图 4—4　发动机热车起动困难的故障诊断流程

（1）福特轿车热起动困难案例：

1）车型。福特天霸轿车。

2）故障现象。热车难起动，油耗大且排放污染物严重超标。

3）故障检查与排除。根据该故障现象，明显是混合气过浓。用诊断仪检查，发现冷却液温度传感器信号电压高。检查热车时，冷却液温度传感器阻值为 28 kΩ；检查 ECM，供给 5 V 电压正常，信号电路正常。原因是冷却液温度传感器阻值不对，由于电阻大，信号传递给 ECM 告之是冷车，所以 ECM 增加喷油量，造成热起动时混合气过浓，难以起动，油耗大。更换冷却液温度传感器后恢复正常。

（2）丰田轿车热起动困难案例：

1）车型。丰田雷克萨斯 LS400 轿车。

2）故障现象。热车时起动困难。

3）故障检查与排除。拆下火花塞后发现火花塞电极都被油润湿。造成火花塞湿的原因有高压火弱、喷油器雾化不良、冷起动喷油器在热起动时喷油、冷却液温度传感器故障。由于检查冷起动喷油器是否喷油最方便，因此拔去温控开关的插头，该车立即着车；用万用表检查温控开关触点，发现其一直常闭，更换温控开关后故障排除。

（3）日产轿车热起动困难案例：

1）车型。日产千里马轿车。

2）故障现象。热车起动困难，且时有熄火现象。

3）故障检查与排除。接上油压表，发现不能起动时油压表指示在零位不动，可基本判断是油泵或油泵控制电路故障。跨接油泵继电器触点，使油泵常转，再起动一切正常，说明油泵控制电路故障。检查油泵电器、电路与插接件良好。拆下 ECU，检查油泵控制线连接的 ECU 印制电路板上有关焊点与元件，发现有一个焊点脱焊，造成接触不良，焊接后恢复正常。

4. 发动机怠速过低

怠速转速与发动机温度、负荷有关，冷车时怠速高，热车时怠速低。怠速时接通空调开关，打转向（动力转向开关接通），换挡杆从 P 挡或 N 挡挂入 D 挡，怠速必须提高。如果怠速太低或上述开关接通时怠速下降，造成怠速不稳或者熄火，说明怠速系统有故障。

发动机怠速过低的故障诊断流程如图 4—5 所示。

（1）奔驰轿车怠速过低案例：

1）车型。奔驰 S320 轿车。

2）故障现象。发动机怠速为 450 r/min，动力性能差，加速无力。

3）故障检查与排除。检查高压火和油压都正常。由于拆卸喷油器比较麻烦，因此首先检查发动机数据。用诊断仪读取数据，发现空气流量计信号值低，排气压力低，检查空气滤清器正常，松开排气管，空气流量计信号立即正常，怠速转速上升，发动机动力性能和加速性能良好。检查发现三元催化转换器堵塞，更换三元催化转换器后恢复正常。

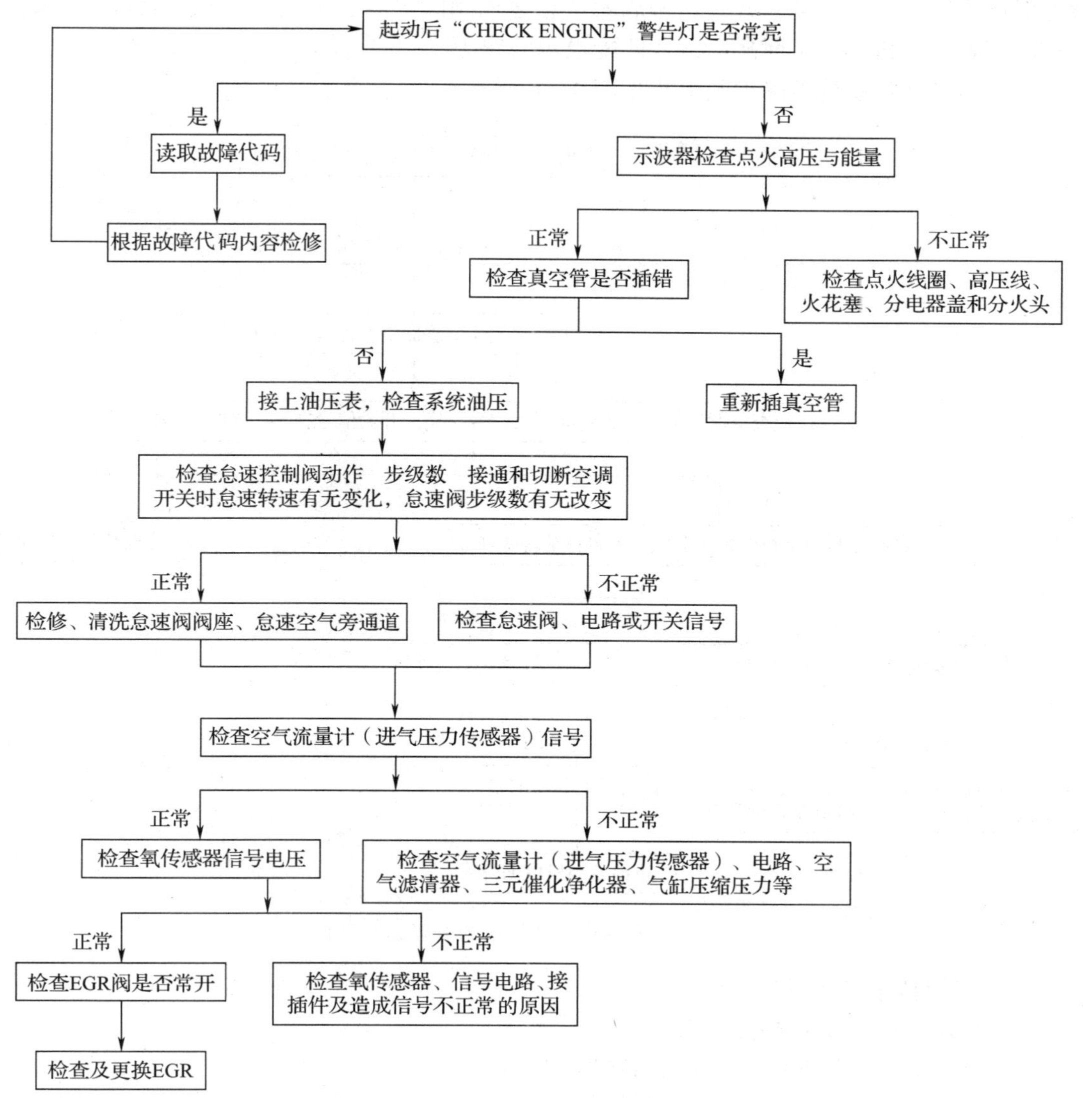

图 4—5　发动机怠速过低的故障诊断流程

(2) 丰田轿车怠速过低案例：

1) 车型。丰田雷克萨斯 LS400 轿车。

2) 故障现象。用水清洗发动机室后，怠速降为 450 r/min。

3) 故障检查与排除。由于冲洗前正常，冲洗后产生故障，因此首先将怠速控制阀拆下检查，发现怠速空气通道内有大量积水，清理后怠速转速恢复正常。

5. 发动机怠速过高

怠速转速过高主要是怠速时进气量过多或发动机控制信号错误。造成怠速转速过高的原因有进气温度传感器、冷却液温度传感器、节气门位置传感器、空气流量传感器（或进气歧管绝对压力传感器）故障，开关信号故障，怠速控制阀故障，节气门体故障，喷油器故障，真空漏气，发动机电控单元故障或者匹配设定问题等。

发动机怠速过高的故障诊断流程如图 4—6 所示。

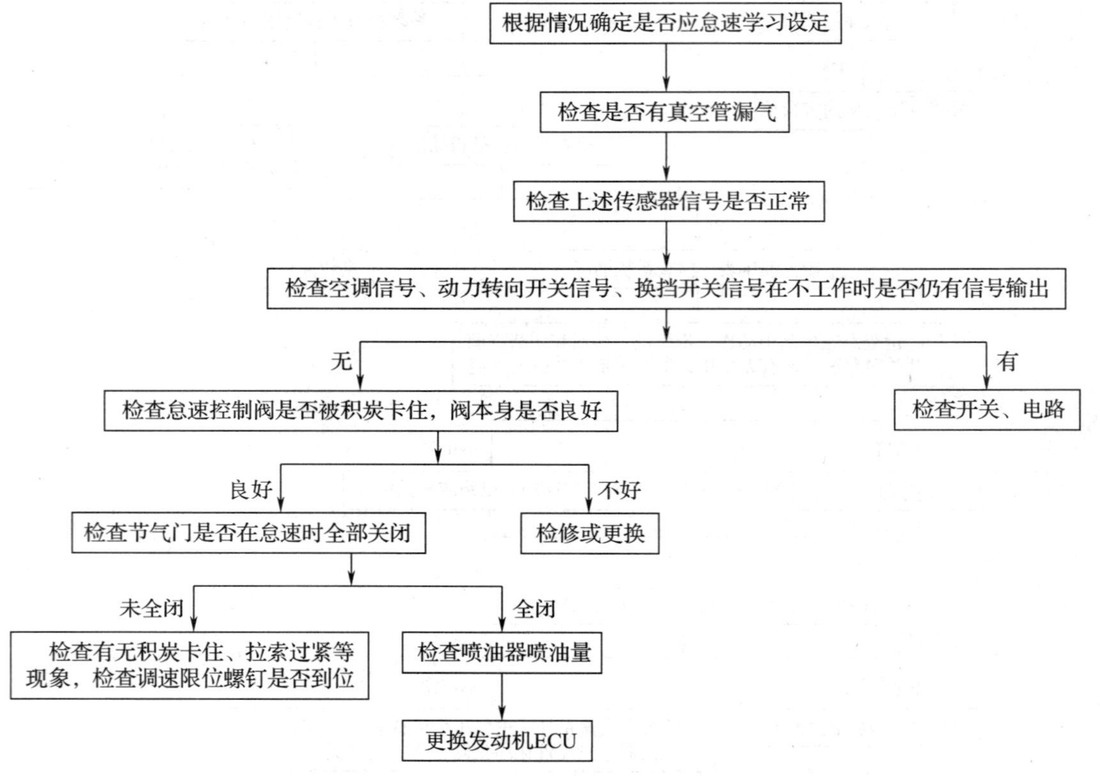

图 4—6　发动机怠速过高的故障诊断流程

（1）丰田轿车怠速过高案例：

1）车型。丰田 3.0 皇冠轿车。

2）故障现象。清洗节气门体后怠速居高不下。

3）故障检查与排除。检查节气门体安装良好。由于该车原来正常，节气门体拆下清洗后重新装回即发生该故障，因此首先进行路试，进行怠速学习过程。起动并逐渐提高车速，再降低车速，熄火后再起动，连续几次行驶后怠速转速恢复正常。

（2）别克轿车怠速过高案例：

1）车型。上海通用别克君威轿车。

2）故障现象。怠速 1 200 r/min，居高不下。

3）故障检查与排除。检查空气流量传感器怠速时信号值过高。检查节气门位置传感器怠速时信号电压为 0.5 V（正常）。检查怠速控制阀时，发现阀因积炭卡住不能动作，造成怠速空气量增加，发动机 ECU 喷油量增加，怠速转速升高。清洗怠速控制阀后，怠速转速恢复正常。

6．发动机怠速不稳

怠速不稳的特征是怠速时发动机抖动及发动机转速表上下快速抖动；怠速喘车的特征是怠速时发动机转速忽高忽低。

发动机怠速不稳的故障诊断流程如图 4—7 所示。

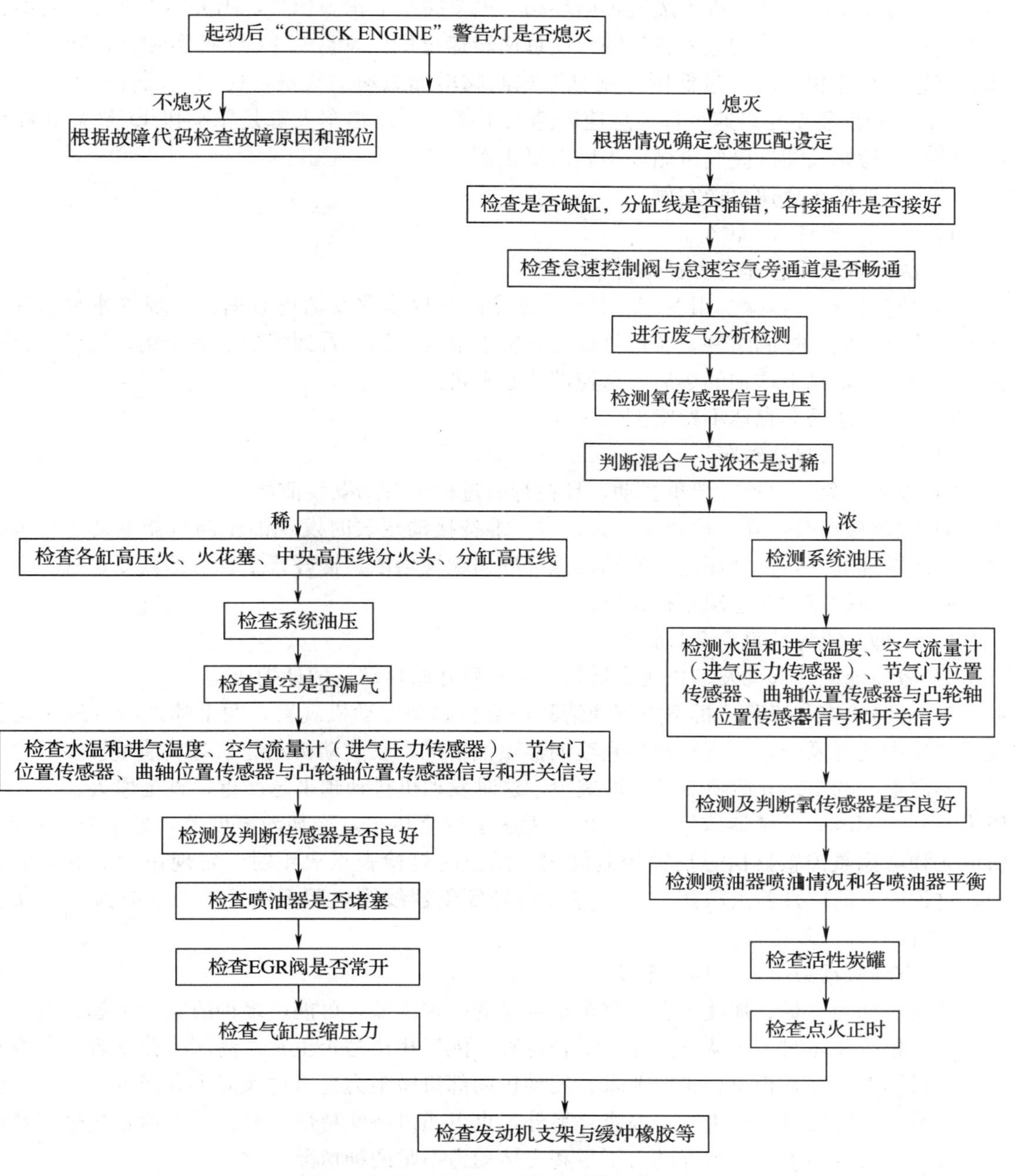

图 4—7　发动机怠速不稳的故障诊断流程

（1）雪佛兰轿车怠速不稳案例：

1）车型。雪佛兰米娜 3.8 L 轿车。

2）故障现象。发动机怠速间歇性忽高忽低。

3）故障检查与排除。打开发动机盖，听到轻微的“嗞嗞”漏气声，检查发现是废气再循环阀部件发出的声音。拆下废气再循环阀，三个阀座上积满积炭，阀关闭不严，怠速时大量废气经过废气再循环阀进入各气缸，使怠速转速过低。发动机 ECU 将实际怠速转速与内部设定怠速转速相比较，过低则控制怠速控制阀增加怠速空气量，使发动机转速上升，约 1 min 后慢慢恢复至原怠速位置，怠速转速又下降，所以喘车大都是发动机 ECU 修正喷油量的结果。检修及清洗废气再循环阀后恢复正常。

（2）奥迪轿车怠速不稳案例：

1）车型。奥迪 V6 轿车。

2）故障现象。怠速时有轻微抖动。

3）故障检查与排除。用 V. A. G1552 故障诊断仪读取发动机数据，发现怠速时进气量略少。检查节气门控制组件，各信号良好。拆下节气门体，看到多加了一个垫，且垫是自己做的，内径小，拿下增加的垫后，怠速即非常平稳。

（3）马自达轿车怠速不稳案例：

1）车型。马自达轿车。

2）故障现象。怠速时严重抖动，且在行驶过程中有间歇性前冲。

3）故障检查与排除。检查高压火正常。准备接油压表时发现油压调节器上真空管未插好，有间歇性漏气，使油压上下波动，混合气间歇性增浓。插好真空管后即恢复正常。

（4）凯迪拉克轿车怠速不稳案例：

1）车型。凯迪拉克 5.7 L 轿车。

2）故障现象。起动发动机正常运转 1 min 后开始抖动，随即熄火。

3）故障检查与排除。拆下空气滤清器，重新起动发动机观察，两个喷油器（该车是节气门体集中喷射系统，可直接观察到喷油器喷油情况）在发动机刚起动时喷油量较多，怠速抖动不严重，约 1 min 后喷油量立即减少，这时发动机抖动越来越严重，直至熄火。检查油压为 0.075 MPa，传感器信号正常。由于无法运行至热车，冷却液温度低，处于开环控制，所以无须考虑氧传感器信号反馈控制问题。用正时灯检查点火正时，发现正时灯有时无频闪，这说明有间歇性断火故障。检查点火信号发生器线圈电阻只有 200 Ω（应为 800 Ω 左右），更换后即恢复正常。

7. 发动机动力不足、加速不良

发动机动力不足、加速不良是汽车很常见的一种现象，可能由多种故障所引起。由于涉及面广，检查故障时，可从气缸压力是否足够、配气相位是否正常、高压火花是否过弱或不正时、可燃混合气是否符合工况要求、发动机内部机械阻力是否过大五个方面进行考虑，在大体范围确定之后再分别进一步检查。另外，也可通过特殊特征，有针对性地直接分析及判断。发动机动力不足分为始终动力不足和突然动力不足两种情况。

发动机动力不足的故障诊断流程如图 4—8 所示。

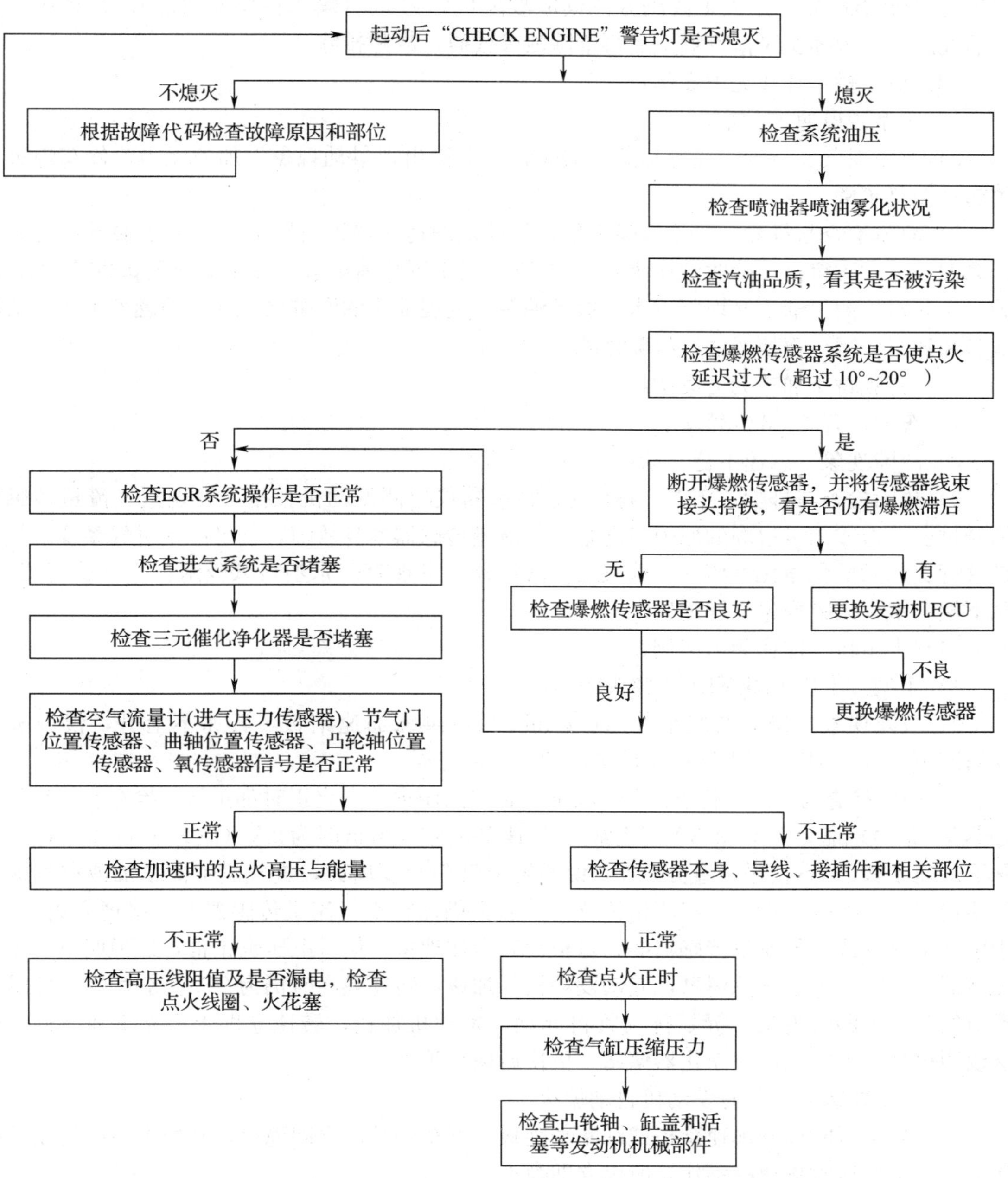

图 4—8 发动机动力不足的故障诊断流程

（1）丰田轿车加速无力案例：

1）车型。丰田皇冠轿车。

2）故障现象。动力不足，加速无力，且仪表板上"CHECK ENGINE"警告灯常亮。

3）故障检查与排除。仪表板上"CHECK ENGINE"警告灯常亮，表明此时发动机

ECU已查到有故障，用人工读码方法读取故障代码为55（爆燃传感器故障）。检查爆燃传感器线路，发现插头脱落，插上后再清除故障代码，故障排除。

（2）奥迪轿车加速无力案例：

1）车型。奥迪V6轿车。

2）故障现象。行驶一段路程后再加速，发动机出现抖动现象，加速无力，停车熄火后再起动恢复正常。

3）故障检查与排除。根据故障现象，估计是加速时喷油量跟不上。接上油压表行驶时检测油压，发动机无故障时油压为0.28 MPa，当出现故障现象时油压下降至0.22 MPa，停驶一会儿再检测，油压又恢复正常。拆下油泵，发现油泵滤网脏堵，油箱中燃油脏污。清洗油箱和油泵滤网，更换燃油，故障排除。

（3）奔驰轿车加速无力案例：

1）车型。奔驰S320轿车。

2）故障现象。怠速不稳，动力性差，加速不良。

3）故障检查与排除。用X-431电眼睛诊断仪检测发动机数据，发现空气流量传感器信号过弱。造成信号过弱的原因可能是空气流量传感器本身故障，也可能是进气系统漏气或排气管上三元催化净化器堵塞。检查空气滤清器，发现有一张塑料纸吸附在空气滤清器上，拿下塑料纸，故障现象立即消失。

（4）丰田轿车加速无力案例：

1）车型。丰田PREVIA子弹头轿车。

2）故障现象。起动加速至3 000 r/min后，再踩加速踏板，转速不上升，仪表板上“CHECK ENGINE”警告灯在发动机起动后自动熄灭。

3）故障检查与排除。检查油压、喷油雾化、高压火、点火正时都正常。检查空气流量传感器VS信号怠速为2.3～2.8 V（正常），加速至3 000 r/min时为2 V（应为0.3～1.0 V），再踩下加速踏板，VS信号一直为2 V，说明随节气门开度增大，进气量不能增加或空气流量传感器本身有故障。拆下空气流量传感器，插头仍插在空气流量传感器上，接通点火开关，用手推动翼片式空气流量传感器的计量板没有卡住现象，信号电压也正常，这说明空气流量传感器良好。拆下空气滤清器，起动发动机并加速，转速最高时仍为2 V。空气流量传感器至节气门间无漏气现象。拆下排气管再起动，发动机加速，转速立即上升至5 000 r/min，这说明排气管上三元催化净化器堵塞，更换后恢复正常。

8. 汽车减速或停车时发动机自动熄火

发动机运行时放开加速踏板或踩制动踏板，汽车停驶后立即熄火，其根本原因是发动机从非怠速至怠速时怠速稳不住，所以立即熄火。

汽车减速或停车时发动机自动熄火的故障诊断流程如图4—9所示。

（1）别克轿车自动熄火案例：

1）车型。通用别克林荫大道轿车。

2）故障现象。行驶中放开加速踏板，发动机转速下降至200～300 r/min后自动熄火。

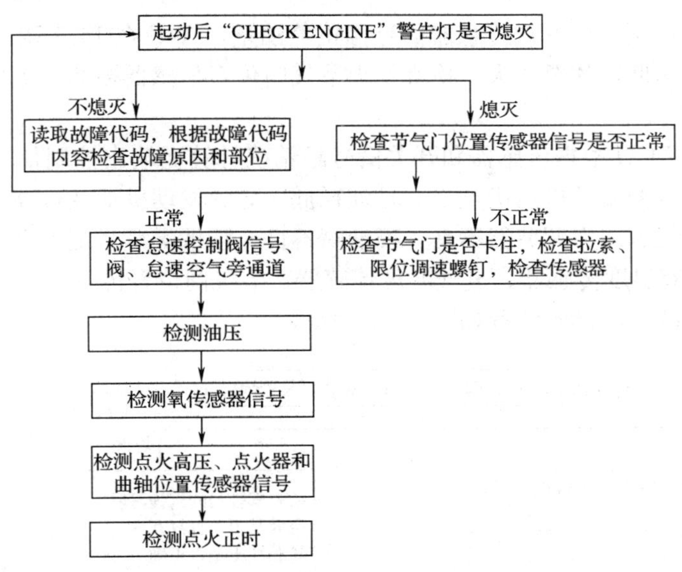

图 4—9　汽车减速或停车时发动机自动熄火的故障诊断流程

3）故障检查与排除。检查节气门位置传感器，逐渐踩下加速踏板时信号从 0.5 V 逐渐上升，放开加速踏板又逐渐下降至 0.5 V，说明节气门位置传感器信号良好。由于汽车发动后怠速偏低，因此重点检查怠速进气量。检查怠速控制阀信号正常。拆下怠速控制阀，怠速空气通道积炭严重，造成怠速进气量少。清洗后恢复正常。

（2）丰田轿车自动熄火案例：

1）车型。丰田 PREVIA 子弹头轿车。

2）故障现象。起动时不踩加速踏板不能起动，起动后放开加速踏板立即熄火，行驶中一切正常。

3）故障检查与排除。由于行驶时一切正常，所以重点检查节气门体和怠速控制阀。拆下节气门体，节气门边缘积炭很严重；拆下怠速控制阀，怠速控制阀积炭咬死，从而造成无怠速进气量，所以不能起动。起动时踩下加速踏板，空气经空气滤清器、空气流量传感器、节气门进入进气管，发动机根据空气流量传感器信号供给相应喷油量，所以能起动；起动后放开加速踏板，没有进气量，所以立即熄火。清洗怠速阀、怠速空气通道和节气门体后故障消失。

（3）庞蒂克轿车自动熄火案例：

1）车型。庞蒂克轿车。

2）故障现象。怠速低而且不稳，行驶时正常；行驶时踩制动踏板，发动机转速下降至熄火。

3）故障检查与排除。行驶时正常说明喷油、点火基本正常。用诊断仪读取发动机数据，发现节气门位置传感器信号电压为 0.82 V，踩下加速踏板，节气门位置传感器信号电压连续上升；松开加速踏板，信号又恢复至 0.82 V。这说明节气门位置传感器信号错误（标准值为 0.5 V），0.82 V 说明发动机处于小负荷状态，应提供经济混合气；加上热车后发动机控制系统处于闭环控制，根据氧传感器信号修正喷油量，A/F 在 14.7 附近，使实际怠速时混合气稀，从而怠速低，甚至熄火。检查发现节气门位置传感器损坏，更换后恢复正常。

9. 发动机油耗高

电控发动机的 ECU 根据传感器和开关信号经精确计算而输出控制信号，从而控制喷油器的喷油量，所以电控发动机的优点之一是油耗低。导致发动机油耗过高的主要原因有燃油渗漏、进气系统漏气、压力调节器不良、喷油嘴不良、活性炭罐系统不良、点火质量差、有关传感器（如冷却液温度传感器、进气温度传感器、节气门位置传感器等）不良。

发动机油耗高的故障诊断流程如图 4—10 所示。

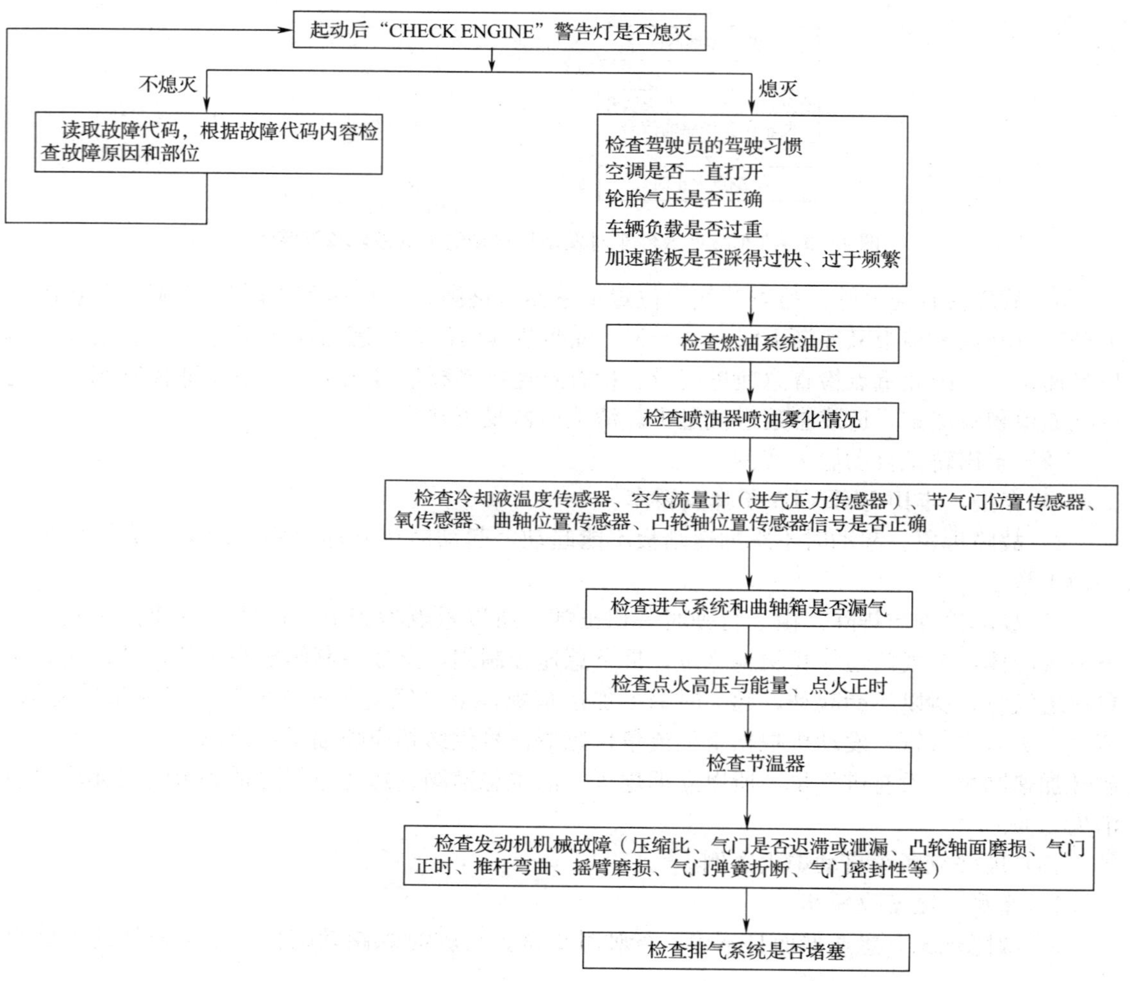

图 4—10　发动机油耗高的故障诊断流程

（1）凯迪拉克轿车油耗高案例：

1）车型。凯迪拉克 4.1 L 轿车。

2）故障现象。油耗高，但排放不冒黑烟，且怠速稳定，动力性能较好。

3）故障检查与排除。用诊断仪读取发动机数据，其中MAP=0 kPa，MAI=5 V，O_2S为0.7～0.8 V。从数据看，主要原因是MAP=0 kPa，原因可能是进气压力传感器损坏或真空管脱落、破裂。检查发现接在进气压力传感器上的真空管破裂，所以造成真空度为零，压力最大，信号电压一直是5 V，发动机ECU根据信号认为一直是全负荷工况，所以不断增加喷油量，造成油耗高。更换真空管后怠速时信号为0.5 V，踩下加速踏板信号电压上升，故障排除。

（2）福特轿车油耗高案例：

1）车型。福特维多利亚轿车。

2）故障现象。油耗略高，但动力性能差。

3）故障检查与排除。由于动力性能差，驾驶员踩加速踏板过量，造成油耗高，因此故障主要是动力性能差。检查高压火，高压火发红、火弱；检查分缸高压线有漏电现象。更换高压线后恢复正常。

复习思考题

一、思考题

1. 简述电控汽油发动机故障诊断的基本流程。
2. 简述发动机不能起动的故障诊断流程。
3. 简述发动机怠速过低的故障诊断流程。
4. 简述发动机怠速不稳的故障诊断流程。
5. 简述发动机油耗高的故障诊断流程。

二、选择题

1. 拆卸蓄电池时应注意（　　）。

A. 拆卸之前应先读取故障代码

B. 车辆是否有防盗系统，若有应先获取防盗密码

C. 拔下车钥匙

D. 先并联一个蓄电池

2. 诊断发动机不能起动的故障时，首先应检查（　　）。

A. 该车是否有防盗系统　　B. 起动机是否能转动

C. 蓄电池存电量是否充足　　D. P/N挡开关是否良好

3. 冷起动喷油器故障能够引起（　　）。

A. 发动机怠速过低　　B. 发动机怠速过高

C. 冷车起动困难　　D. 热车起动困难

4. 发动机电控系统故障诊断的原则是（　　）。

A. 先外后内　　B. 先内后外

C. 看　　D. 摸

5．发动机在温度低时不易着车，温度升高时容易着车的故障是（　　）。

A．发动机起动困难　　B．发动机无法起动

C．发动机怠速过低　　D．发动机怠速过高

6．发动机冷车起动正常，但热车后难以起动的故障是（　　）。

A．发动机起动困难　　B．发动机无法起动

C．发动机怠速过低　　D．发动机怠速过高

7．燃油系统的故障包括（　　）。

A．喷油器不良　　B．ECU 故障

C．发动机怠速过低　　D．发动机怠速过高

8．加速时发生爆燃的原因是（　　）。

A．喷油器不良　　B．点火过早

C．节温器失灵或控制温度过高　　D．点火过迟

9．油耗高的原因是（　　）。

A．燃油品质差　　B．点火过早

C．节温器失灵或控制温度过高　　D．点火过迟

第五章　电控柴油发动机故障诊断

学习目标

1. 能够简单阐述汽车常见电控柴油发动机故障现象及原因，正确描述电控柴油发动机常见故障特征，并能分析、判断故障部位。

2. 掌握电控柴油发动机常见故障的分析思路和判断方法，并能归纳出各种故障的实质，独立完成常见故障的诊断和排除。

第一节　电控柴油发动机故障诊断的基本方法和注意事项

一、电控柴油发动机故障诊断的基本方法

电控柴油发动机具有一个结构复杂的机电一体化综合控制系统，其故障形式多种多样。在进行故障诊断时，首先应系统地掌握整个系统的结构和原理，然后按照故障的类型、性质，选择一定的方法和程序，最终确认故障部位。

电控柴油发动机故障诊断程序与电控汽油发动机类似。在诊断、排除电控柴油发动机出现的具体故障时，首先判断其故障是否是由于电控系统引起的。观察故障指示灯是否点亮，依照厂家规定程序调取故障代码。如果故障不是由于电控系统引起的，就按普通柴油发动机故障诊断的方法进行。

电控柴油发动机故障诊断的基本方法可以分为以下几种：

1. 按诊断的目的和要求分类

（1）功能诊断和运行诊断。功能诊断主要是检查电控柴油发动机的运行工况和功能是否正常，在必要时应对发动机进行调整；运行诊断是针对正在工作（运转）中的发动机监视其运行状态、故障的发生和发展。

（2）定期诊断和连续监控。定期诊断是指每隔一定时间，对使用中的发动机进行常规检查；连续监控是指用仪器、设备对发动机的工作状态随时进行监视或控制。

（3）直接诊断和间接诊断。直接诊断是直接确定相关部件的状态。直接诊断往往受发动

机结构和工作条件的限制而无法实现，需要采用间接诊断。间接诊断是通过二次诊断信息来间接判断发动机相关部件的状态变化。

2. 按诊断程度分类

（1）简易诊断。使用便携诊断仪器，根据一些简单参数对发动机的故障进行诊断。

（2）精密诊断。精密诊断又可进一步分为以下几种：

1）人工诊断法。使用比较复杂的分析仪器及设备，除了能够对发动机进行有无故障以及故障的严重程度进行判断及区分之外，在有经验的人员参与下，还能够对某些特殊类型故障的性质、类别、部位、原因做出合理的判断和估计。

2）系统诊断法。系统诊断法是建立在计算机辅助诊断基础上的多功能综合性自动化诊断技术，通常由相关的软件、硬件及分析设备构成一整套系统。

3）专家诊断法。专家诊断借助于一个人工智能计算机系统进行故障诊断。该系统不仅包含信号检测、状态识别，而且包括从决策形成到干预的整个过程；不但具有系统诊断方法的全部功能，而且还将专家的宝贵经验、智慧、思维与计算机的巨大存储、运算、分析功能相结合。事先将专家的知识加以总结分类，形成规则存入计算机，然后根据自动采集或输入的数据，模拟专家的推理、判断与思维过程，解决故障状态识别及自动决策，以便做出正确的操作指导和处理对策。

3. 按照故障状态信号的采集方式分类

（1）振动测试。振动测试主要测量的参数为加速度、速度和位移。利用缸体表面振动信号可对缸压进行诊断。通过对气门座造成的冲击在气门附近的振动响应进行监测，可以对气门的磨损状况及气门间隙进行诊断。

（2）压力测试。根据进、排气系统的压力，可以判断缸内工作情况及气缸的密封状况。测量燃油的流动压力可诊断燃油系统状况。测量机油压力可直接反映出润滑系统密封性的好坏。

（3）转速测试。转速测试主要有两种方法，即转速波动诊断法和无负荷测功法。

1）转速波动诊断法。柴油发动机曲轴的瞬间波动信号能反映其工作状态，通过对瞬时转速波动信号的分析，可以得到发动机运转状态和相关故障的信息。正常工况下，各缸的动力性基本一致，柴油发动机运转平稳。当某个气缸工作不正常时，动力的一致性遭到破坏，发动机运转平稳性变差，转速波动信号会产生严重变形，据此可以判断气缸工作过程的好坏。

2）无负荷测功法。无负荷测功法的原理是在发动机空载加速工况下测量其转速，通过转速变化率与瞬时功率的对应关系求解发动机功率。

二、电控柴油发动机故障诊断的注意事项

在对电控柴油发动机控制系统进行故障诊断时，除与电控汽油发动机有类似的注意事项外，还应注意以下事项。

（1）为防止人员受到伤害或对喷油及预热系统造成损坏，需要注意以下几点：

1）在连接或断开喷油和预热系统的连接导线或检测仪器电缆之前，必须断开点火开关。

2）在不起动发动机而需要将发动机调到起动转速时（如检查气缸压力时），必须断开喷油泵或喷嘴插头。

3）在断开蓄电池之前，应先获取防盗码（如果有防盗码）。

4）蓄电池的断开与连接工作必须在点火开关断开状态下进行，否则可能引起柴油喷射系统损坏。

（2）在路试过程中需要进行检测时，检测仪必须固定在后排座椅上，并由另一人进行操作。

（3）在维修供油喷射系统时应遵守以下规则：

1）在拆卸前彻底清洗所有接头及其邻近区域。

2）拆下的部件应放在干净的表面上，并使用不起毛的布盖好。

3）如果不能立即进行维修，应将打开的所有部件盖好。

4）只有清洁的部件才能用于安装，只有在安装前才可以打开更换件的外包装，不能使用散放部件。

5）系统打开时，不要使用压缩空气进行工作；除非绝对必要，不要移动车辆。

6）应确保无柴油流入冷却液软管。一旦发现软管上有柴油，应立即进行清洗，并更换已损坏的软管。

三、电控柴油发动机故障诊断流程

电控柴油发动机的故障诊断流程如图 5—1 所示。

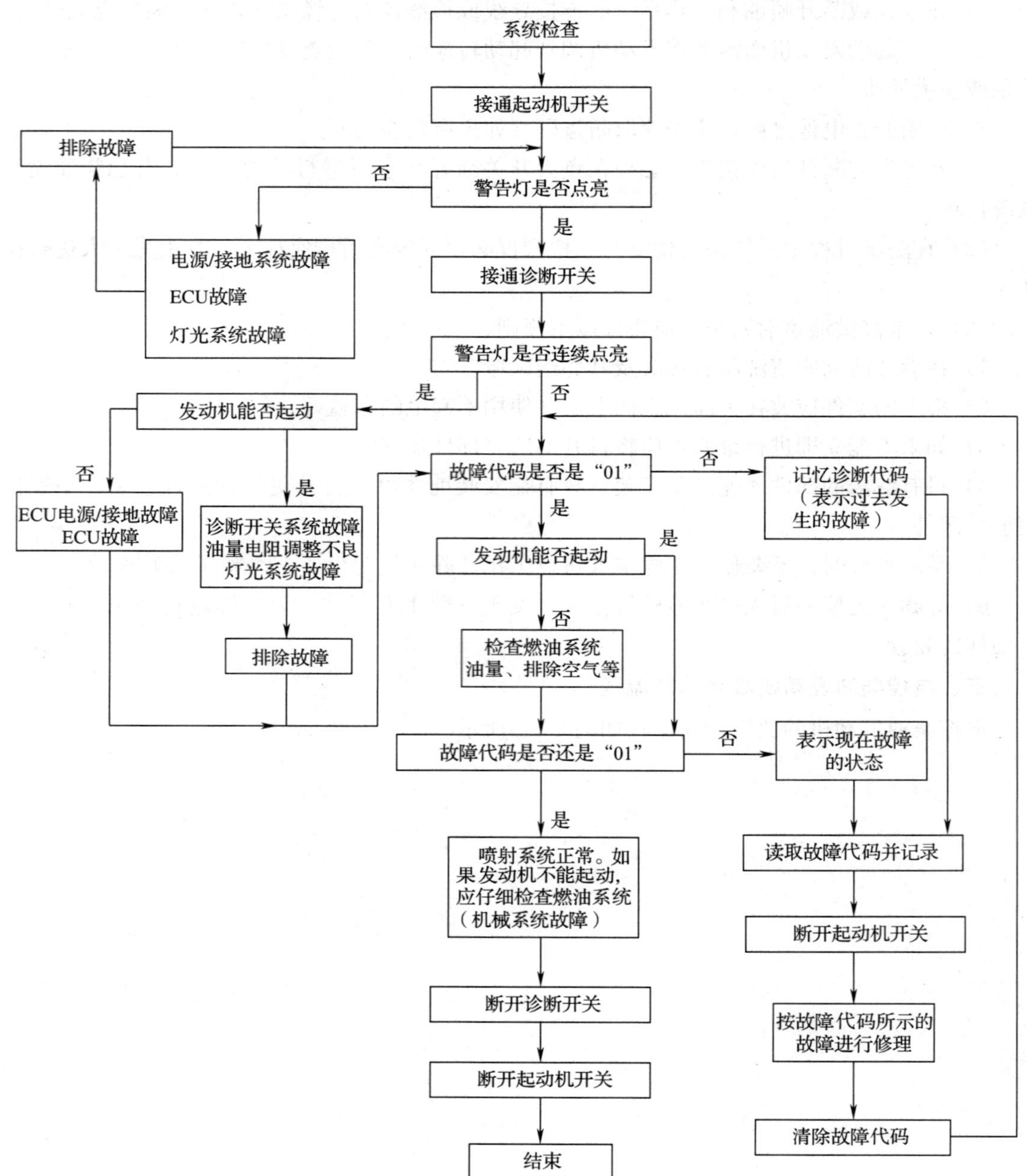

图 5—1　电控柴油发动机的故障诊断流程

第二节　电控柴油发动机故障诊断与维修

不同类型的柴油发动机其故障诊断方法也有所不同，但总体诊断方法大同小异，下面主要介绍电控柴油发动机常见故障诊断与维修方法。

一、起动机能带动柴油发动机但无起动征兆

1. 故障现象

起动机能带动柴油发动机，但无起动征兆。

2. 故障原因

（1）燃油系统故障。

（2）燃油管路堵塞。

（3）燃油滤清器堵塞。

（4）输油泵不供油或断续供油。

（5）空气供给系统漏气。

（6）喷油泵不供油。

（7）曲轴位置传感器故障。

3. 故障诊断与排除

（1）故障自诊断。检查仪表板信息显示屏故障信息，可按显示的故障或信息查找相应的故障部位。必要时可用诊断仪进行检测，读取故障代码，确认故障部位。

（2）燃油检查。电控共轨燃油喷射系统的喷油器采用了高压小孔径预喷电控技术，对燃油品质要求较高，对燃油的污染十分敏感。燃油应选用符合要求的轻柴油，并随地区环境气温的不同而选用不同型号的柴油。一般夏季应选用 0 号，冬季选用 -10 号。当环境温度为 -20℃时，应选用 -20 号；当环境温度为 -30℃时，应选用 -35 号。若加注品质低劣的柴油，可能会造成油路堵塞、过油不畅，喷油器雾化不良、燃烧不充分，从而导致起动困难。

（3）共轨压力无法建立的检查。可从诊断仪显示的故障信息或使用柴油发动机专用诊断仪检测共轨压力来确认故障部位。实际轨压值小于设定的轨压值 50 MPa 时柴油发动机无法起动，这种情况有两种可能性：一是低压油路堵塞、泄漏；二是高压油路泄漏，严重的泄漏会造成共轨油压无法建立。常规的判断方法如下：先用手触摸高压油管，起动柴油发动机，如明显感觉到有较强的脉动油流，说明共轨能提供一定压力的燃油；然后查看喷油器回油管回油情况是否正常，是否由于泄漏而回油太多，导致共轨系统中燃油压力低。常通过比较各缸回油情况来判定喷油器的好坏。若某个回油管有过多的异常泄漏，则表明喷油器柱塞卡死在封闭位置，喷油器不能正常喷油，燃油不能进缸造成起动困难。此外，高压油泵中燃油计量阀或共轨控制装置出现故障，也不能为共轨提供足够的油量，共轨中不能建立足够的燃油压力，以及喷油器电磁阀损坏，都会造成起动困难。

（4）低压油路堵塞、进入空气的诊断。某些机型低压油路配置了手油泵，可用手油泵判断油路故障。压动手油泵，应有明显反弹阻力，能感到柴油在流动，并能听到手油泵阀门“吱吱”响，压下去有弹力，拉上来有吸力，松开放气螺钉柴油喷涌而出，感到压力很大，而且没有气泡和油沫，证明油路正常；反之，则说明低压油路有问题。

1）低压油路堵塞：

①检查方法。打开手油泵压动几下，感觉阻力较大，有时甚至压不下去，可能原因是柴油只进不出，说明手油泵后端到输油泵进油口前的油路有堵塞现象。

②排除方法。逐个松开该段油路部件的油管接头，一边松开一边泵油，就能很快找到堵塞部位。

2）低压油路进空气：

①检查方法。利用手油泵泵油时，燃油流量不是很大，泵出的油夹杂着气泡或油沫，总感觉空气排不尽，可能是手油泵进油口前端到油箱有进气现象。

②可能的原因。柴油箱油面过低，吸油立管脱焊或有裂纹，ECU 冷却板内泄，ECU 出油管处焊接不实、有裂纹等。

注意
共轨式柴油发动机运转时禁止拧松高压管路接头进行排气，禁止使用起动机拖动柴油发动机进行燃油系统排气。

（5）高压泵供油能力的诊断。将高压泵出油阀处的出油接头松开（不能完全拧开，只需拧松 3～4 牙螺纹），此时起动柴油发动机，如果接头有燃油溢出，表明低压油路正常；如果该接头无油流出，则可能是低压油路堵塞或泄漏，或是高压油泵回油压力阀、电子计量单元溢流阀封闭不严（如存在铁屑或异物，导致阀处于常开状态），造成低压油路缺油。

二、柴油发动机有起动征兆但不能起动

1．故障现象

柴油发动机起动困难或不能起动。

2．故障原因

（1）燃油品质不达标。

（2）燃油系统压力低。

（3）油路有空气，喷油器漏油等。

3．故障诊断与排除

这种故障的诊断与排除方法，和上述起动机能带动柴油发动机但无起动征兆故障的诊断与排除方法基本相同。

三、发动机无力，排气管大量冒黑烟

1．故障现象

加速或急加速时有异响而且排黑烟。

2. 故障原因

(1) 柴油质量差。

(2) 空气滤清器或进气道堵塞。

(3) 调速器失效，供油量限制螺钉调整不当。

(4) 喷油泵故障。包括以下几种情况：

1) 喷油提前角过大。

2) 喷油泵供油量不均匀，调整齿圈松动或移位。

3) 喷油泵供油量过大。

4) 出油阀磨损、有污物，出油阀的减压环磨损或出油阀弹簧折断。

5) 柱塞磨损。

(5) 喷油器故障。包括以下几种情况：

1) 喷油嘴雾化不良，滴油。

2) 喷油器喷射压力调整过低，喷油质量差。

3) 喷油器针阀密封不严或针阀被粘咬在开启位置上。

3. 故障诊断与排除

(1) 使用合格的柴油。

(2) 如果各种转速都冒黑烟，应清洗、检查空气滤清器及进气道，若情况有改善说明空气滤清器堵塞。

(3) 若柴油发动机冒黑烟，并伴有较强的敲击声，说明喷油时间过早，应检查喷油泵联轴器固定螺栓是否松动，正确调整喷油提前角。

(4) 打开调速器盖，检查调速器飞块及连接处是否卡滞，调速弹簧是否折断、过软或失调等。

(5) 喷油泵各缸供油不均匀，或供油量过大。调节圈（拨叉）松动或移位，应进行调整或紧固。

(6) 喷油泵柱塞挺杆凸轮磨损过度，出油阀磨损、有污物垫起或咬住，出油阀的减压环磨损或出油阀弹簧折断，均应予以更换。

(7) 调速器失效以至于供油量过大，应予以调整。

(8) 用单缸断油法，找出断油后排气管冒黑烟和敲击声渐弱的气缸，将该缸的喷油器拆下进行检测（如雾化不良、滴油、压力过低），并视情况予以调整或更换。

(9) 若以上检查均正常，发动机仍冒黑烟或难以起动，则应检查气缸的压缩压力是否过低（如气门、活塞环、气缸垫、气缸是否磨损或损坏造成漏气），并视情况予以拆检修复。

四、发动机无力，排气管大量冒白烟

1. 故障现象

发动机不易起动，起动时排气管排出大量白烟。

2. 故障原因

(1) 柴油中有水。

(2) 气缸垫冲坏或缸盖螺栓紧固力矩不足，使水进入燃烧室。

（3）气缸体或缸盖冷却水套有裂纹。

（4）天气太冷，发动机预热不够。

（5）供油提前角过大或过小。

3. 故障诊断与排除

（1）冬季冷车刚起动时发动机后排气管冒大量白烟，但运转一段时间后，随着发动机温度升高白烟逐渐消失，然后正常，说明是发动机温度过低所致，无须排除。

（2）柴油发动机工作无力、冒白烟。可将手靠近排气管，当白烟掠过手面有水珠时则说明气缸内已有水进入，此时可用单缸断油法找出漏水的气缸。若单缸断油时影响柴油发动机的转速，说明该缸工作良好，否则说明该缸不工作，应拆下喷油器检查喷孔上有无水迹，若发现有水应检查进水原因，查明是气缸破裂还是气缸垫冲坏。若各缸情况一样，仍然工作无力且冒白烟，则应检查柴油中是否有水。这时可打开燃油箱和燃油滤清器的放污螺塞，检查燃油中是否有水。

（3）柴油发动机冒白烟时可提高发动机的工作温度，如在水温 70℃左右时排气由冒白烟转为冒黑烟，便可判断为喷油器雾化不良、滴油。用逐缸断油的方法查出有故障的喷油器，然后校验喷油器。若在喷油时有滴油现象，则应进一步检查是由于喷油压力过低还是由于针阀体变形或磨损过度造成的，从而有针对性地排除故障。

（4）柴油发动机刚起动时冒白烟，温度升高后变成冒黑烟，这说明气缸压力不足，此压力虽能维持柴油发动机起动，但起动时因温度过低，使部分柴油未燃烧便挥发成蒸气排出。应检查气门关闭严密程度、配气相位情况、气缸垫或喷油座孔的密封垫是否漏气、气缸磨损是否过大、活塞环有无卡滞或其开口是否重合等，然后对症解决。

（5）柴油发动机高速运转时工作不均匀，加速不灵敏，温度过高，工作无力，排气管冒灰白色烟雾，这说明喷油时间过迟，应检查并调整连接盘固定螺钉紧固情况以及键和键槽情况，慢慢提前喷油时间，使白烟消除，发动机运转正常；若调整后仍无好转，则应检查喷油泵各缸柱塞的定时调整螺钉是否失调，采取相应措施进行调整。

五、车辆加速无力

1. 故障现象

车辆无急加速，爬坡无力。

2. 故障原因

（1）供油系统供油不畅。

（2）进、排气系统堵塞。

（3）电气系统控制不良。

（4）柴油发动机自身因素。

3. 故障诊断与排除

（1）供油系统：

1）油箱及燃油管路检查。进、回油管管接头是否拧紧，管路内径≥12 mm，长度≤10 m。注意油箱底部是否存有劣质柴油的残渣、沉淀物等。在任何工况下都要保持 0.03 MPa 压力，要有合适的开孔或安全阀。燃油管路是否存在漏气、堵塞以及弯折现象，导致燃油阻力过大，造成动力不足。

2）粗滤检查。一般考虑温度较低时燃油结蜡，导致滤芯堵塞变形，使燃油阻力增大，导致供油不足。在非结蜡情况下，考虑是否由于油品较差将滤芯堵塞变形，滤纸层内夹有大量残渣等杂物。滤网规格为 3～5 μm，过滤效率为 67%。对于安装手油泵的粗滤器要注意手油泵按钮是否被吸下。

3）输油泵检查。目前使用的输油泵是一个机械齿轮结构，由博世电磁阀控制，可以和高压油泵一起尝试采用更换的方法进行检查。

4）高压油泵检查。高压油泵具有维持轨压稳定的功能，其上有两个重要传感器，分别是流量计量单元传感器、凸轮轴信号传感器。对于高压油泵的检查，重点是判断供油是否充足，一般采用诊断设备监测实际运行工况下的轨压值是否能跟随设定值的办法进行检查。

5）共轨管检查。共轨管在共轨系统中起蓄油作用，其关键部位是轨压传感器和限压阀。检测传感器的测量数据是否正常。

6）喷油器检查。通过电磁阀控制针阀开启或关闭来控制喷油量的多少。重点检查喷嘴积炭情况、针阀是否卡死、电磁阀及线束的好坏。喷油器针阀偶件损坏会造成漏油、咬死或雾化不良，容易造成缺缸，导致柴油发动机动力不足，应及时清理或更换。

（2）进、排气系统：

1）空气滤清器检查。重点检查滤芯是否太脏，是否被杂物包裹。空气滤清器不清洁会造成阻力增大，空气流量减少，充气效率下降，致使发动机动力不足。无论空气滤清器采用湿式还是干式，都应根据要求清洗空气滤清器滤芯或清除纸质滤芯上的灰尘，必要时更换滤芯。

2）进气胶管检查。检查胶管是否漏气、堵塞或者在车辆高速行驶时是否被吸瘪。

3）增压器检查。检查涡轮端和压气机端是否有缺油、漏油现象，叶轮转动是否灵活，叶片是否变形、损坏等。

4）中冷器检查。检查中冷器是否有破损、堵塞处，进、出气体胶管连接是否有脱落处，中冷器内部是否有水等。由于中冷器和水箱相邻，时间长了会因变形、位移发生干涉，容易使中冷器磨损而导致漏气，从而影响柴油发动机进气量。

5）燃烧室检查。调整进、排气门间隙，使之符合标准，检查进气加热格栅是否变形、堵塞。进气门间隙为 0.3 mm，排气门间隙为 0.4 mm；安装有 EVB（电子真空助力器）的机器遵循 EVB 系统气门间隙标准。

6）排气管路检查。检查管路是否有堵塞现象，前、后排气管内是否积炭严重，排气制动蝶阀是否转动灵活。排气管堵塞会导致发动机排气不通畅，燃烧效率下降，从而引发动力不足故障。排气管及接头的密封性也是很重要的因素。增压机靠废气压力吹动涡轮来带动泵轮高速旋转，向进气管路输送压缩空气。这种故障也往往发生在新车上。新车在运行一段时间后，管路不断遇热膨胀，遇冷收缩，接头处极易松动。

7）消声器检查。检查消声器是否有堵塞现象，以免影响增压器提供的进气压力。在使用诊断设备的条件下可以进行标准载荷发动机额定转速下读取进气压力值。不同功率发动机对应进气压力值不同，可参照试验标准。如果读取的进气压力值满足要求，整个进、排气系统基本符合发动机的匹配要求。

(3) 电气系统。读取故障诊断代码，根据故障代码内容查找相关错误路径。使用诊断设备检测制动器、离合器、多功能开关、排气制动、加速踏板等功能参数是否正确以及能否正常实现，在实际试车过程中注意观察飞轮信号盘与凸轮信号盘是否同步及轨压是否正常。对于传感器，一般检查进气压力（温度）传感器、水温传感器、车速传感器、曲轴转速传感器和凸轮轴转速传感器等。对于线束，重点检查接线端子是否脱落、搭铁，插接件是否进入异物或者损坏等，以及整个线路的通断。

(4) 柴油发动机自身因素：

1) 喷油器安装孔漏气或铜垫损坏会造成缺缸，使发动机动力不足，应拆下检修，并更换已损坏的零件。若冷却液温度太低，会导致散热损失增大，此时应调整冷却液温度，使其符合规定的数值。

2) 车用柴油发动机要求使用十六烷值大于 45 的柴油，低于此标准的柴油燃烧特性较差。柴油的流动性也要考虑到，尤其是在低温条件下。劣质柴油会导致喷油器针阀卡死，喷嘴锈蚀、积炭等。

3) 整车方面注意事项。整车轮胎是否存在气压太高或气压不足现象；车辆后桥是否采用了小传动速比后桥；车辆底盘传动系统摩擦是否过大，一般根据滑行试验来判定；整车线束是否存在接触不良、断路、短路等现象。

第三节　电控柴油发动机故障诊断案例

一、共轨柴油发动机无法起动的故障案例

1. 故障现象

长城哈弗 2.0 T 增压共轨柴油发动机，起动时排气管有浓烟排出，但是发动机无法起动。

2. 故障原因分析

通过与驾驶员交流，得知此发动机是在起动过程中突然熄火，再次起动发动机则无法起动。此现象很像曲轴位置传感器故障，但是再次起动发动机时排气管有浓烟排出，说明有油进入气缸，喷油器工作，曲轴位置传感器应该是好的。这时考虑会不会是凸轮轴位置传感器故障。

3. 故障诊断与排除

凸轮轴位置传感器位于前端正时盖的外侧（见图 5—2）。凸轮轴位置传感器为霍尔式，共有三个接线端子（3 号为 5 V 电源，其中 1 号为搭铁；2 号为信号线）。拔下凸轮轴位置传感器插头，打开点火开关，在线束侧测量电压，3 号电压为 5 V，2 号电压为 4.8 V，1 号电压为 0 V，1 号端子与搭铁线间阻值为 0.7 Ω，以上数据正常。拆下传感器检查，未发现有金属杂质。将传感器插头插上，打开点火开关，用一字旋具距离传感器 0.5 mm 处多次接近或离开传感器，同时用万用表测量 2 号端子的输出电压，发现有时信号电压

一直在 4.8 V 不变，有时在 0～4.8 V 之间跳动，这明显不正常。2 号端子（信号）输出的电压值正常应该在 0（一字旋具接近）与 4.8 V（一字旋具离开）之间跳动，所以应该是凸轮轴位置传感器损坏。更换凸轮轴位置传感器，发动机顺利起动，读取发动机的数据流均正常，故障排除。

图 5—2　凸轮轴位置传感器

二、柴油车没有急加速案例

1. 故障现象

长城哈弗 2.0 T 柴油车车主介绍，该车几天前突然没有急加速，发动机报警灯亮。熄火后重新起动又一切正常，但到后来无论如何都没有急加速。

2. 故障诊断分析

打开点火开关，发现发动机故障报警灯闪烁。用 V. A. G1551 故障诊断仪诊断，显示加速踏板传感器 G79 信号超差（不可靠信号）。该车采用电子节气门，加速踏板位置传感器 G79 为电位计式，故使用 08 功能读取 002 组数据，发现 1 区数据显示为 0，且无论怎样踩加速踏板均无变化，而正常值应在 0～100%之间。根据数据故障代码分析，可能的原因是加速踏板位置传感器 G79 失效，或者直喷系统控制单元没有收到加速信号（即 G79 加速踏板位置传感器与电控单元之间的线路出现短路或断路现象）。

按这个思路检查，拆下加速踏板及加速踏板位置传感器，用万用表检测加、减节气门时传感器阻值变化情况，发现相应数据没有异常，可排除传感器 G79 本身质量问题。接下来测量线路，发现加速踏板传感器线束处于制动踏板和离合器踏板上方，已脱出固定夹，并与踏板支架相接。当踩下加速踏板时，线束恰好被拉直且与支架相碰，两根线已经被磨破。

3. 故障排除

修复线束并重新固定后，故障排除。

三、柴油车加速不良案例

1. 故障现象

华泰圣达菲 2.0 L 自动挡柴油车行驶 30 500 km，暖机后行驶时熄火，暖机后怠速时熄火。

2. 故障诊断分析

初步推测加速不良的原因是低压燃油供给不足。经 V30 检测故障代码为 P1181，用 HI—DS 检测低压端（油泵—柴油滤清器）压力为 0.28 MPa，供油压力过低。基本可以断定是燃油泵故障。拆下电动燃油泵后发现其内部磨损严重，导致供油压力不足。

3. 故障排除

更换电动燃油泵新件后问题解决。

四、柴油车发动机突然熄火后无法起动案例

1. 故障现象

一辆 2013 年产哈弗 H5 2.0 T 柴油 SUV，该车已行驶 7 000 km，在一次发动机突然熄火后再无法起动。

2. 故障诊断分析

维修人员初步检查后确定柴油泵不供油，用解码器调取故障代码为“17970”和“17971”，含义分别为喷射量调节器 N146 上极限停止和喷射量调节器 N146 下极限停止。

拆下柴油泵后发现泵内有水，更换燃油箱内的燃油，清理燃油管路，更换新泵后，发动机起动顺利。维修人员建议客户换一个加油站加油，客户将车开走。过了一段时间该车又出现同样的故障和故障代码。拆下柴油泵，这次没有发现泵内有水，再次更换柴油泵后故障消失。

客户将车开走，可是几小时后车又无法起动。测量 167 主供电继电器的 6/87 号脚与分泵插头 5 号脚之间的电阻是 606 Ω，发动机控制单元的 121 号脚与分配泵 6 号脚之间的电阻是 0.6 Ω。检查线路没有问题，于是决定分解柱塞泵，发现泵内的柱塞已经断成几截，提取了泵内的燃油样品，看到燃油成红褐色（正常应为浅黄色），由此断定是燃油质量太差，导致柱塞润滑不良而卡滞，最后抱死拧断。

3. 故障排除

更换新的柱塞泵后，故障现象消失。很多车因为油品质量不过关导致燃油泵损坏。燃油泵是电控柴油发动机中的核心部件，是非常精密的部分。因此，想要燃油泵长期正常工作就应该定期检查，并使用合格的燃油。

复习思考题

一、思考题

1. 电控柴油发动机故障诊断的基本方法有哪些？
2. 电控柴油发动机无法起动的原因有哪些？
3. 柴油发动机无力，排气冒大量黑烟的原因有哪些？

二、选择题

1. 电控柴油发动机可以通过观察（　　）判断其是否有故障。

A. 制动灯　　B. 充电指示灯　　C. 故障指示灯　　D. ABS 指示灯

2. 维修柴油发动机断开蓄电池前，应记录（　　）。

A. 故障代码　B. 防盗码　C. 电池电压　D. 车辆识别代码

3. 柴油发动机无法起动的故障原因不包括（　　）。

A. 燃油系统故障　B. 滤清器故障

C. 喷油泵故障　D. 爆震传感器故障

4. 燃油压力低于（　　）时，柴油发动机无法正常起动。

A. 40 MPa　B. 50 MPa　C. 60 MPa　D. 70 MPa

5. 柴油发动机低压管路压力不得低于（　　）。

A. 1.0 MPa　B. 2.0 MPa　C. 0.3 MPa　D. 0.6 MPa

6. 柴油发动机无力，排出大量白烟的原因有（　　）。

A. 节气门故障　B. 燃油质量故障　C. 消音器故障　D. 节温器故障

7. 当环境温度为－30℃时，应选用（　　）。

A. －10 号柴油　B. －20 号柴油　C. －35 号柴油　D. 0 号柴油

8. 喷油器的检查内容，不包括（　　）。

A. 积炭情况　B. 电磁阀的线束　C. 是否漏油　D. 重量

第六章　汽车底盘故障诊断

学习目标

1. 掌握汽车底盘常见故障现象及原因，并能分析、判断故障部位。

2. 掌握汽车底盘常见故障的分析思路和判断方法，能归纳出各种故障的实质，并能独立完成常见故障的诊断和排除。

第一节　传动系统故障诊断

汽车传动系统由离合器、变速器、万向传动装置和驱动桥等组成，是汽车底盘的重要组成部分。传动系统技术状况的好坏不仅直接关系到发动机的动力传递，而且对汽车的操纵性和燃料经济性产生较大的影响。因此，对汽车传动系统故障应及时诊断并排除，确保传动系统具有良好的技术状况。传动系统常见故障包括功能异常和异响。

一、离合器故障诊断

离合器的组成如图 6—1 所示。

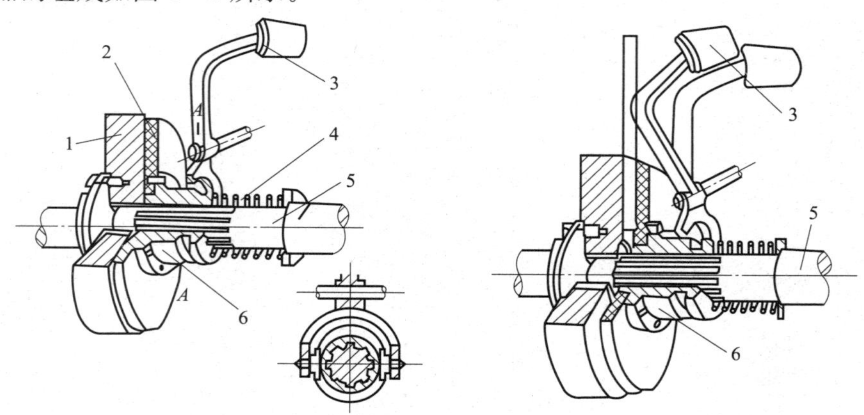

图 6—1　离合器的组成

1—飞轮　2—从动盘　3—踏板　4—压紧弹簧　5—从动轴　6—从动盘毂

汽车在行驶过程中，经常需要踩下和松开离合器踏板，使离合器分离与接合。因此，离合器的性能会随着汽车行驶里程的增加而恶化，严重时会造成离合器分离不彻底、打滑、发抖和异响等故障，为保证发动机与传动装置平稳接合与分离，应及时对离合器进行故障排除。离合器常见故障部位和故障原因见表6—1。

表6—1　　离合器常见故障部位和故障原因

序号	故障部位	故障现象及危害	故障原因
1	踏板	打滑，分离不彻底	不能回位，自由行程过大或过小
2	分离杠杆	调整不当，打滑或分离不彻底；支架松旷而发响	调整不当，不在一个平面内；支架螺母松动
3	从动盘	打滑，异响，分离不开	油污，变薄，烧损，破裂，铆钉外露，钢片翘曲，盘毂键槽锈蚀
4	分离轴承	烧蚀卡滞，发响	严重缺油，回位弹簧过软、脱落
5	压紧弹簧	打滑，起步发抖	弹簧过软、折断，弹力不均匀；膜片弹簧变形
6	离合器盖	壳盖高度不够，分离杠杆位置过低，分离不开	变形，分离杠杆座磨损
7	压盘	起步发抖	翘曲，划伤，龟裂
8	减振弹簧	发抖	断裂或失效
9	飞轮	离合器打滑	端面翘曲，连接螺栓松动
10	分离叉轴	间隙过大，分离不开	衬套松旷

1. 离合器分离不彻底

（1）故障现象。离合器分离不彻底是指离合器踏板踩到底时，离合器处于半接合状态，其从动盘没有完全与主动盘分离的现象。离合器分离不彻底表现在发动机怠速运转时，踩下离合器踏板换挡困难，甚至挂低速挡时离合器踏板尚未完全放松，而汽车就开始起步或发动机熄火。

（2）故障原因：

1）离合器踏板自由行程过大。

2）分离杠杆弯曲变形，弹簧过软，使分离杠杆内端高度不一致。

3）双片离合器中间压盘限位螺钉调整不当，个别分离弹簧过软或折断。

4）从动盘钢片翘曲，摩擦片破裂或铆钉松动。

5）新换的摩擦片太厚或从动盘正反面装错。

6）从动盘花键孔与变速器第一轴花键卡滞。

7）液压传动离合器液压系统漏油，有空气或油量不足。

（3）故障诊断步骤。先将离合器处于空挡位，使发动机运转，再踩下离合器踏板，将变速器挂入倒挡或1挡，看是否平稳接合。若换挡困难并伴有齿轮撞击声，强行挂入挡位后汽车前冲、发动机熄火，则说明离合器分离不彻底。当离合器分离不彻底时，可按图6—2所示的流程诊断故障。

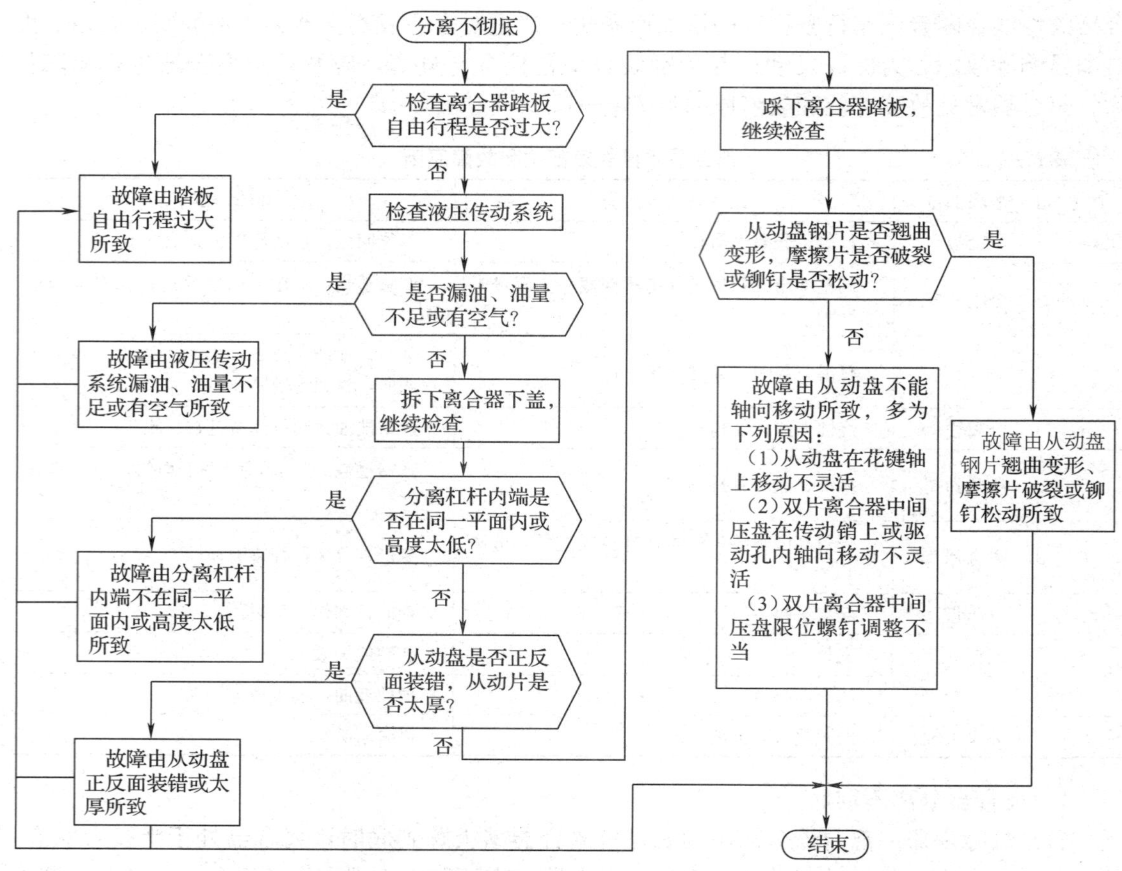

图 6—2　离合器分离不彻底的故障诊断流程

1）检查离合器踏板自由行程是否过大。若行程过大，则故障由此造成。

2）若行程正常，则检查液压传动系是否漏油、油量不足或有空气。若有问题，则故障由此造成。

3）若以上检查正常，则拆下离合器下盖，检查分离杠杆内端是否在同一平面内或高度太低。若有问题，则故障由此造成。

4）若以上检查正常，则检查从动盘是否正反面装错，从动片是否太厚。若有问题，则故障由此造成。

5）若以上检查正常，则踩下离合器踏板，检查从动盘钢片是否翘曲变形，摩擦片是否破裂或铆钉是否松动。若有问题，则故障由此造成。

6）若以上检查正常，则故障是由从动盘不能轴向移动所致。

2. 离合器打滑

（1）故障现象。汽车起步困难；汽车在行驶中车速不能随发动机转速的提高而提高，感到行驶无力，可闻到离合器摩擦片的焦煳味。

（2）故障原因：

1）离合器踏板没有自由行程，使分离轴承压在分离杠杆上。

2）从动摩擦片油污、烧焦、表面硬化、表面不平或铆钉头露出。

3）从动摩擦片、压板和飞轮工作面磨损严重，厚度减薄。

4）压力弹簧退火或疲劳，膜片弹簧疲劳或开裂。

5）离合器盖与飞轮之间的调整垫片或固定螺钉松动。

6）分离轴承套筒与其导管之间因油污、脏物卡住而不能回位。

（3）故障诊断步骤。汽车静止时，分离离合器，起动发动机，拉紧驻车制动器，把变速器换入1挡，缓抬离合器踏板，使离合器逐渐接合，同时踩加速踏板，发动机无负荷感，汽车不能正常起步，发动机又不熄火，说明离合器打滑；汽车行驶中，当踩下加速踏板后，若发动机转速提高而车速不变，则表明离合器打滑。发现这些情况，可按图6—3所示的流程诊断故障。

1）检查有无踏板自由行程，若无，则检查分离轴承是否回位。若不回位，故障是由分离轴承套筒与其导管之间因油污、脏物卡住而不能回位造成；若正常回位，则需对故障进一步排查。

2）若自由行程正常，则检查从动盘周缘是否有油污甩出，是否有烧焦痕迹或铝质下落物。若有问题，则故障由此造成。

3）若以上检查正常，则检查压紧弹簧是否断裂。若有问题，则故障由此造成。

4）若以上检查正常，则需对故障进一步排查。

3. 离合器起步发抖

（1）故障现象。离合器起步发抖是指汽车在起步过程中，缓抬离合器踏板，轻踩加速踏板，离合器接合时出现抖动现象。其表现是汽车不能平顺起步，起步伴有轻微冲撞，严重时车身明显抖动。

（2）故障原因：

1）从动片或压板翘曲变形。

2）飞轮工作端面圆跳动超差。

3）分离杠杆内端不处在同一平面内。

4）从动片上的缓冲片破裂，减振弹簧疲劳或折断。

5）从动摩擦片油污、烧焦、表面硬化、表面不平、铆钉头露出、铆钉松动或切断。

6）个别压力弹簧疲劳或折断，膜片弹簧疲劳或开裂。

7）飞轮、离合器壳或变速器固定螺钉松动。

8）分离轴承套筒与其导管之间油污、尘腻严重，使分离轴承不能回位。

（3）故障诊断步骤。发动机怠速运转，挂低速挡，缓慢放松离合器踏板并加大节气门开度，使汽车起步，有振动感即为离合器发抖。当离合器发抖时，可按图6—4所示的流程诊断故障。

1）检查分离轴承是否回位。若不回位，则故障由此造成；若正常回位，则检查飞轮、离合器壳或变速器固定螺钉是否松动，若松动则故障由此造成。

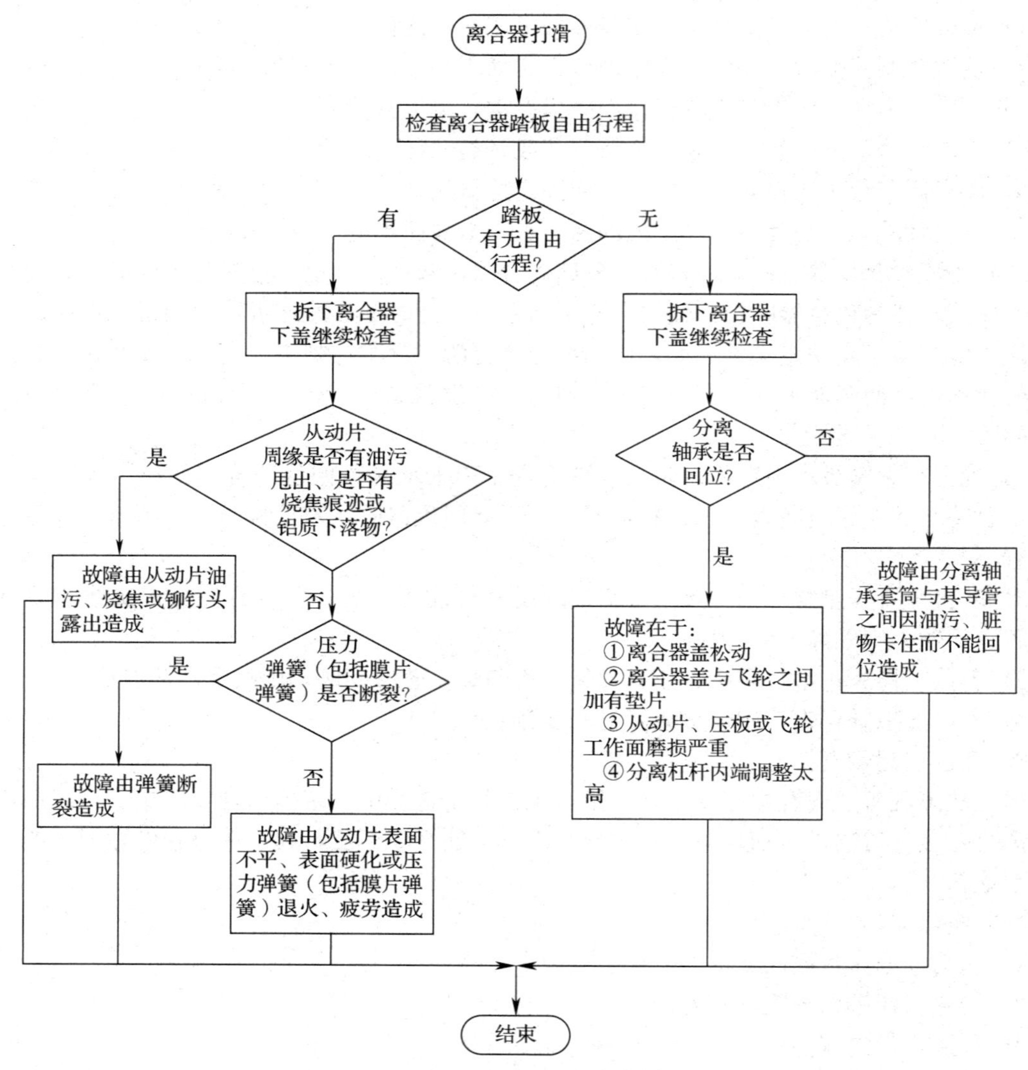

图 6—3　离合器打滑的故障诊断流程

2）若以上检查正常，则检查分离杠杆内端是否在同一平面内。若不在同一平面内，则故障由此造成。

3）若以上检查正常，则检查压紧弹簧或膜片弹簧是否断裂。若断裂，则故障由此造成。

4）若以上检查正常，则检查从动盘边缘是否有油污、烧焦或铝质下落物。若有此现象，则故障由此造成。

5）若以上检查正常，则检查从动盘钢片、压板或飞轮是否翘曲变形。若有此现象，则故障由此造成。

6）若以上检查正常，则需对故障进一步排查，如图 6—4 所示。

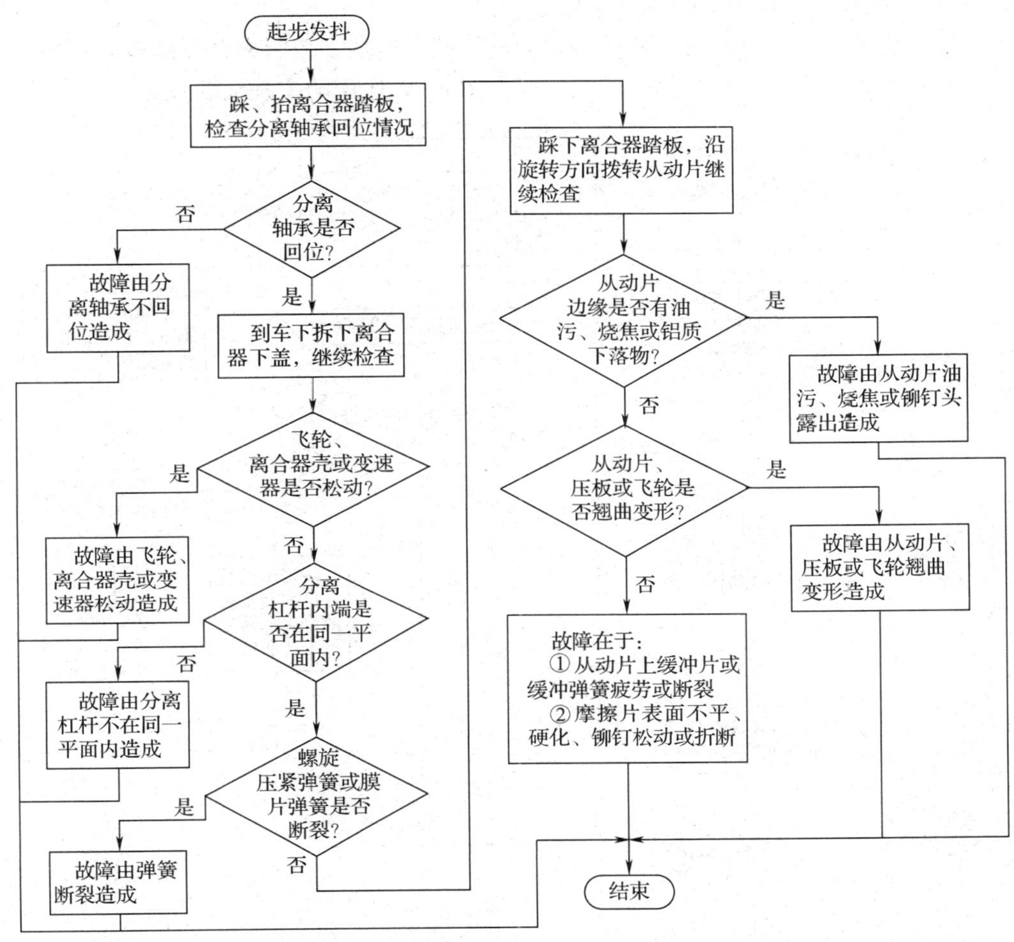

图 6—4　离合器起步发抖的故障诊断流程

4. 离合器异响

(1) 故障现象。离合器异响是指离合器分离或接合时发出不正常的响声。

(2) 故障原因：

1) 分离轴承缺少润滑油（干摩擦）或轴承损坏。

2) 飞轮上的传动销与压板上的传力孔或离合器盖上的驱动孔与压板上的凸块配合间隙太大。

3) 分离杠杆与离合器盖连接松旷或分离杠杆支承弹簧疲劳、折断、脱落。

4) 从动片花键孔与其轴配合松旷。

5) 从动摩擦片铆钉松动或铆钉头露出。

6) 分离轴承套筒与其导管之间油污、尘腻严重或分离轴承回位弹簧和离合器踏板回位弹簧疲劳、折断、脱落，造成分离轴承回位不佳。

7) 分离轴承与分离杠杆内端之间没有间隙。

8）从动片减振弹簧退火、疲劳或折断。

（3）故障诊断步骤。发动机怠速运转，变速器挂入空挡，控制离合器踏板，利用离合器分离与接合时发出的声音诊断其故障所在，可按图 6—5 所示的流程诊断故障。

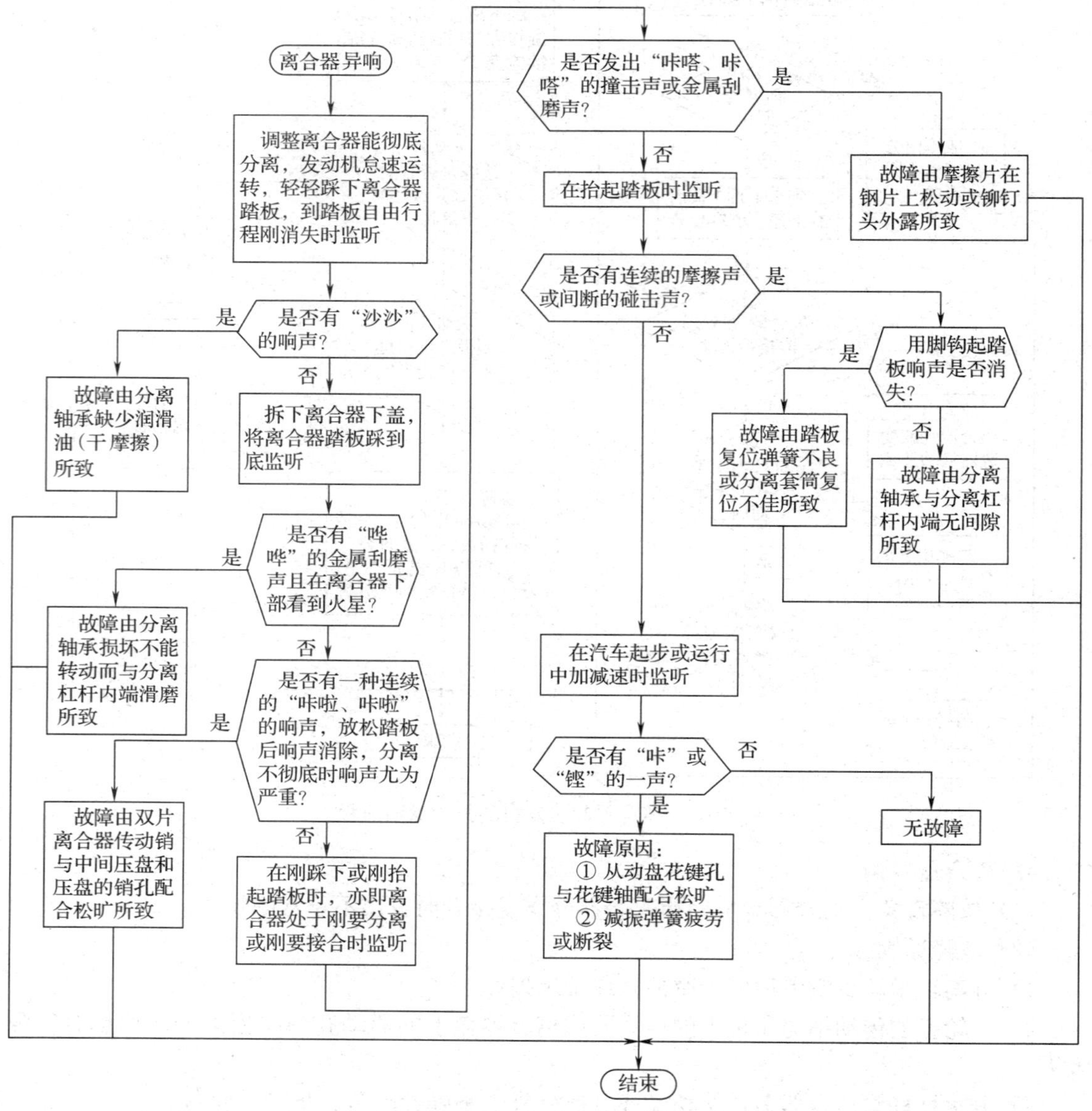

图 6—5　离合器异响的故障诊断流程

1）调整离合器能彻底分离，发动机怠速运转，轻踩离合器踏板，到踏板自由行程消失时监听是否有“沙沙”的响声。若有，则说明故障是由分离轴承缺少润滑油（干摩擦）所致。

2）若无响声，拆下离合器下盖，将离合器踏板踩到底监听，是否有“哗哗”的金属刮磨声，且在离合器下部看到火星。若有此响声，则故障是由分离轴承损坏不能转动而与分离杠杆内端刮磨所致。

3）若无此响声，再听是否有一种连续的“咔啦、咔啦”的响声，放松踏板后响声消失，分离不彻底时响声尤为严重。若有此响声，则故障是由双片离合器飞轮上的传动销与压盘的传力孔之间配合松旷所致。

4）若无响声，则在刚踩下或刚抬起离合器踏板时，即离合器处于刚要分离或刚要接合时监听，是否发出“咔嗒、咔嗒”的撞击声或金属刮磨声。若有此响声，则故障是由摩擦片铆钉松动或铆钉头外露所致。

5）若无此响声，再抬起离合器踏板监听是否有连续的摩擦声或间断的碰击声。

6）若有此响声，用脚钩起踏板，听响声是否消失。若响声消失，故障是由离合器踏板回位弹簧不良或分离套筒回位不佳所致；若响声不消失，则说明故障是由分离轴承与分离杠杆内端无间隙所致。若无此响声，在汽车起步或运行中加减速时监听是否有“咔”或“铿”的一声。

7）若有此响声，则说明故障原因为从动盘花键孔与花键轴配合松旷、减振弹簧疲劳或断裂。若无此响声，则说明无故障。

二、变速器故障诊断

变速器具有变速变矩、使汽车倒驶、利用空挡切断发动机的动力传递等功用，主要由操纵机构、传动机构及壳体组成。变速器工作时，各零部件需适应运转速度的频繁变化，同时承受各种载荷，随汽车行驶里程的增加，磨损、变形也随之加大，各零件间的配合关系变差，从而引起一系列故障。变速器常见的故障有跳挡、乱挡、异响及漏油等。普通机械变速器常见故障部位和故障原因见表6—2。

表6—2　　普通机械变速器常见故障部位和故障原因

序号	故障部位	故障现象及危害	故障原因
1	壳体	漏油，跳挡，松动，冲击振动，异响	破裂，端面不平，衬垫损坏，变形，几何误差超标
2	轴承	撞击，卡滞，异响	磨损松旷，座孔失圆，钢球、支架剥落
3	齿轮	跳挡，撞击，异响	齿面剥落，断裂，磨损松旷，齿轮不配套
4	第一轴	异响	与曲轴同轴度超差，键槽齿磨损
5	第二轴	轴向窜动，跳挡，异响	磨损，弯曲变形，固定螺母松动
6	同步器	跳挡，换挡困难	锁销松旷，锥盘、锥环磨损擦伤
7	锁止机构	跳挡，乱挡	磨损，失效
8	变速叉轴	跳挡，挂挡困难	磨损，弯曲变形
9	拨叉	齿轮不能正常啮合，跳挡	弯曲变形，磨损，固定螺钉松动
10	变速杆	换挡困难，乱挡	球头磨损，定位销松旷，下端面磨损
11	油封	漏油	损坏，密封不良

1. 变速器跳挡

（1）故障现象。汽车在行驶中，变速杆自动从某挡位跳回空挡。此现象多发生在重载加速或爬坡时。

（2）故障原因：

1）操纵杆磨损松旷或变速器内拨叉弯曲变形，止推垫片磨损，致使齿轮啮合达不到齿的全长。

2）相啮合的齿轮或齿套在啮合部位沿齿长方向磨损成锥形。

3）自锁装置凹槽、钢球磨损严重或自锁弹簧疲劳、折断。

4）轴、轴承磨损松旷，使两啮合的齿轮轴线不平行或一、二轴不平行。

5）滑动齿轮与轴的花键连接磨损严重，配合间隙过大。

6）变速器与离合器壳的固定螺栓松动或其接合面与曲轴轴线垂直度误差超差，使变速器第一轴和第二轴、曲轴三者的同轴度精度下降。

（3）故障诊断步骤。汽车在中、高速行驶时，采用突然加、减速的方法，使齿轮承受较大的交变载荷，检查是否跳挡；或利用汽车上坡或平路高速行驶时的点制动，使变速器传递较大的负荷，检查是否跳挡。逐挡进行路试，若变速杆在某挡自动跳回空挡，即诊断为变速器跳挡。当变速器在某挡跳挡时，可按图 6—6 所示的流程诊断故障。

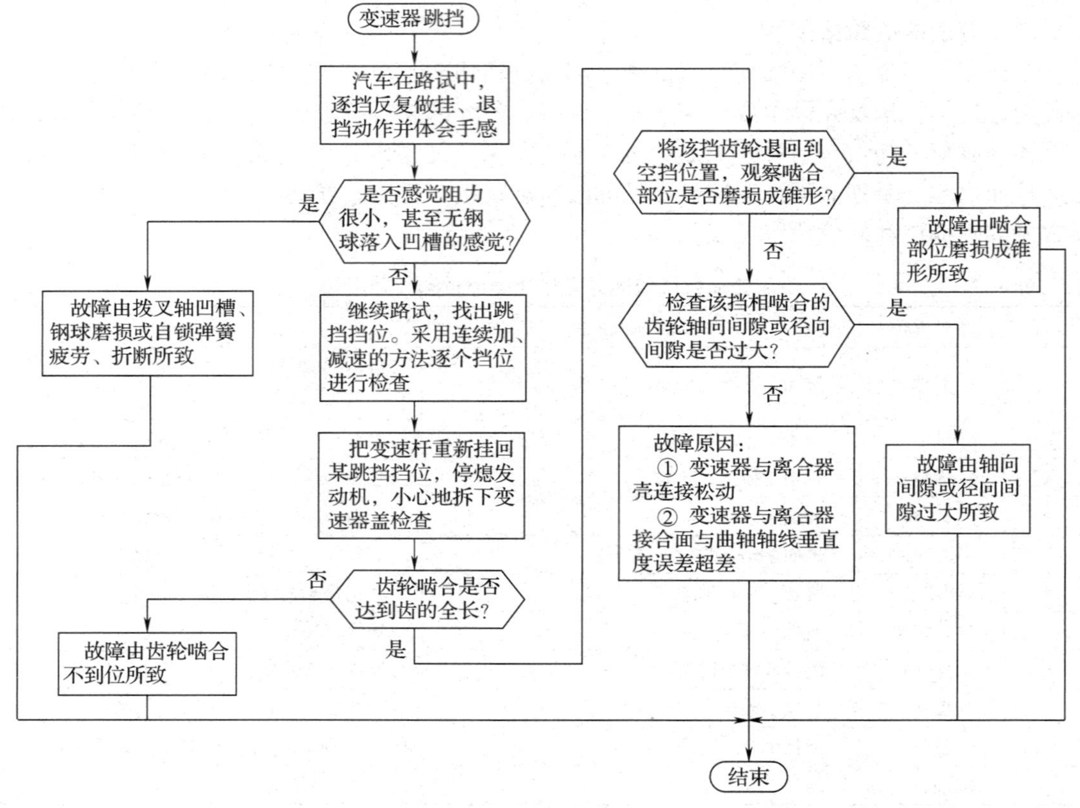

图 6—6 变速器跳挡的故障诊断流程

2. 变速器乱挡

（1）故障现象。在离合器分离彻底的情况下，汽车在起步挂挡或行驶中换挡时挂不上所需挡位，挂挡后不能退回空挡；车辆静止时同时挂上两个挡位，无法传递发动机动力，即是乱挡。

（2）故障原因：

1）互锁装置凹槽、锁销、钢球磨损严重。

2）变速杆下端长度不足，下端工作面磨损过大或拨叉导块凹槽磨损过大。

3）变速杆球头定位销磨损松旷、折断，或球头、球孔磨损过大。

（3）故障诊断步骤与排除。当变速器乱挡时，可按图 6—7 所示的流程诊断故障。

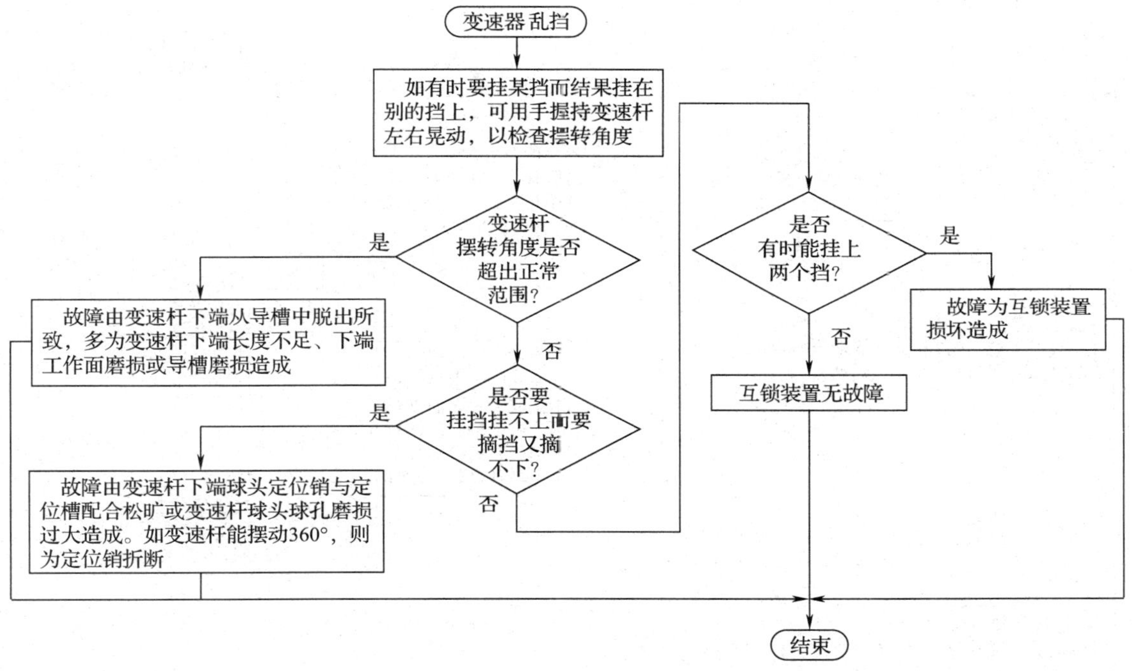

图 6—7　变速器乱挡的故障诊断流程

3. 变速器异响

（1）故障现象。变速器处于空挡位置，或挂上某一挡位行驶时有异常噪声产生。

（2）故障原因：

1）变速器缺油或油质变差。

2）轴承磨损松旷或损坏。

3）齿轮磨损过量，使啮合间隙过大。

4）齿轮齿面金属剥落、轮齿断裂或修理后装配错位。

5）输入轴、输出轴挠曲变形。

6）同步器弹簧过软、锁块脱落。

7）变速杆下端面与拨叉凹槽磨损松旷。

8）变速器定位不准、装配松动或操纵机构定位松动。

（3）故障诊断步骤。变速器内部机件较多，发出的声响比较复杂，因此在诊断变速器异响故障时，既要根据响声特征，又要根据异响出现的时机，正确地判断、分析异响发出的部位及产生异响的原因。变速器产生异响时，可按图 6—8 所示的流程诊断故障。

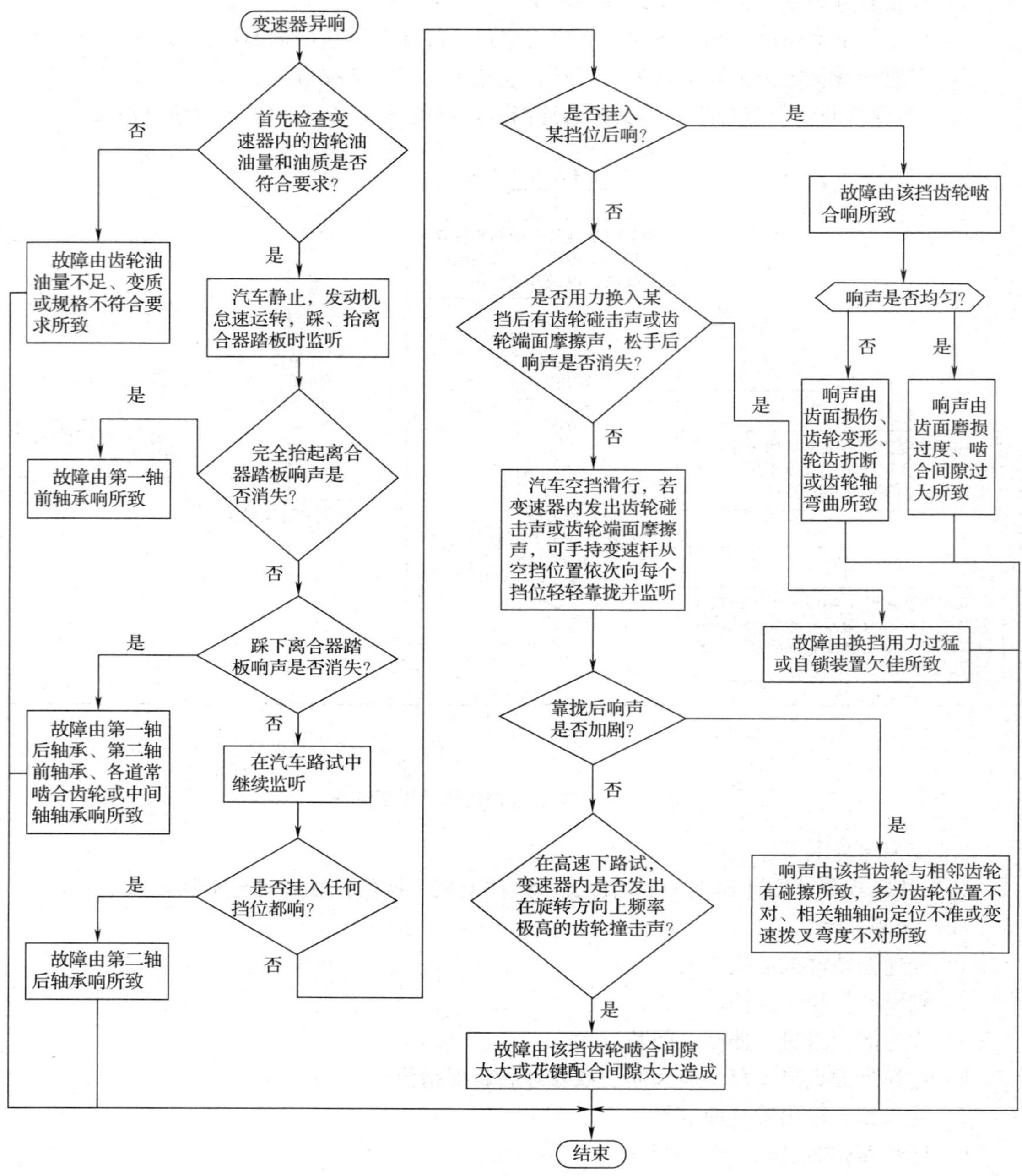

图 6—8　变速器异响的故障诊断流程

4. 变速器漏油

（1）故障现象。变速器内的润滑油从变速器盖、前后轴承盖或其他部位渗漏出来。

（2）故障原因：

1）润滑油加注过多。

2）壳体破裂。

3）密封衬垫变形或损坏。

4）放油螺栓松动。

5）变速器盖上的通气孔堵塞。

6）变速器盖、轴承盖固定螺钉松动。

（3）故障诊断步骤。变速器漏油时，可按图 6—9 所示的流程诊断故障。

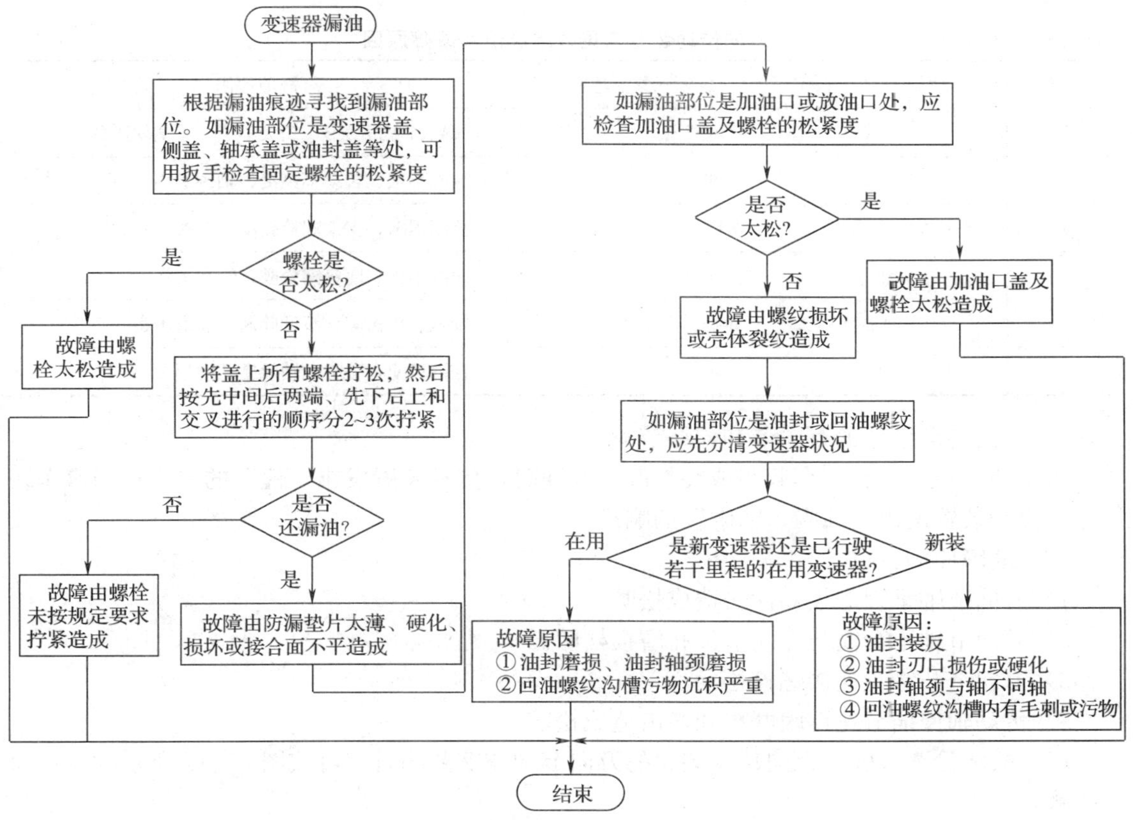

图 6—9　变速器漏油的故障诊断流程

三、万向传动装置故障诊断

汽车经常在复杂的道路上行驶，传动轴是在其角度和长度不断变化的情况下传递扭矩的。万向节轴承磨损松旷、各连接处松动、传动轴弯曲变形或不平衡等均可导致异响。万向传动装置的结构如图 6—10 所示。万向传动装置常见故障部位和故障原因见表 6—3。

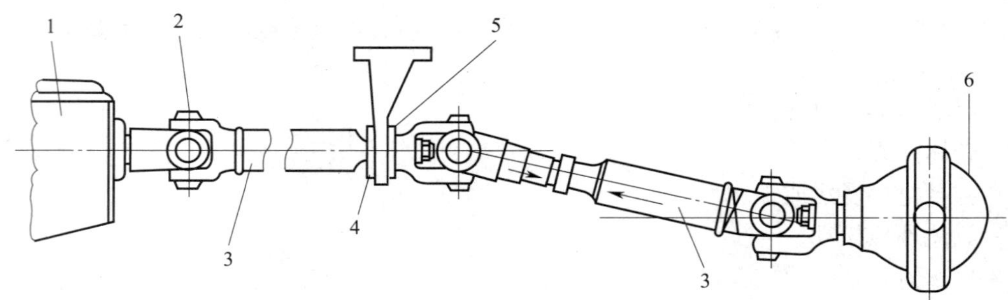

图 6—10　万向传动装置的结构

1—变速器　2—万向节　3—传动轴　4—球轴承　5—中间支承　6—驱动桥

表 6—3　　万向传动装置常见故障部位和故障原因

序号	故障部位	故障现象及危害	故障原因
1	传动轴	严重摆振	凹陷、弯扭变形、安装不当、平衡块脱落
2	万向节	异响	装配不当、转动不灵活、轴颈磨损
3	中间支承	异响	装配歪斜、支架螺栓松动、减振胶垫裂损
4	中间轴承	异响	润滑不良、内座圈松旷、轴承损坏
5	十字轴轴承	异响	轴颈磨损松旷、滚针碎断、润滑不良
6	万向节滑动叉	异响	花键齿配合松旷、轴承座孔磨损

1. 万向传动装置的万向节和伸缩节响

（1）故障现象。在汽车起步或突然改变车速时，传动装置发出“铿”的一声；当汽车缓行时，传动装置发出“呱啦、呱啦”的响声。

（2）故障原因：

1）万向节轴承因磨损和冲击造成松旷。

2）万向节轴承套筒与万向节叉孔磨损松旷。

3）万向节凸缘盘连接螺栓松动。

4）传动轴伸缩节花键因磨损和冲击造成松旷。

（3）故障诊断步骤。万向传动装置的万向节和伸缩节响时，可按图 6—11 所示的流程诊断故障。

2. 万向传动装置传动轴响

（1）故障现象。在万向节与伸缩节技术状况良好的情况下，汽车行驶中发出周期性的响声，速度越快响声越大，严重时车身发生振抖，甚至握转向盘的手有麻木感。

（2）故障原因：

1）传动轴弯曲。

2）传动轴上的平衡片失落或轴管凹陷。

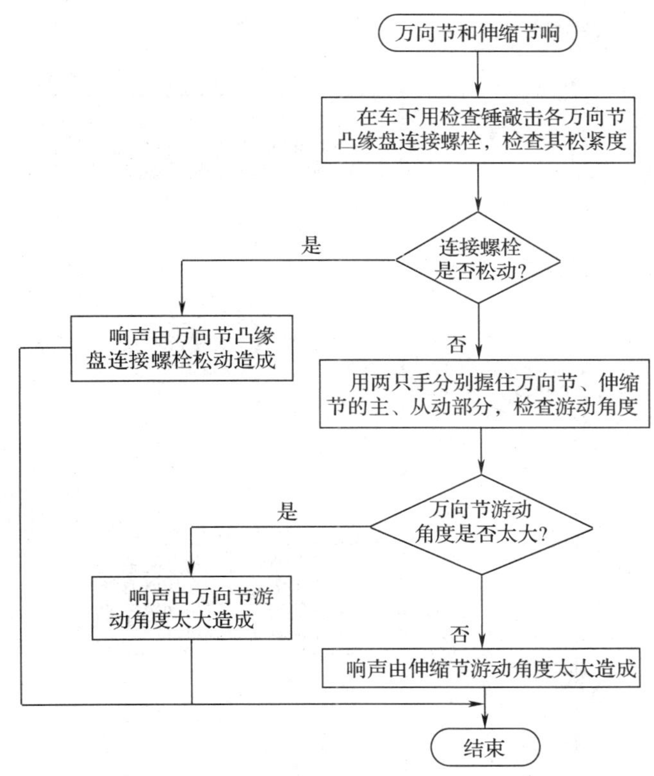

图 6—11　万向传动装置的万向节和伸缩节响的故障诊断流程

3）传动轴轴管与万向节叉或伸缩节花键轴焊接时位置歪斜或焊接后传动轴未进行动平衡。

4）伸缩节未按标记安装，使传动轴失去平衡，并有可能造成传动轴两端的万向节叉不在同一平面上。

5）中间支承架固定螺栓或万向节叉凸缘盘连接螺栓松动，使传动轴位置偏斜。

6）橡胶夹紧式中间支承紧固方法不妥，造成中间传动轴前端偏离原轴线。

（3）故障诊断步骤。万向传动装置传动轴响时，可按图 6—12 所示的流程诊断故障。

3. 万向传动装置中间支承响

（1）故障现象。汽车行驶中产生一种连续的“呜呜”响声，车速越快响声越大。

（2）故障原因：

1）中间支承滚动轴承润滑不良，滚道表面有麻点、凹痕、退火变色等损伤。

2）中间支承支架安装倾斜、橡胶圆环垫破碎、油封盖螺栓拧紧方法不妥等，使中间支承的轴承承受附加载荷。

3）车架变形。

（3）故障诊断步骤。万向传动装置中间支承响时，可按图 6—13 所示的流程诊断故障。

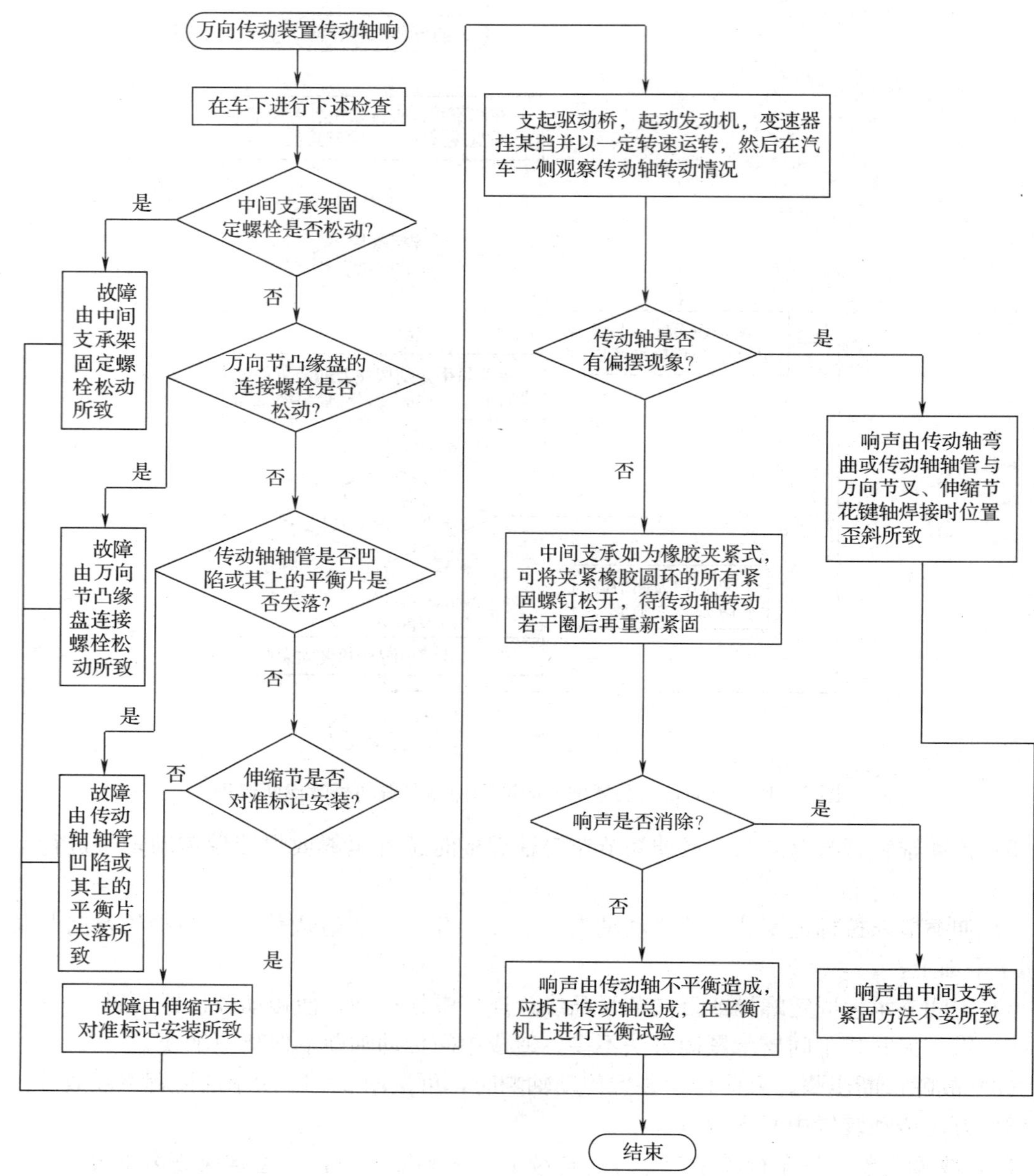

图 6—12　万向传动装置传动轴响的故障诊断流程

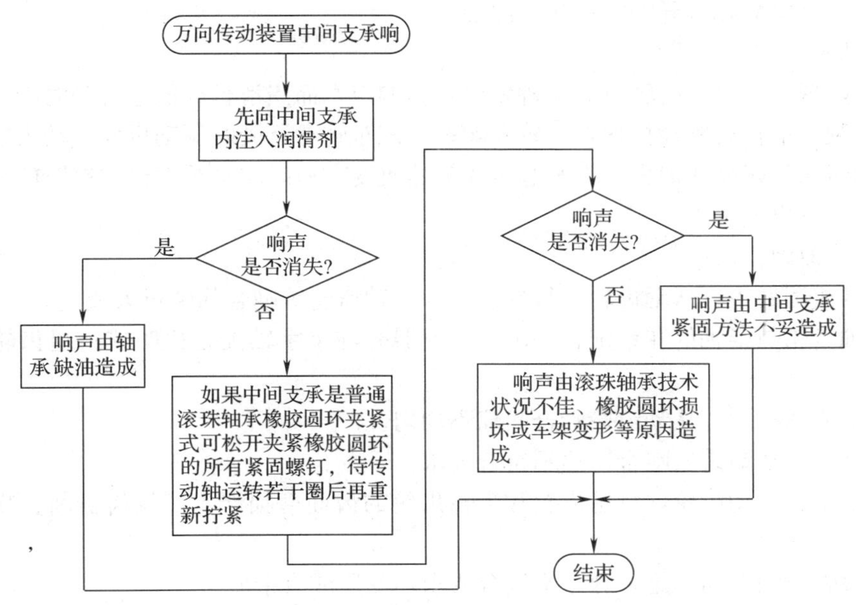

图 6—13　万向传动装置中间支承响的故障诊断流程

四、驱动桥故障诊断

驱动桥的功用是将万向传动装置输入的动力经降速增矩、改变传动方向后，分配给左、右驱动轮，且允许左、右驱动轮以不同转速旋转。一般汽车用驱动桥主要由主减速器、差速器、驱动半轴及桥壳等组成，其结构如图 6—14 所示。

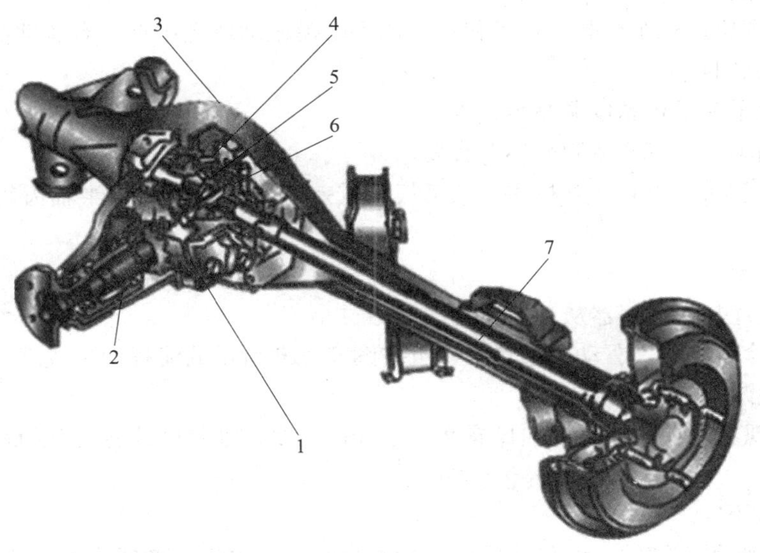

图 6—14　驱动桥的结构

1—主减速器从动齿轮齿圈　2—主减速器主动小齿轮　3—后桥壳　4—差速器壳
5—差速器行星齿轮　6—差速器半轴齿轮　7—半轴

驱动桥的常见故障有异响、过热和漏油。

1. 驱动桥异响

（1）故障现象。汽车行驶时驱动桥发出较大响声，而当滑行或低速行驶时响声减弱或消失；汽车行驶、滑行时驱动桥均发出较大响声；汽车转弯行驶时驱动桥发出较大响声，而直线行驶时响声明显减弱或消失；汽车起步或突然改变车速时驱动桥发出“铿”的一声；汽车缓行时驱动桥发出撞击声。

（2）故障原因：

1）圆锥或圆柱主、从动齿轮，行星齿轮和半轴齿轮等啮合间隙过大或过小。

2）半轴齿轮与半轴的花键配合松旷，差速器壳与十字轴配合松旷或行星齿轮孔与十字轴配合松旷。

3）圆锥或圆柱主、从动齿轮啮合间隙不均匀。

4）圆锥主、从动齿轮啮合印痕不符合要求。

5）圆锥主、从动齿轮，行星齿轮和半轴齿轮的齿面磨损严重，轮齿折断、变形或未成对更换。

6）后桥壳内润滑油不足，牌号不符合要求，变质或有杂质。

7）圆锥滚子轴承预紧度调整得太小或出现间隙。

8）驱动桥壳或主减速器壳体变形。

9）主减速器主动齿轮紧固螺母或从动齿轮连接螺钉松动。

（3）故障诊断步骤。当驱动桥异响时，可根据汽车路试的行驶工况、驱动桥声响的特征及其变化情况诊断故障部位。具体故障诊断流程如图 6—15 所示。

2. 驱动桥过热

（1）故障现象。汽车行驶一定里程后，用手触摸驱动桥壳中部，有非常烫手的感觉。

（2）故障原因：

1）圆锥滚子轴承预紧度调整得过大。

2）润滑油不足、变质或牌号不符合要求。

3）圆锥主、从动齿轮，圆柱主、从动齿轮或差速器行星齿轮与半轴齿轮的啮合间隙太小。

4）油封过紧。

5）止推垫片与主减速器从动齿轮背面间隙过小。

（3）故障诊断步骤。驱动桥过热时，可按图 6—16 所示的流程诊断故障。

3. 驱动桥漏油

（1）故障现象。在驱动桥加油口螺塞、放油口螺塞、油封处或各接合面衬垫处可见明显的漏油痕迹。

（2）故障原因：

1）油封与轴颈不同轴，油封装反，油封本身磨损、硬化、破裂或油封处轴颈磨出沟槽。

2）接合面加工粗糙或变形。

3）接合面处密封垫片太薄、硬化或损坏。

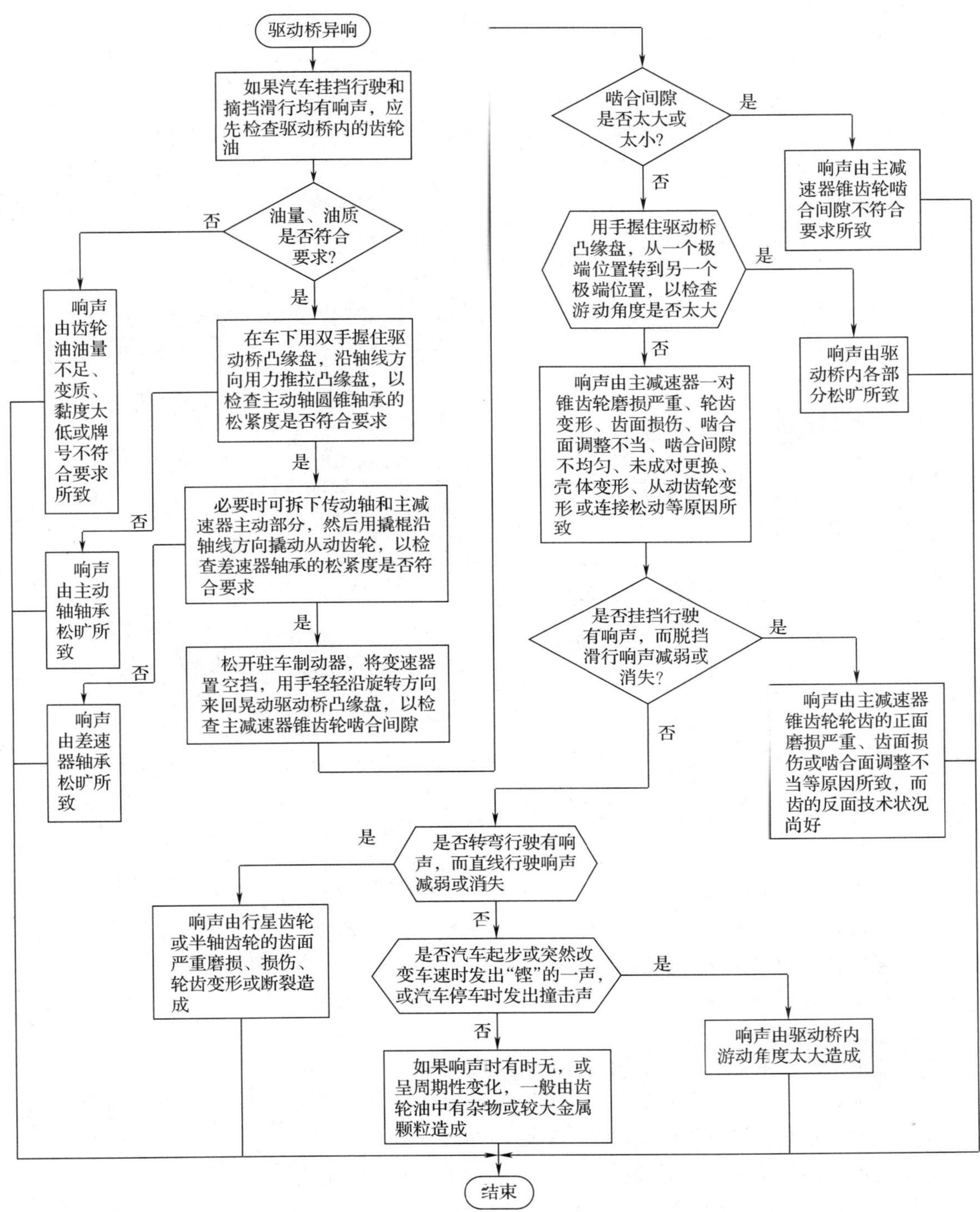

图 6—15　驱动桥异响的故障诊断流程

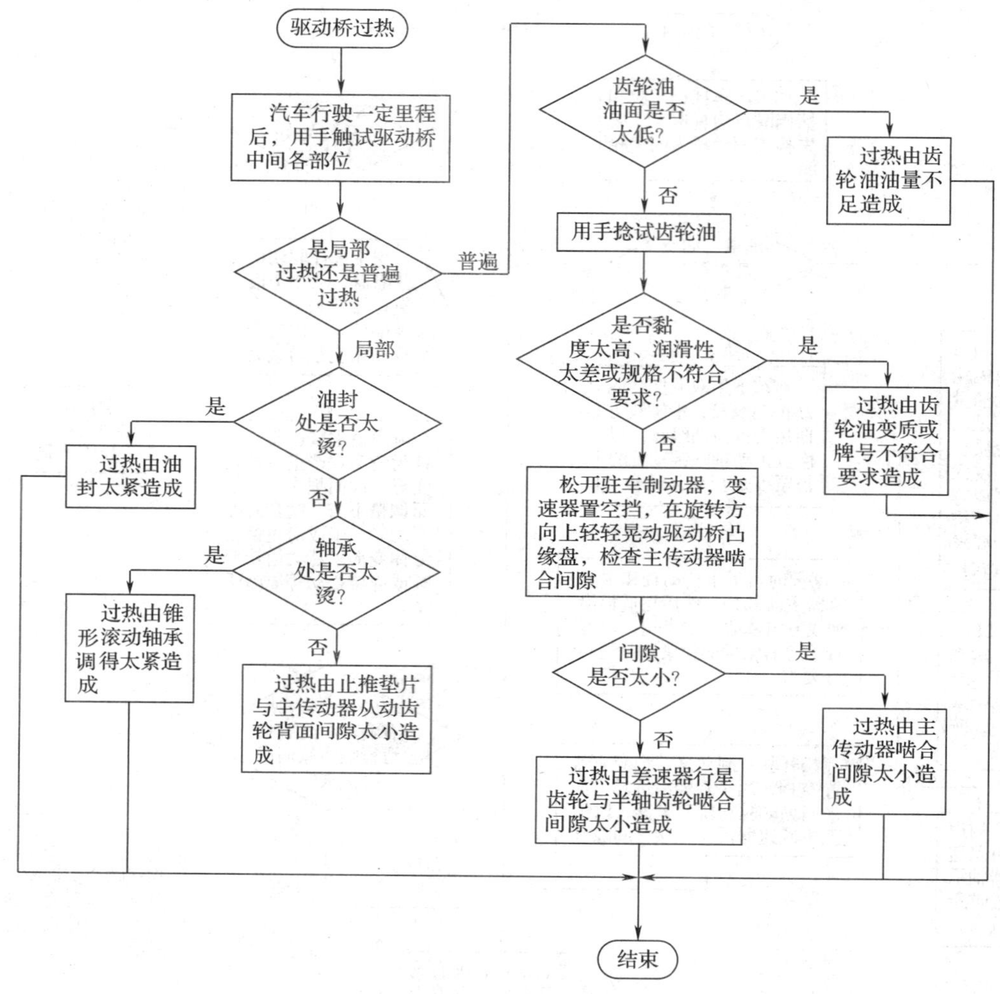

图 6—16　驱动桥过热的故障诊断流程

4）两接合平面的紧固螺钉松动或螺钉拧紧方法不符合要求。

5）通气孔堵塞或加油、放油螺塞松动。

6）桥壳有铸造缺陷或裂纹。

（3）故障诊断步骤：

1）检查后桥润滑油油面，若过高应放出多余的油。

2）检查后桥通气孔有无堵塞，主动齿轮和半轴油封是否损坏，必要时予以疏通或更换。

3）检查齿轮和轴承是否配合过紧，视情况予以调整。

4）检查后桥壳盖平面及放油螺塞，若漏油则予以修整或更换。

对于新车，通常考虑油量多少，衬垫与接合面的贴合程度，油封与轴颈的贴合程度。对于旧车，通常考虑通气孔畅通与否，轴颈磨损是否过度，紧固螺栓是否松动。

五、传动系异响综合诊断

异响是指汽车总成或零部件在工作中超过了技术标准，导致配合尺寸和几何形状发生变化而引起的不正常声响，是机件故障的主要表现形式。异响是现象，故障是本质。异响和故障具有相互联系，又互为因果关系，消除异响就是在排除故障。

1. 倒挡齿轮异响

（1）故障现象。一辆普通轿车行驶里程为 1 500 km，倒车时从变速器部位发出“嗒嗒”的异响；车辆处于前进挡时也有该响声，只不过不如倒挡时明显。

（2）检查。经分解变速器，可以看到倒挡齿轮啮合侧轮齿有被打坏的现象，1、2 挡同步器的倒挡齿轮及输入轴的倒挡齿轮也有损坏。更换损坏零件并装复后异响消失。

（3）故障分析。这种故障多为用户误操作所致。

2. 半轴异响

（1）故障现象。一辆普通轿车行驶里程为 85 000 km，车速在 20 km/h 以上时底盘前部发出“哐哐”有节奏的异响，车速提高节奏加快，车底盘有明显振动感。

（2）检查。举升车辆，用手晃动右半轴内侧万向节，存在径向间隙。更换右半轴内侧万向节后异响消失。

（3）故障分析。半轴万向节磨损后，在转动中会产生振动，转向时会发出“咯嘣”的异响。万向节磨损是不可避免的，若能对防尘胶套破损的万向节及时更换和加注润滑脂，则会延长万向节的使用寿命。一般右半轴万向节磨损大于左半轴，这是因为右半轴比左半轴长且粗，因此它的转动惯量大，磨损就快。另外，右半轴万向节离排气管的距离也近，万向节的润滑脂容易被烤干。而自动变速器车的半轴使用寿命又比手动变速器的半轴使用寿命短，这是因为自动变速器半轴传动扭矩的作用时间比手动变速器的作用时间长。

3. 高速异响且车身抖动

（1）故障现象。一辆加长东风汽车传动系统异响。据用户介绍，该车高速行驶时出现异响，车速达不到设计标准，并且高速行驶时伴随着车身抖动现象。问及原因，该车以前就有此故障，在一家个体修理厂经反复检查，认为是主减速器发出的异响，后将主减速器总成更换，故障并没有排除。

（2）检查结果及原因分析。根据用户介绍的情况进行路试。在路试中发现车速在 60 km/h 以上时有“呜呜”的异响，且不规则，当脱挡滑行时仍有响声出现。汽车行驶速度越高，异响越明显，振动越剧烈。为了查明故障原因，将车辆后桥架起，挂高速挡高速运转，在车速 50 km/h 左右仍出现明显的异响。低速运转时没有发现明显的传动轴弯曲现象。对传动轴的连接方式进行检查，发现第 1、2 节传动轴两端万向节叉不在同一平面内。拆下中间支承发现轴承稍有松旷，传动轴同轴度误差在规定范围内，伸缩节部分记号模糊。检查后更换了一个中间支承轴承，保持第 1、2 节传动轴两端万向节叉在同一平面内，主传动轴两端万向节叉按原来在同一平面内的位置安装。试车时发现，当车速在 60 km/h 时异响有所减轻，车速在 70 km/h 时仍有“呜呜”的响声，随车速增加振动仍然加剧。回厂后，将主传动轴伸缩节调换 180°安装后试车，无异响和明显振动，车速可提高到 85 km/h 以上，故障被排除。

经分析，该车故障出在万向传动装置而不在主减速器。万向传动装置采用不等速万向节连接，这种万向节实现等速传动必须满足两个条件：其一，万向节1的从动叉与万向节2的主动叉以传动轴相连，并且传动轴两端的万向节叉在同一平面内；其二，输入轴和输出轴与传动轴的夹角应相等。

对于第二个条件，一般由汽车结构决定。在非独立悬架的后桥中，由于悬架的变形和中间支承连接孔的磨损，会使驱动桥输入轴与中间轴及变速器输出轴的相对角度和位置发生变化。对于第一个条件可通过正确的装配工艺来保证。安装时必须保证以上两个基本条件。如果安装时满足不了上述两个条件，传动轴在运转时就会因输入轴与输出轴不等速传动而产生振动和异响，而该车第1、2节传动轴的安装不符合规定。另外，对主传动轴来说，维修人员往往只注意安装时保持两端万向节叉处在同一平面，而在拆装时忽视记号，或者拆卸时不打记号。这样，虽然传动轴两端万向节叉处在同一平面，但仍可能使万向节叉与原来的平衡位置相差180°，从而破坏了原来的平衡，使传动轴在运转中由于离心力的作用而产生振动和异响。综上所述，该车传动系统异响、振动的主要原因是传动轴安装有误。

六、传动系故障诊断案例

1. 迈腾轿车离合器分离不彻底故障

（1）故障现象。离合器的踏板踩到底后，主、从动盘没有完全分开，仍在接触，离合器处于半接合状态，发动机输出动力没有被完全切断，仍有动力输出。发动机怠速运转时，踩下离合器踏板，挂挡时有齿轮撞击声，且难以挂上挡；如果勉强挂上挡，则在离合器踏板尚未完全分离放松时，汽车就开始行驶或发动机熄火。

（2）故障排除：

1）检查离合器踏板自由行程是否合适，检查后发现离合器踏板自由行程正常，应进行下一步检查。

2）检查离合器从动盘或摩擦片安装是否正确，检查后发现从动盘或摩擦片安装均正常，应进行下一步检查。

3）检查分离杠杆是否变形，支座是否松动，检查分离杠杆高度是否一致或过低。拨动拨叉，使分离轴承前端轻轻地靠在分离杠杆内端面上，转动离合器一周，看它们接触情况，经过上述检查均正常，应进行下一步检查。

4）检查变速器第一轴和离合器的从动盘配合是否良好，经过检查发现变速器第一轴和离合器的从动盘配合良好，应进行下一步检查。

5）检查液压系统管路、管接头是否漏油，发现是因为液压系统管路有一接口松动漏油造成的离合器分离不彻底，用扳手将松动管路接口拧紧，故障现象消除，故障排除完毕。

2. 迈腾2.0轿车左前传动轴异响

（1）故障现象。平路行驶左前轮附近发出“咔嗒、咔嗒”异响，时有时无。

（2）故障诊断过程：

1）正常路面试车，开始正常，没有异响，行驶了2 km多异响出现，在驾驶室内感觉声音从左前轮、左前传动轴、变速器、差速器几个部件附近传出。

2）举升车辆，检查两前轮轮胎无异物，底盘无碰撞痕迹。检查副车架、控制臂等螺栓力矩，无松动。对比检查左、右前轮间隙及左、右传动轴间隙均正常。

3）变速器挂 N 挡，用手转动左前轮，反复多次转动后，在转动的过程中发现左侧传动轴发出异响。进一步确定异响由传动轴与变速器连接侧的内球笼发出，传动轴与车轮连接的外球笼无异响。转动右前轮检查，情况正常。

4）拆下左侧传动轴，转动和摇动内、外球笼，外侧球笼正常，内侧球笼内部有擦痕，感觉像内部没有润滑脂，但防尘套密封良好、无泄漏。拆开传动轴内球笼上盖，发现内球笼内部确实没有润滑脂，由于干摩擦产生异响。

5）更换左前轮传动轴总成，故障排除。

第二节　转向系统与行驶系统故障诊断

一、转向系统和行驶系统常见故障部位

转向系统用来改变或恢复汽车的行驶方向，它有机械转向系统和动力转向系统之分。机械转向系统主要由转向操纵机构、循环球式转向器和转向传动机构组成，如图 6—17 所示；动力转向系统则是在机械转向系统的基础上，增加了一套由转向油泵、转向控制阀和转向动力缸组成的转向助力装置。

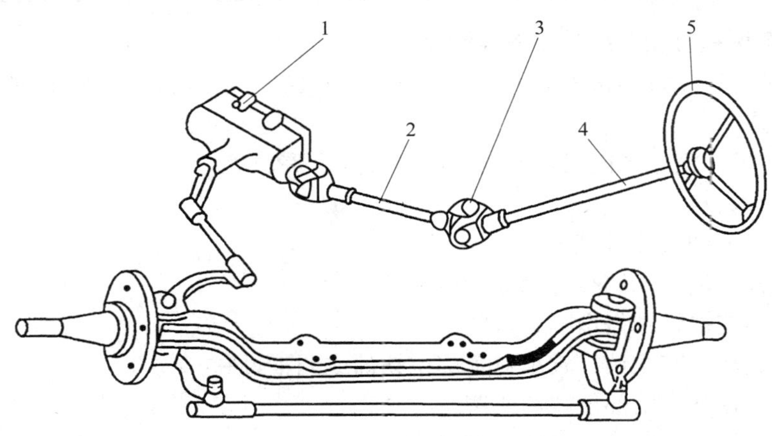

图 6—17　机械转向系统的结构

1—转向器　2—传动轴　3—万向节　4—转向轴　5—转向盘

行驶系统由车架、车桥、车轮及悬架等组成，它接受发动机经传动系统传来的扭矩，通过驱动轮产生汽车牵引力，并缓和路面对车身的冲击和振动。

转向系统和行驶系统出现故障，不仅影响汽车行驶方向和行驶稳定性，还直接关系到汽车的行驶安全，必须及时诊断与排除。转向系统和行驶系统常见故障部位和故障原因见表 6—4。

表 6—4 转向系统和行驶系统常见故障部位和故障原因

故障部位		故障现象及危害	故障原因
转向系统	转向盘	转向沉重、转向不灵敏、摆振	自由行程过大、过小
	转向器	转向沉重、转向不灵敏、摆振	啮合间隙不合适，轴承损坏、调整不当
	传动机构	转向沉重、转向不灵敏、摆振、轮胎异常磨损	球铰磨损松旷，拉杆与支架配合松旷
	转向油泵	助力不足，转向沉重	传动带过松、油压低
	转向控制阀	助力不足，转向沉重	损坏、失效
	动力缸	助力不足，转向沉重	漏油
行驶系统	车轮	转向沉重，行驶跑偏，轮胎异常磨损，车轮摆振，汽车行驶不平顺	前轮定位失准，轮胎气压不正常，车轮动平衡超标，轮毂轴承过紧或过松
	悬架	行驶跑偏，轮胎异常磨损，车轮摆振，车身横向倾斜，汽车行驶不平顺	悬架弹簧过软或损坏，减振器损坏
	车架	行驶跑偏，轮胎异常磨损，车轮摆振	变形

二、转向系统和行驶系统常见故障诊断

转向系统和行驶系统的常见故障有转向沉重、行驶跑偏、前轮摆动、轮胎异常磨损等。

1. 转向沉重

（1）故障现象。汽车转向时，转动转向盘感到沉重、费力。

（2）故障原因：

1）转向器内缺油或油过脏。

2）转向螺杆两端轴承调整过紧或轴承损坏。

3）转向螺母与摇臂轴齿扇啮合过紧。

4）转向器、转向节主销、轴承衬套部位缺油或调整过紧。

5）横、直拉杆球头销部位缺油或调整过紧。

6）转向节止推轴承缺油、损坏、调整过紧。

7）前轮定位失准，主销后倾角过大或过小，内倾角过大，前轮前束调整不当。

8）转向桥、车架弯曲、变形。

9）钢板弹簧挠度和尺寸不符合规定。

10）轮胎气压不足。

（3）故障诊断步骤。转向沉重，可按图 6—18 所示的流程诊断故障。

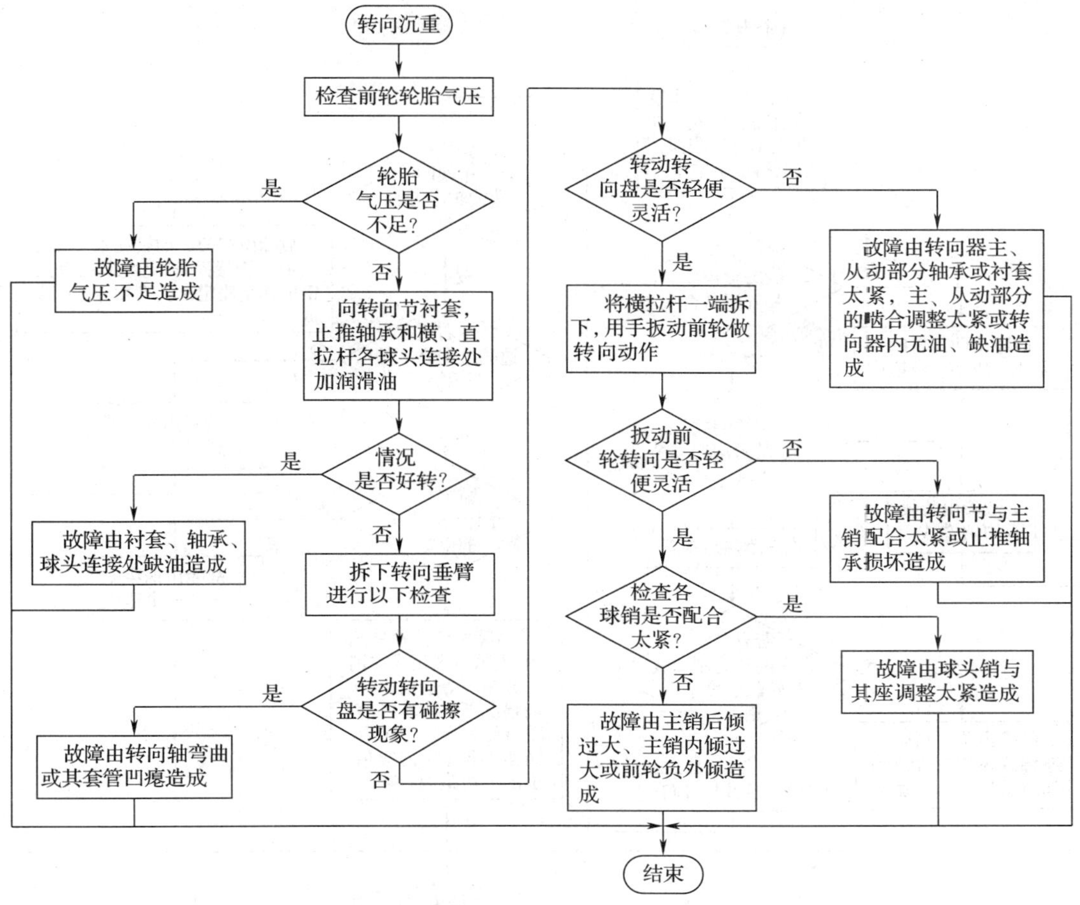

图 6—18　转向沉重的故障诊断流程

2. 行驶跑偏

(1) 故障现象。汽车行驶时，不能保持直线方向，自动偏向一边。

(2) 故障原因：

1) 两前轮轮胎气压不等、轮胎直径不等，前钢板弹簧左、右弹力不一致。

2) 前轮左、右轮轴承松紧程度不一致。

3) 前、后桥两侧的车轮有单边制动或单边拖滞现象。

4) 两前轮外倾角、主销后倾角、主销内倾角不相等，前束不符合要求。

5) 前梁、后桥轴管及车架变形。

6) 左、右悬架弹簧挠度或弹力不等。

7) 左、右轮轴距相差过大，推力角过大。

8) 转向节臂变形。

9) 有一侧钢板弹簧错位或折断。

(3) 故障诊断步骤。汽车行驶跑偏可按图 6—19 所示的流程诊断故障。

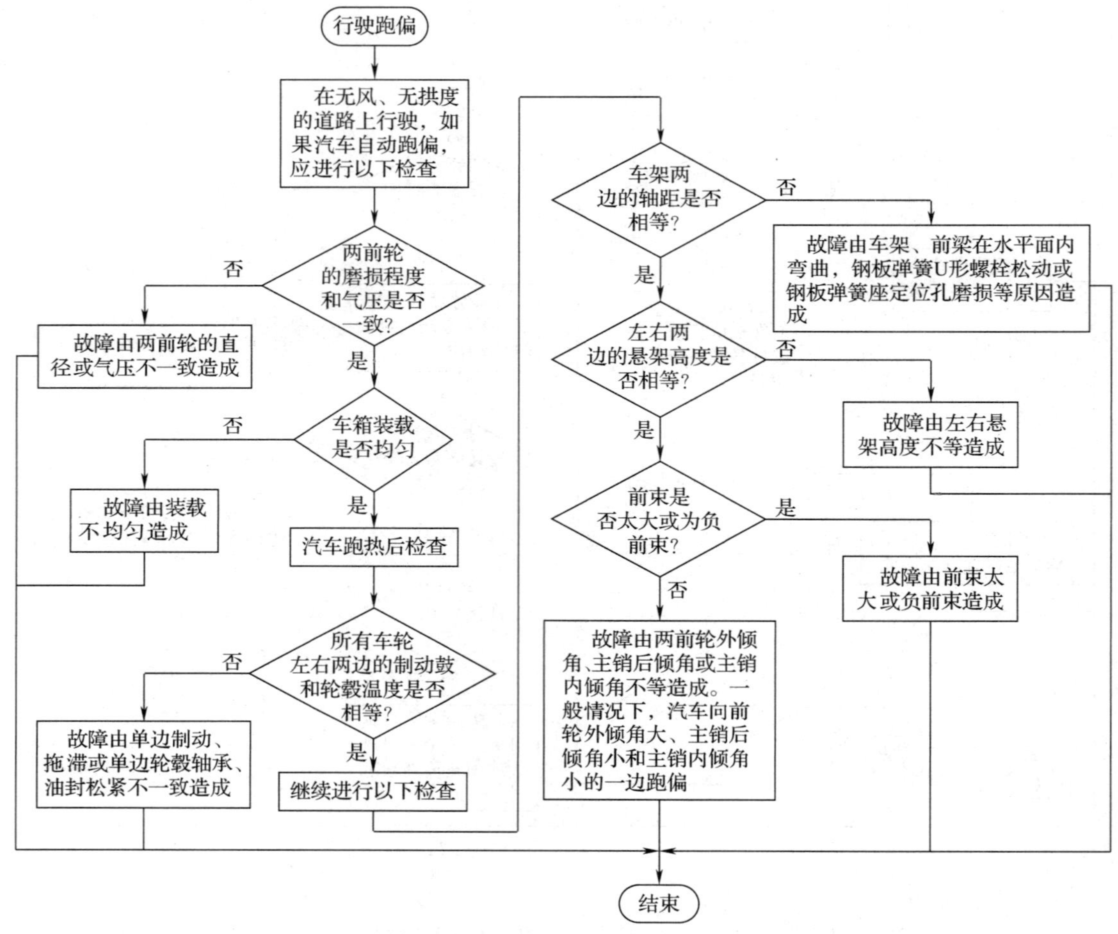

图 6—19　行驶跑偏的故障诊断流程

3. 前轮摆动

（1）故障现象。汽车在某一车速范围内行驶时，会出现两前轮各自围绕主销轴线摆振（俗称前轮摆头）的现象，此时会感到转向盘发抖，行驶不稳，严重时方向难以控制，出现汽车蛇形行驶现象。

（2）故障原因：

1）转向器螺杆两端轴承严重磨损，间隙过大。

2）前轮前束值过大，车轮外倾角、主销后倾角过小。

3）前轮轮毂轴承松旷。

4）转向节主销与衬套磨损严重，配合间隙过大。

5）横、直拉杆球头销及座磨损，使球关节松旷。

6）转向器主、从动部分啮合间隙过大。

7）前轴弯曲，车架、前轮轮辋变形。

8）前轮外胎由于修补或装用翻新胎失去平衡。

9）减振器失效，前钢板弹簧刚度不一致。

10）转向摇臂与摇臂轴的紧固螺栓、螺母松动。

（3）故障诊断步骤。汽车前轮摆动可按图 6—20 所示的流程诊断故障。

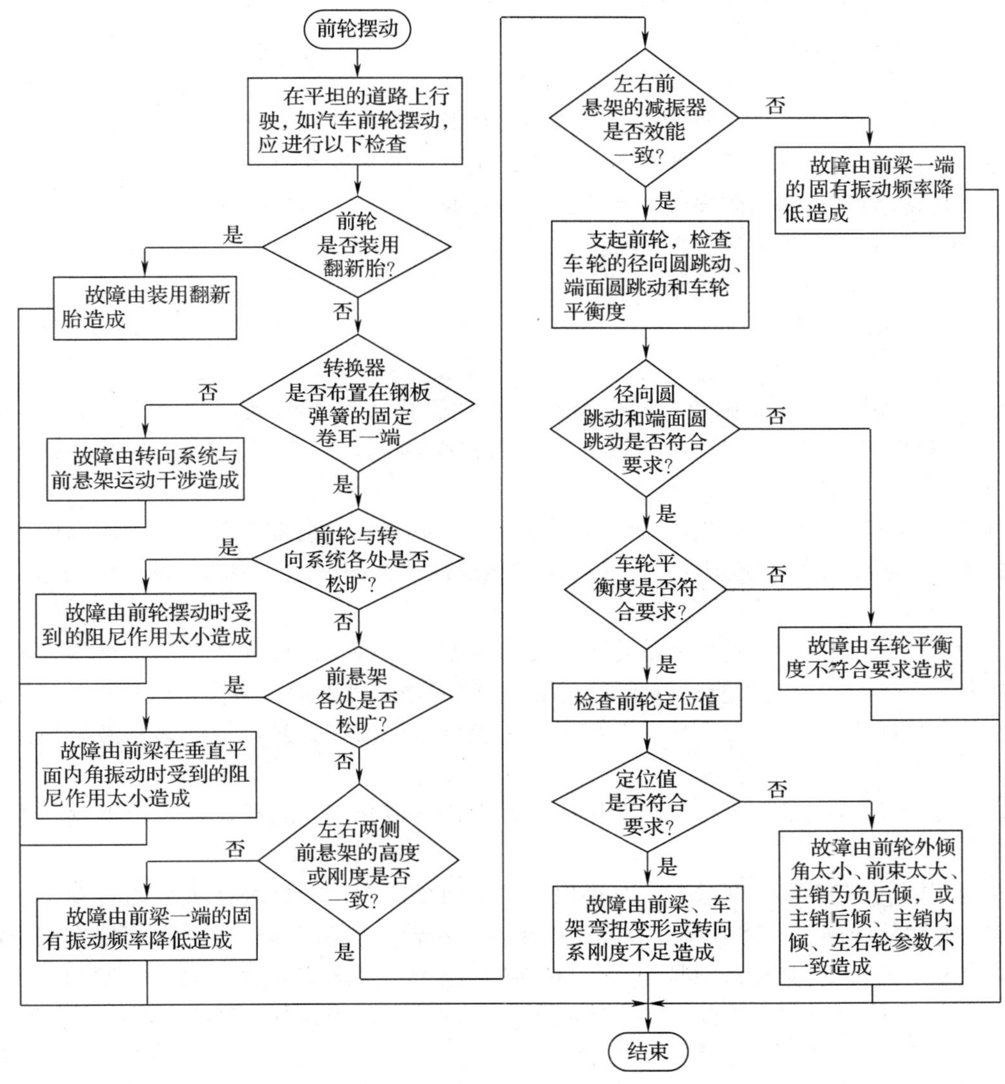

图 6—20　前轮摆动的故障诊断流程

三、动力转向系统故障诊断

为了操纵轻便、转向灵敏及提高行车的安全性，汽车广泛采用液压动力转向系统。液压动力转向系统主要由动力转向泵、动力液压缸、转向控制阀、转向储油罐和油管等组成。

液压动力转向系统常见的故障有转向沉重、车辆发飘和转向噪声等。

1. 转向沉重

（1）故障现象。汽车行驶中感到转向困难、转向沉重。

（2）故障原因：

1）储油罐缺油或油液高度低于规定值。

2）各油管接头处密封不良，有泄漏现象。

3）转向液压回路中渗入空气。

4）油管变形，油路堵塞。

5）动力转向泵传动带张紧力不足，传动带打滑。

6）动力转向泵内部磨损、泄漏严重，输出压力达不到标准值。

7）动力转向泵内调压阀失效，使输出压力过低。

8）转向控制阀、动力液压缸内部泄漏。

9）转向齿轮机构损坏或调整不当。

（3）故障诊断步骤：

1）首先检查轮胎气压是否正常，按规定气压充气。

2）若以上检查正常，则检查转向液压系统油管接头是否泄漏，有无损坏、变形或裂纹。一旦发现油管有缺陷应予以更换；若油管接头泄漏，应予以拧紧，必要时更换油管重装。

3）若以上检查正常，则检查储液罐内的油液质量和液面高度。若油液变质则应更换规定的油液；若液面低于规定高度，则应找出油液液面过低的原因，重新加油使液面达到规定的高度。

4）若以上检查正常，则检查油路中是否渗入空气。若发现储液罐中的油液有气泡，说明油路中有空气渗入，此时应检查系统内进入空气的原因（如油管接头是否松动、油管是否有裂纹、密封件是否损坏等），然后对液压系统进行排气操作，最后加注转向液至规定的液面高度。

5）若以上检查正常，则检查油泵传动带是否松动或损坏，若松动应予以调整，若损坏应更换。

6）若以上检查正常，则进行就车重检。将转向盘向左、右极限位置来回转动，如果转动轻便，说明故障通过上述步骤已排除；如果左、右转向仍然沉重，则故障可能在动力转向泵、动力液压缸和传动机构；如果左、右转向助力不同，则故障可能在转向控制阀。

7）若以上检查正常，则检测动力转向泵输出油压，以确诊故障所在部位。检测前，将与规定油压相适应的压力表（带阀门）连接在动力转向泵压力输出口与转向控制阀压力输入油管之间。检测时，打开压力表阀门至全开，起动发动机使其怠速运转，转动转向盘至左极限位置或右极限位置，测量动力转向泵的输出油压。这时，若油压达不到原厂规定的压力，且在逐步关闭压力表阀门时油压也不能提高，则说明动力转向泵有故障；若油压未达到原厂规定的压力，但在逐步关闭压力表阀门时油压有所提高，油压可达到规定值，则说明动力转向泵良好，故障在转向控制阀或动力液压缸；若检测时油压正常，则故障在转向传动机构。

8）若以上检查正常，则检查转向传动机构。转动转向盘，查看与转向柱轴相关的元件是否转动灵活，查看转向万向联轴器、各传动杆件球头连接部位是否过紧，查看转向节推力轴承是否缺油或损坏，发现问题应予以调整或更换重装；检查转向器的间隙并予以调整。

2. 车辆发飘

(1) 故障现象。车辆发飘是指转向盘居中时，汽车向前行驶过程中从一侧偏向另一侧的现象。发飘的汽车难以保证向正前方向行驶而总是跑偏。

(2) 故障原因：

1) 转向控制阀扭力杆弹簧损坏或太软。

2) 油液脏污。

3) 转向控制阀阀芯与阀套槽间缝隙大小不一致。

4) 转向传动机构连接处磨损过度、间隙过大或连接件松动。

5) 车轮定位不当。

6) 轮胎压力或尺寸不正确。

(3) 故障诊断步骤：

1) 检查转向传动机构的连接件是否松动，各部位间隙是否过大，传动机构是否松旷，排除转向传动机构的故障。

2) 若以上检查正常，则检查轮胎尺寸，调节轮胎气压。

3) 若以上检查正常，则检查油液是否脏污。对于新车或大修后的车辆，由于不认真执行走合维护的换油规定，往往易使油液脏污。对于脏污的油液应进行更换。

4) 若以上检查正常，则检查转向控制阀。在不起动发动机的情况下转动转向盘，凭手感判断转向控制阀是否开启或运动自如，若有怀疑一般应进行拆卸检查。

5) 经上述检查若车辆仍然发飘，则应检查悬架元件是否损坏、车轮定位是否正确、车轮转向是否阻滞，以确诊故障部位。

3. 转向噪声

(1) 故障现象。汽车转向时出现过大的噪声。

(2) 故障原因：

1) 转向传动机构松动导致转向噪声过大。

2) 动力转向泵损坏或磨损严重。

3) 动力转向泵带轮松动或打滑引起噪声过大。

4) 转向控制阀性能不良。

5) 油管接头松动或油管破裂，使液压系统渗入空气，导致噪声过大。

6) 过滤器滤网堵塞，或液压回路中有过多的沉积物。

(3) 故障诊断步骤：

1) 转向时若发出“咔嗒”声，则可能是转向柱轴接头松动、横拉杆松动或球形接头松动，应检查上述部位，必要时进行紧固或更换损坏的部件；若转向柱轴摆动严重，则应更换转向柱总成；若转向器松动，则应进行紧固；对连接处的润滑部位进行必要的润滑。另外，转向泵带轮松动也会发出“咔嗒”声，所以还应检查转向泵带轮，必要时拧紧或更换带轮，以消除其噪声。

2）转向时若发出“嘎嘎”声，且转向盘从一端极限位置转到另一端极限位置时噪声更大，则可能是动力转向泵传动带打滑所致，此时可检查传动带松紧度及磨损情况，视需要张紧或更换传动带。

3）转向时若转向泵发出“咯咯”声，则可能是转向油液中有气泡，导致油液流动时产生气动噪声。此时应首先检查液面高度。若液位过低，则应检查、排除泄漏故障并向储液罐加油液到正确位置；然后检查软管是否破损或卡箍是否松动，必要时更换损坏的软管或卡箍。确认动力转向系统内液体有空气渗入后，应将空气从动力转向系统中排出，以消除气动噪声。若转向泵发出“嘶嘶”声或尖叫声，而液压系统无漏气现象，且传动带张紧度正常，则说明油路有堵塞处或转向泵严重磨损及损坏，应予以修复或更换。

4）当转向盘处于极限位置或原地慢慢转动转向盘时转向器发出“嘶嘶”声，若这种异响严重则可能为转向控制阀性能不良，应更换控制阀进行对比检查，以确诊故障。

四、行驶系故障诊断

汽车行驶时，汽车行驶系工作条件恶劣，它既传递驱动力、制动力及其力矩，又承受整车载荷及路面的冲击。因此，在汽车长时间工作后，行驶系容易出现一些较复杂的故障。行驶系发生故障时，往往还伴有异响、噪声、振动。在诊断行驶系故障时，应对其相关部位进行基本检查。汽车行驶系的常见故障有钢板弹簧异响、钢板弹簧折断、钢板弹簧移位、减振器失效和轮胎异常磨损等。

1. 钢板弹簧异响

（1）故障现象。汽车行驶中钢板弹簧发出撞击响声，振动增大。

（2）故障原因：

1）钢板弹簧销、衬套、吊环等磨损过量，零件间的间隙增大。

2）钢板弹簧疲劳变形，弧高减小。

3）行驶时的振动使钢板弹簧与零件或与车架发生撞击而产生异响。

4）个别钢板疲劳折断。

（3）故障诊断步骤：

1）将汽车支起，使钢板弹簧处于自由状态，在钢板弹簧吊环支架端用撬棒上下撬动钢板弹簧。若松动，应检查钢板弹簧销、吊环支架是否间隙过大。若间隙过大，应更换钢板弹簧销或衬套。

2）汽车在正常装载条件下行驶，车架与钢板弹簧发生撞击，行驶在不平路面时异响更大，应测量钢板弹簧弧高。若钢板弹簧疲劳失效，应更换钢板弹簧。

2. 钢板弹簧折断

（1）故障现象：

1）停车检查时，车身向一侧倾斜。

2）行驶时有跑偏现象。

（2）故障原因：

1）汽车超载、超速行驶；转弯车速过快，负荷突然增大。

2）装载不均匀。

3）钢板弹簧U形螺栓松动。

4）新换钢板弹簧片的曲率与原片的曲率不同。

5）紧急制动过多，尤其满载下坡时使用紧急制动。

6）钢板弹簧销、衬套和吊环支架之间磨损过量。

（3）故障诊断步骤：

1）将空载、轮胎气压正常的汽车停放在平坦场地上，若汽车向一侧歪斜，则说明歪斜一侧的钢板弹簧有故障。

2）消除钢板弹簧表面的污物，仔细检查裂纹或断裂情况（可采用不解体探伤仪）。若有裂纹和断裂，应更换。

3）检查钢板弹簧销、衬套及吊环支架是否松旷，若松旷则予以修复。

4）检查曾更换的钢板弹簧的曲率是否符合规定，若不符合规定应更换。

5）检查钢板弹簧U形螺栓是否松动，若松动应按规定力矩拧紧。

3. 钢板弹簧移位

（1）故障现象。汽车行驶中有斜扭的感觉，转动转向盘左右轻重不一，有时跑偏。

（2）故障原因：

1）钢板弹簧U形螺栓松动、脱扣。

2）钢板弹簧中心螺栓折断。

3）钢板弹簧与车轴间的定位失准。

（3）故障诊断步骤：

1）测量左、右两侧轴距是否符合规定。若不符合规定，则表示钢板弹簧发生移位。

2）检查钢板弹簧U形螺栓，若有松动、脱扣，按规定力矩拧紧或更换脱扣的螺栓及螺母。

3）检查中心螺栓是否折断，若折断应更换。

4）检查钢板弹簧定位失准原因并予以修复。

4. 减振器失效

（1）故障现象。汽车在不平路面上行驶时，车身剧烈振动并连续抖动。

（2）故障原因：

1）减振器连接销脱落，橡胶衬套磨损破裂。

2）减振器油量不足或内有空气。

3）减振器密封不良。

4）减振器活塞与缸壁磨损过量。

（3）故障诊断步骤：

1）检查减振器连接销、连接杆、橡胶衬套连接孔是否有损坏、脱焊、脱落、破裂之处，若有损坏应予以更换。

2）查看减振器外部有无渗漏油，若有漏油应予以更换。

3）用一根圆钢穿入减振器下连接孔中，脚踩住圆钢两端，用手拉住减振器上的连接孔进行垂直拉伸和推压，若无阻力或者卡滞，应对减振器进行维修或更换。

5. 轮胎异常磨损

（1）故障现象。轮胎出现非正常磨损，如正面或一侧快速磨损。

（2）故障原因：

1）前轮外倾角、前轮前束不符合要求。

2）前轴、车架或转向节变形。

3）横、直拉杆球头销、球头销座磨损松旷。

4）钢板弹簧 U 形螺栓松动。

5）车轮轮毂轴承磨损松旷。

6）车轮不平衡量过大。

7）轮胎气压不正常。

8）左、右轮胎尺寸规格不一致。

（3）故障诊断步骤：

1）检查轮胎气压是否正常，按要求对轮胎进行放气或充气。

2）检查左、右轮胎尺寸规格是否一致，若不一致应更换同一规格的轮胎。

3）检查钢板 U 形螺栓是否松动，若有松动应按规定力矩拧紧。

4）检查前轮外倾角、前轮前束是否符合要求。若不符合要求，应进行调整或修理。

5）若上述检查均正常，则再检查转向节主销与衬套间隙、轮毂轴承间隙是否过大，若过大应进行调整或更换磨损零件。

五、转向系统和行驶系统故障诊断案例

1. 94 款奥迪 100 轿车方向不稳故障

（1）故障现象。一辆 94 款奥迪 100 轿车，行驶里程已达 318 000 km，半年前发觉该车有方向跑偏、不稳的故障。在对该车进行路试检查时，发觉行驶中只要一踩加速踏板，该车方向立即偏右，加速踏板一松，方向又随即回左，汽车有蛇行现象。更为严重的是，在正常行驶时，有时汽车会突然朝左转向。

（2）故障诊断与排除。对该车进行一般的转向系统故障检查后确认，横拉杆球头、下控制臂两端的橡胶套、防侧摆杆橡胶支座的间隙或工作状况都正常，转向器自由行程符合要求。转向器及转向助力机构、右前悬架减振柱内的筒式减振器都是刚换不久的新总成，检查中也未发现异常。轮胎动平衡、车轮定位都按要求重新做过。检查该车的副车架和左、右悬架减振柱，测量前、后轴距，也未见有变形或移位。轿车采用独立式前悬架，由螺旋弹簧减振柱和下置的下控制臂组成。一般认为，如果减振柱内装的筒式减振器损坏，引起方向跑偏是不奇怪的，但本例却并非如此，看来还得从故障现象与机理上找原因。经分析认为，作为独立前悬架主体的减振柱，承担着转向与驱动前轮两项任务。如果悬架的减振刚度降低，在发动机转速改变或车辆行驶速度达到其固有频率时，就很容易引起与减振柱的共振，促使改变前轮的定位角度，导致方向跑偏。该车在加速时方向立即偏右，应是右前悬架变“软”引起的，而可能造成右前悬架变“软”的主要原因应该是装在减振柱上部的螺旋弹簧因疲劳而刚度下降。按此分析结论，更换了右前悬架上的螺旋弹簧。试车时方向稳定，不再跑偏，故障彻底排除。

2. 锐志乘用车转向沉重故障

（1）故障现象。一辆2006款锐志乘用车，在行驶过程中发现转向异常沉重，同时P/S灯点亮。

（2）故障诊断与排除。读取故障代码为C1525、C1526、C1528，其含义是转角传感器初始化未完成，以及电动机旋转角度传感器故障。维修资料指出，当出现C1528故障代码时，系统进入失效保护状态，动力转向系统停止工作。用丰田专用检测仪IT－Ⅱ清除故障代码，C1528可以清除，而C1525、C1526始终无法清除。再对转角传感器进行初始化，结果检测仪显示初始化失败，说明电动机旋转角度传感器确实存在故障。在拔下转角传感器插头时发现其内部有进水的痕迹，插头已覆盖了一层绿色的铜锈，出现电腐蚀现象。插头进水使传感器信号发生短路，电动转向控制单元接收不到角度传感器信号，使电动助力转向系统进入保护状态，转向助力停止工作，控制单元同时记录故障代码C1528。故障排除非常简单，清除插头内的水分和铜锈，再用IT－Ⅱ对电动机转角传感器进行初始化。试车时P/S灯不再点亮，转向盘转动轻松灵活，故障彻底排除。

3. 1994年产丰田佳美轿车转向异响

（1）故障现象。一辆1994年产丰田佳美轿车，装备了4缸电喷发动机，行驶里程为120 000 km，来汽修厂维修。用户报修该车在行驶过程中底盘部分有异响。

（2）故障诊断与排除：

1）经试车，发现此车低速行驶在颠簸路段上时，车辆下部不时发出“咯噔、咯噔”的声音，热车行驶时声音尤为明显。根据以往的经验，这种声音为部件松旷后相互撞击所发出的。在进行常规检查后，初步确认为右侧转向拉杆球头松旷，于是更换了新的转向拉杆球头。重新进行试车时发现异响依然存在，所以又检查了此车悬架部位螺栓与螺母的紧固程度，也未发现异常现象。

2）接着又检查了此车前部减振器、下摆臂与前驱动轴，均正常。到底问题出在哪里呢？决定再次试车。在将车预热后，低速行驶在颠簸的土路上，感觉此车车身左右晃动时异响最为明显，而且声音依然在转向机附近。这时下车用力左右摇晃车身，异响随车身晃动又出现了。随后将车开回修理厂，举升车辆，让同事帮助晃动车身，站在车下，用手触摸部件，感觉转向机随异响有同样频率的振动。于是将转向机解体，发现转向齿条有磨损，且与衬套配合间隙过大。当车辆晃动时，齿条与衬套相互碰撞，导致了异响的产生。

3）在更换了转向机后，试车一切正常，故障排除。

第三节　制动系统故障诊断

一、制动系统的常见故障部位

汽车制动系统的功用是使汽车减速或在最短距离内停车，保证行车安全，并能使汽车可靠地停放在坡道上。汽车制动系统一般可分为液压制动系统和气压制动系统两种。制动系统常见故障部位和故障原因见表6—5。

表 6—5　　制动系统常见故障部位和故障原因

故障部位		故障现象及危害	故障原因
液压制动系统	储液罐	制动失效或效能不良	液面过低或无制动液
	制动踏板	制动失效或效能不良、拖滞	连接松脱，调整不当，自由行程过大、过小
	制动主缸	制动效能不良、拖滞	活塞磨损、皮碗老化、密封圈破裂、气孔不畅
	真空助力器	制动效能不良、跑偏	膜片破裂、阀门密封不良、真空单向阀失效、真空管漏气
	制动轮缸	制动失效或效能不良	活塞磨损、密封圈损坏
	车轮制动器	制动失效或效能不良、跑偏、拖滞、异响	制动蹄（块）摩擦片磨损、硬化、油污，铆钉外露，回位弹簧软，制动鼓（盘）磨损、有沟槽，制动钳支架松动
	液压管路	制动失效或效能不良、拖滞、跑偏	堵塞、漏油、软管老化
气压制动系统	制动踏板	制动失效或效能不良、拖滞	连接松脱，调整不当，自由行程过大、过小
	制动控制阀	制动失效或效能不良、拖滞	膜片破裂，平衡弹簧软，进、排气阀不良，调整不当
	空气压缩机	制动失效或效能不良	传动带过松，排气阀密封不良
	制动气室	制动失效或效能不良、跑偏、拖滞	膜片破裂，回位弹簧过软，推杆调整不当
	车轮制动器	制动失效或效能不良、跑偏、拖滞、异响	制动蹄、制动凸轮卡滞，制动间隙不当，摩擦片硬化、磨损、油污，铆钉外露，回位弹簧软，制动鼓磨损、有沟槽
	气压管路	制动失效或效能不良、跑偏	通气不畅或漏气，软管老化

二、气压制动系统故障诊断

气压制动系统常见的故障有制动失效、制动不灵和制动拖滞等。气压制动系统的结构如图 6—21 所示。

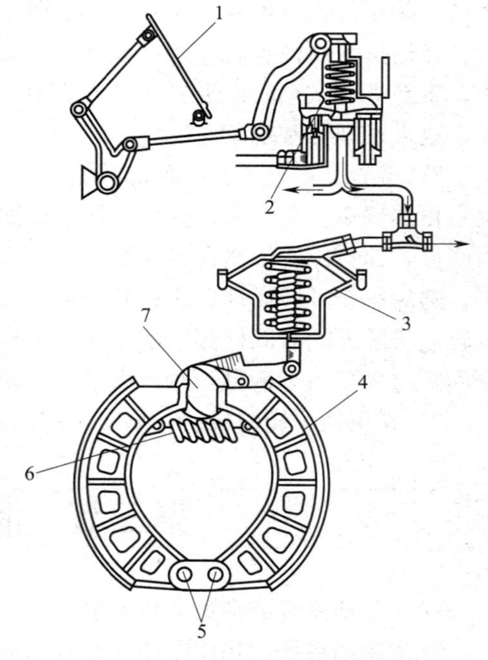

图 6—21　气压制动系统的结构

1—制动踏板　2—制动控制阀　3—制动气室　4—制动蹄片　5—支承销　6—回位弹簧　7—凸轮

1. 制动失效

（1）故障现象。汽车行驶中踩下制动踏板，汽车不能减速或停车。

（2）故障原因：

1）储气筒内无压缩空气或空气量不足。

2）制动控制阀进、排气间隙不当，导致进气阀打不开，排气阀关闭不严。

3）制动阀和制动气室膜片破裂、老化或平衡弹簧弹性不足。

4）制动踏板与制动阀拉臂脱落或自由行程过大。

5）制动气室管路漏气或堵塞。

6）车轮制动器失效。

（3）故障诊断步骤。制动失效可按图 6—22 所示的流程诊断故障。

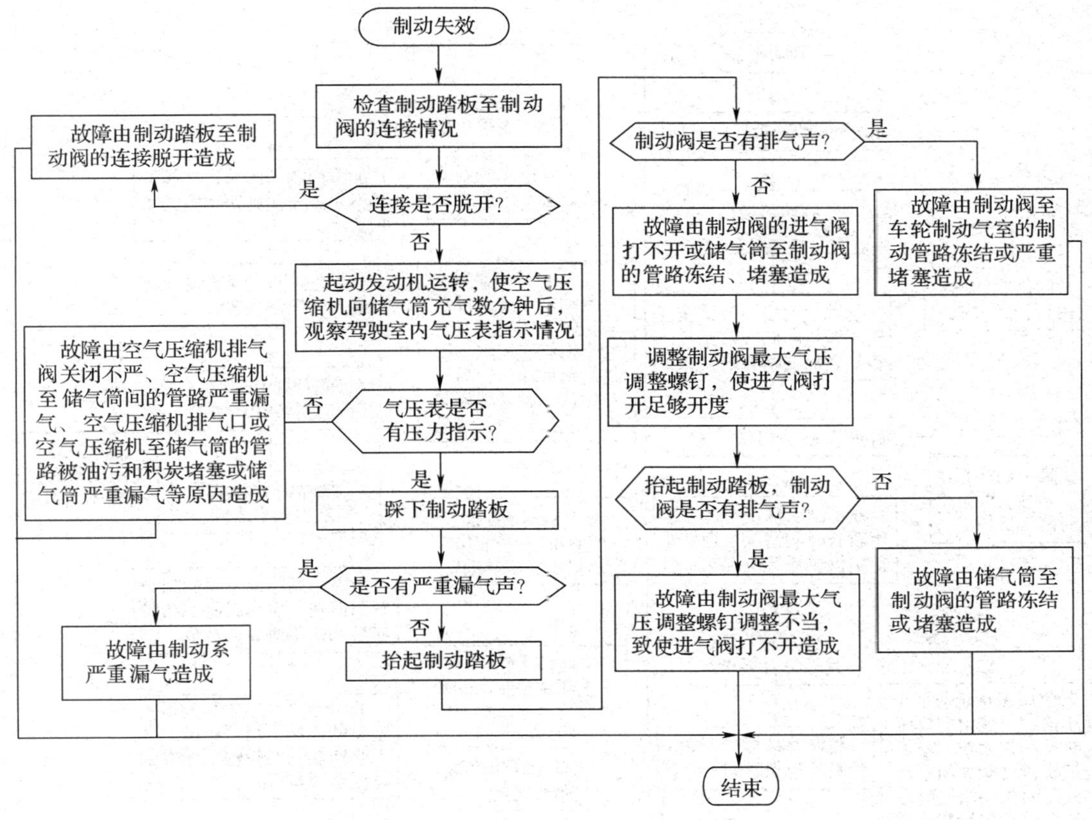

图 6—22　制动失效的故障诊断流程

2. 制动不灵

(1) 故障现象。汽车行驶时，将制动踏板踩到底，汽车不能立即减速和停车，制动距离过长。

(2) 故障原因：

1) 储气筒内压缩空气不足。

2) 空气压缩机工作不良。

3) 制动踏板自由行程过大。

4) 制动鼓磨损后圆度超差、起沟槽或鼓壁过薄。

5) 车轮制动器摩擦片表面有油污、硬化或磨损严重，铆钉外露。

6) 车轮制动器摩擦片与制动鼓之间间隙过大。

7) 制动气室管路漏气、堵塞或凹瘪。

8) 制动阀和制动气室膜片破裂、老化或平衡弹簧弹性不足。

9) 制动凸轮轴或制动蹄片润滑不良、锈蚀、卡滞。

10) 制动阀调整不当。

(3) 故障诊断步骤。制动不灵可按图 6—23 所示的流程诊断故障。

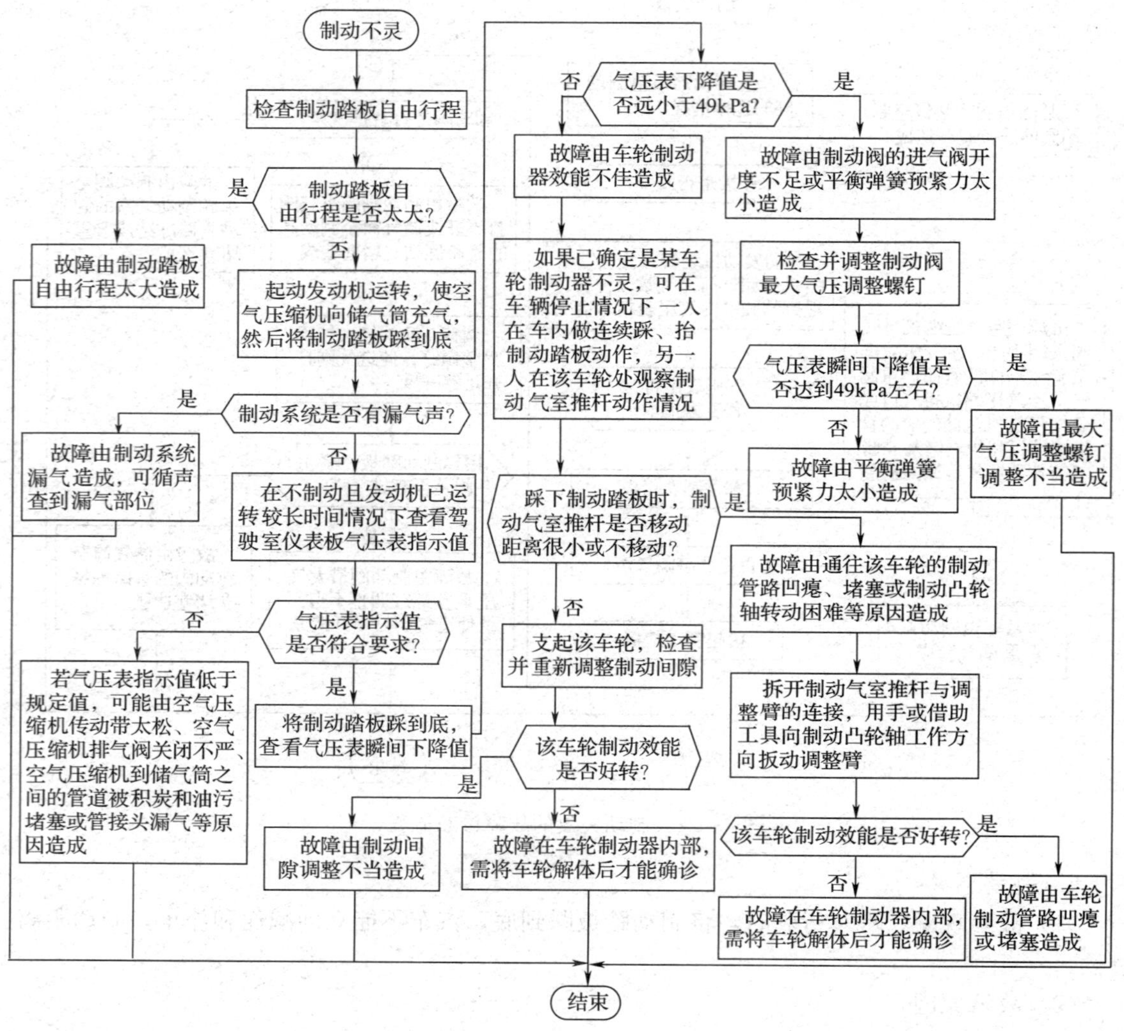

图 6—23　制动不灵的故障诊断流程

3. 制动拖滞

（1）故障现象。踩制动踏板时感到位置高且阻力大，踩不下去。汽车起步困难，行驶无力。当松抬加速踏板踩下离合器踏板时，才有制动感觉。在汽车行驶一定里程后，用手触摸制动鼓感觉发热。

（2）故障原因：

1）制动踏板自由行程太小，造成制动阀的排气阀开启程度太小。

2）制动阀的排气阀弹簧疲劳、折断或弹力太小。

3）制动阀的排气阀橡胶阀面发胀、发黏或阀口上堆集油污、胶质太多。

4）制动踏板回位弹簧疲劳、拉断、失落或拉力太小。

5）制动气室膜片（活塞）回位弹簧疲劳、折断或弹力太小。

6）制动蹄片回位弹簧疲劳、拉断、脱落或拉力太小。

7）制动凸轮轴在其套内缺油、锈蚀或卡滞，制动蹄与支承销锈蚀。

8）制动间隙调整不当，制动踏板放松后制动摩擦片与制动鼓（盘）局部摩擦；轮毂轴承松旷。

（3）故障诊断步骤。制动拖滞可按图 6—24 所示的流程诊断故障。

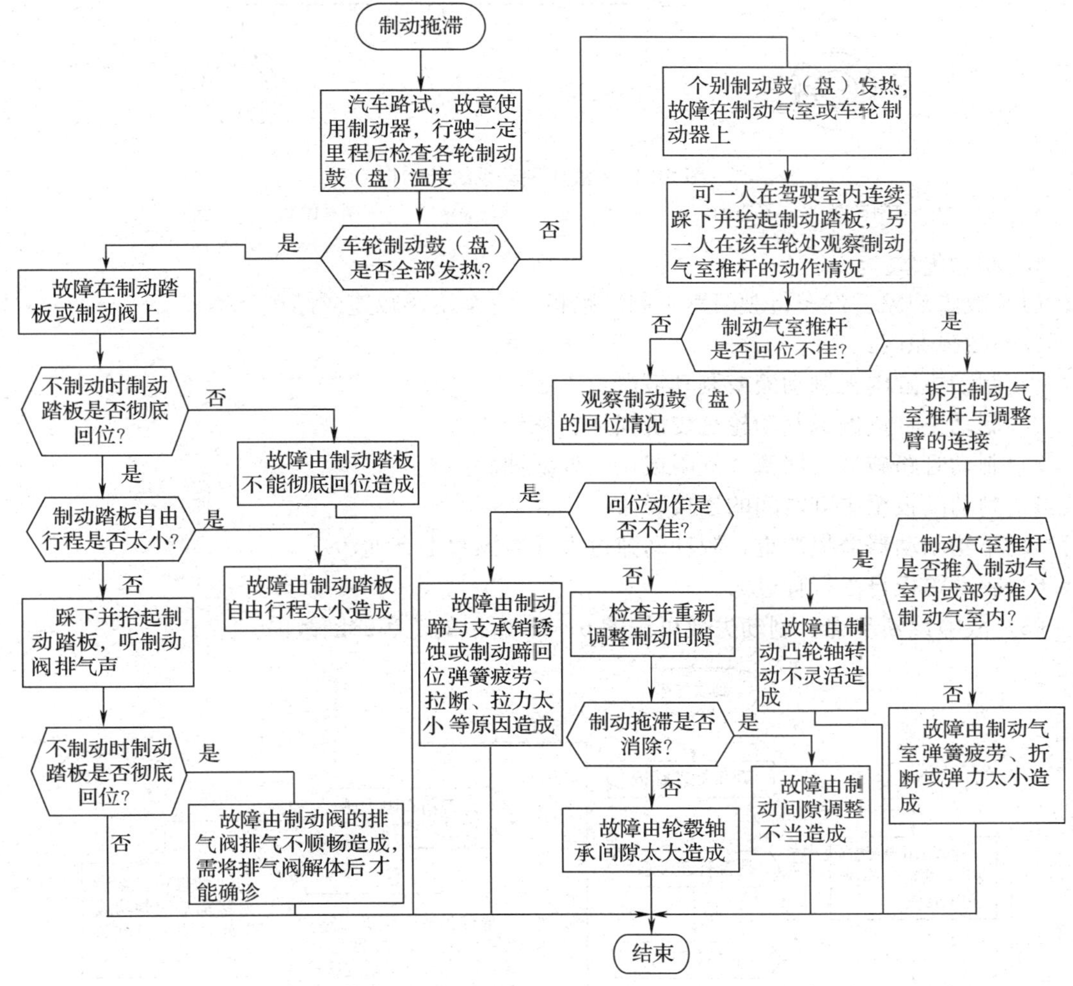

图 6—24　制动拖滞的故障诊断流程

三、液压制动系统故障诊断

液压制动系统的结构如图 6—25 所示。汽车的制动性能直接关系到行车安全、动力性的充分发挥和运输效率，因此，对汽车制动系统的故障诊断尤为重要。液压制动系统常见的故障有制动失效、制动不灵、制动跑偏和制动拖滞。

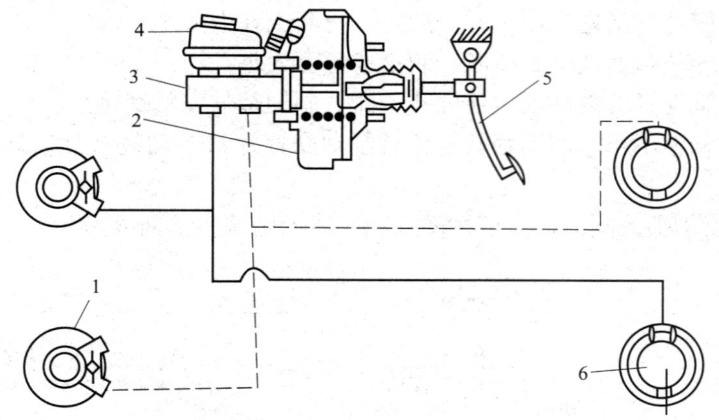

图 6—25　液压制动系统的结构

1—前制动器　2—真空助力泵　3—制动总泵　4—储液罐　5—制动踏板　6—后制动器

1. 制动失效

（1）故障现象。汽车行驶时踩下制动踏板，汽车不能减速或停车。

（2）故障原因：

1）制动主缸内无制动液或制动液严重不足。

2）制动主缸皮碗或制动轮缸皮碗损坏、翻转。

3）制动管路破裂、堵塞、气阻或接头处漏油。

4）制动踏板至主缸之间的连接脱落。

5）车轮制动器磨损严重，制动间隙过大或摩擦片上有油污。

6）制动踏板自由行程过大。

（3）故障诊断步骤。制动失效可按图 6—26 所示的流程诊断故障。

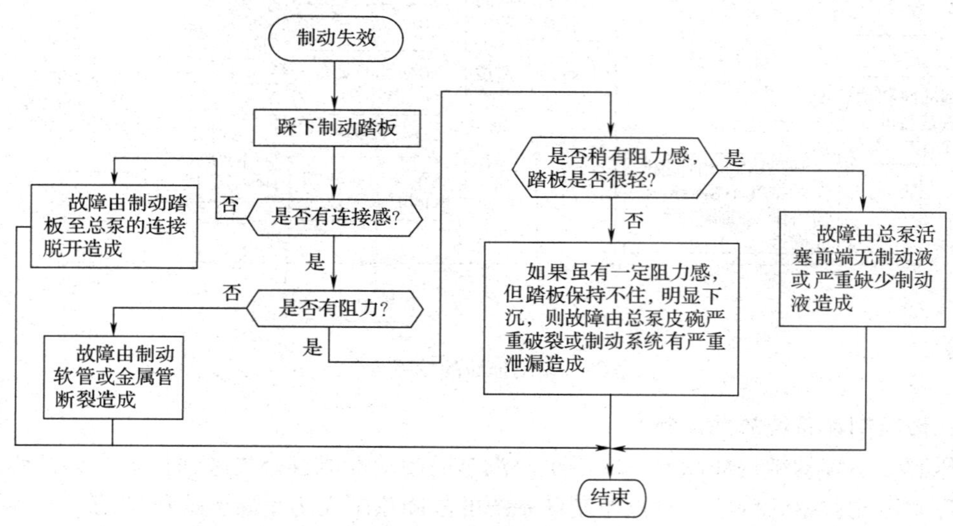

图 6—26　制动失效的故障诊断流程

2. 制动不灵

（1）故障现象。汽车行驶时，将制动踏板踩到底，汽车不能立即减速或停车，制动距离过长。

（2）故障原因：

1）制动踏板自由行程过大。

2）制动管路和制动轮缸内有空气。

3）制动管路有渗漏或堵塞。

4）制动主缸皮碗或制动轮缸皮碗翻转，活塞损坏，缸壁磨损严重。

5）制动主缸出油阀损坏，补偿孔、通气孔堵塞。

6）制动摩擦片表面硬化、油污或铆钉头外露。

7）制动鼓（盘）圆度超差、磨损、变形。

8）制动摩擦片与制动鼓（盘）的间隙过大或接触不良。

9）增压器、助力器效能不佳或失效。

（3）故障诊断步骤。制动不灵可按图 6—27 所示的流程诊断故障。

3. 制动跑偏

（1）故障现象。汽车制动时向一侧跑偏。

（2）故障原因：

1）个别制动轮缸内有空气。

2）个别制动轮缸皮碗发胀，致使活塞运动不灵活。

3）个别车轮摩擦片表面有油污、硬化或铆钉外露。

4）左、右车轮摩擦片与制动鼓（盘）的间隙大小不一致。

5）左、右车轮摩擦片材料不一样或新旧摩擦片搭配不均匀。

6）个别制动鼓（盘）磨损后圆度超差，起沟槽。

（3）故障诊断步骤。制动跑偏可按图 6—28 所示的流程诊断故障。

4. 制动拖滞

（1）故障现象。踩制动踏板时感到高且硬，踩不下去。汽车起步困难，行驶无力。当松抬加速踏板踩下离合器踏板时，才有制动感觉。在汽车行驶一定里程后，用手触摸制动鼓感觉发热。

（2）故障原因：

1）制动踏板自由行程过小或无自由行程。

2）制动主缸、轮缸皮碗发胀、老化、变形而影响活塞运动。

3）制动摩擦片与制动鼓（盘）间隙过小，制动蹄复位弹簧过软或折断。

4）制动踏板复位弹簧脱落、拉断、过软或踏板轴锈蚀、卡住。

5）主缸活塞复位弹簧折断、预紧力太小。

6）制动油管凹瘪、老化或堵塞。

7）真空助力器的空气阀漏气。

（3）故障诊断步骤。制动拖滞可按图 6—29 所示的流程诊断故障。

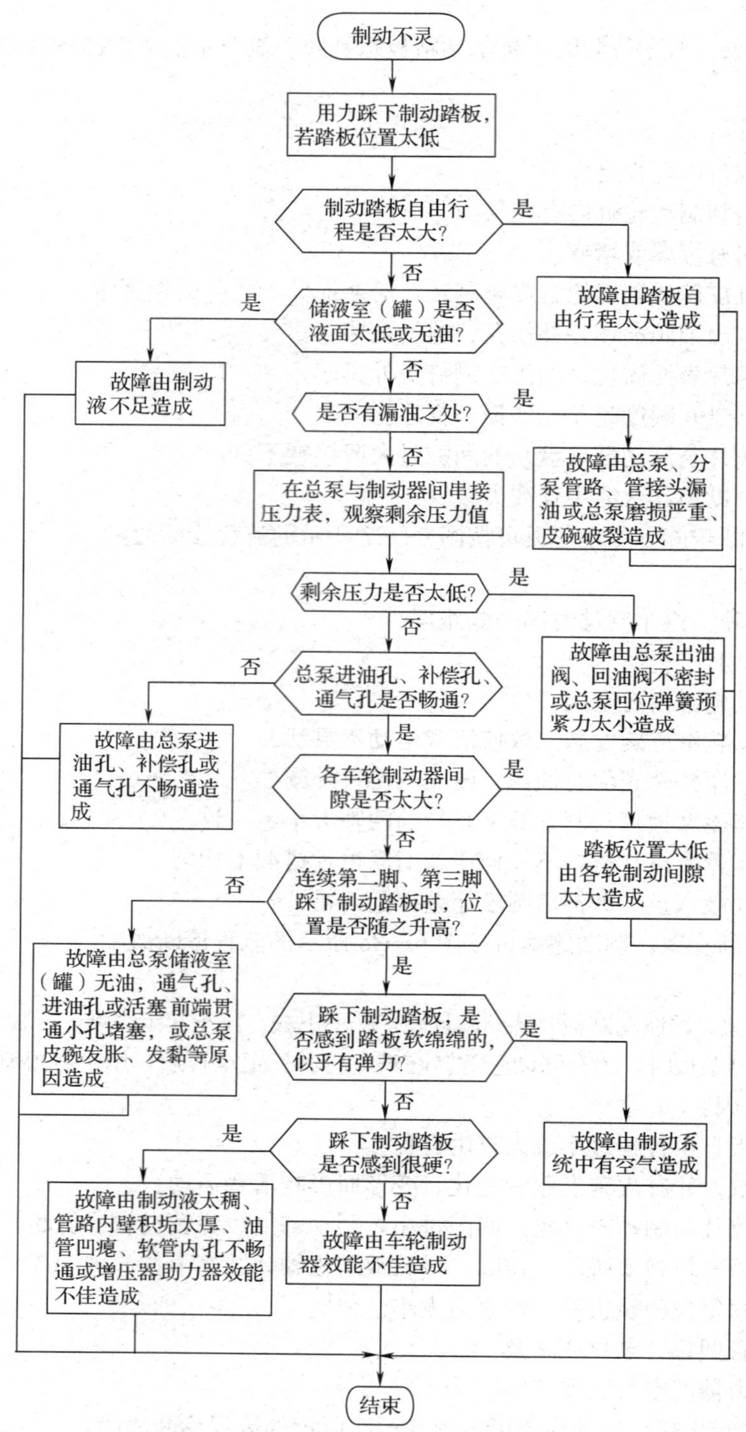

图 6—27　制动不灵的故障诊断流程

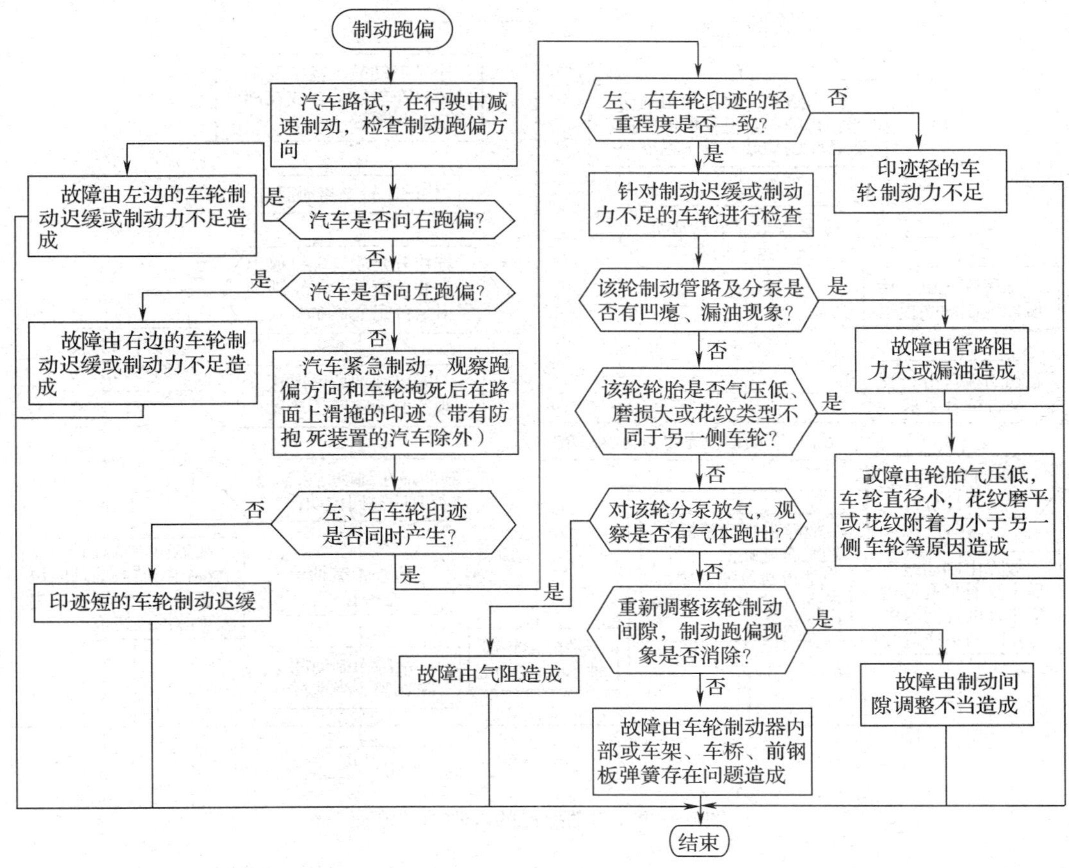

图 6—28　制动跑偏的故障诊断流程

四、驻车制动故障诊断

驻车制动装置的结构如图 6—30 所示。驻车制动常见的故障有制动不灵和制动拖滞两种。

1. 制动不灵

（1）故障现象。在坡路上停车，拉紧驻车制动操纵杆，车辆仍能前后溜动。

（2）故障原因：

1）驻车制动器自由行程过大。

2）制动鼓与制动蹄摩擦片之间的间隙过大。

3）制动蹄摩擦片磨损、表面硬化或铆钉外露。

4）制动鼓圆度超差、起沟槽或有裂纹。

5）制动鼓与制动蹄摩擦片之间有油污。

（3）故障诊断步骤：

1）检查驻车制动器自由行程是否过大，若过大应予以调整。

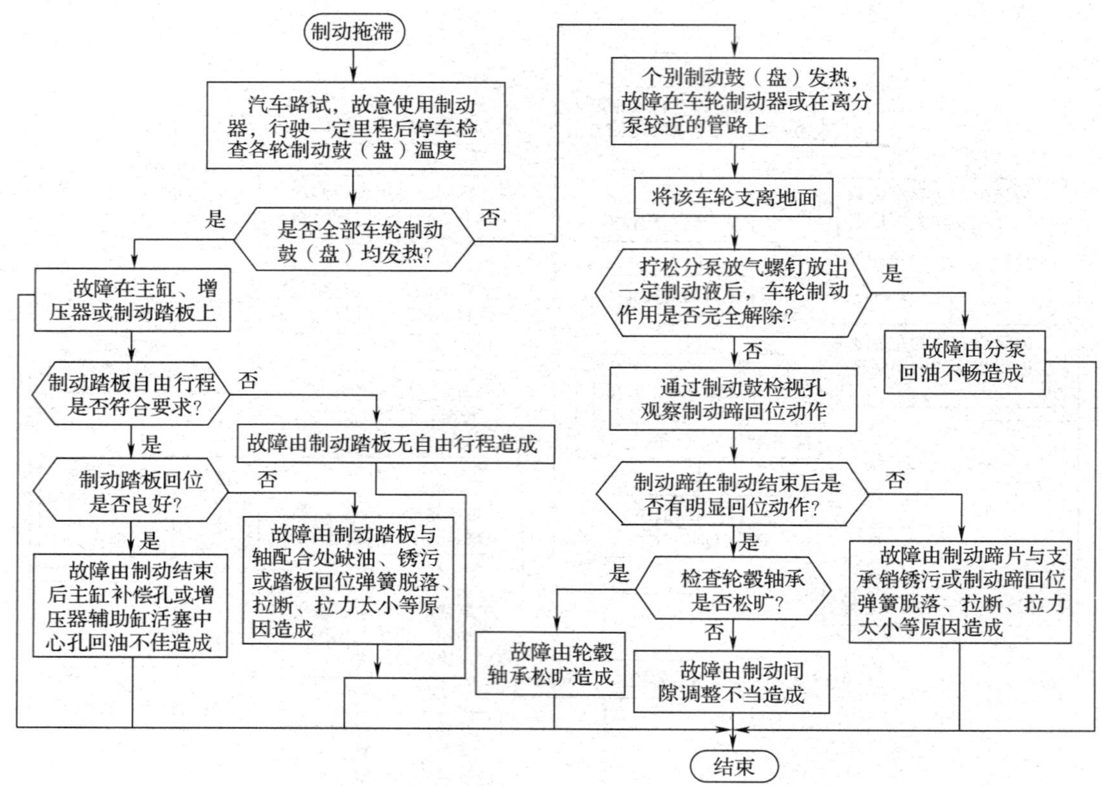

图 6—29　制动拖滞的故障诊断流程

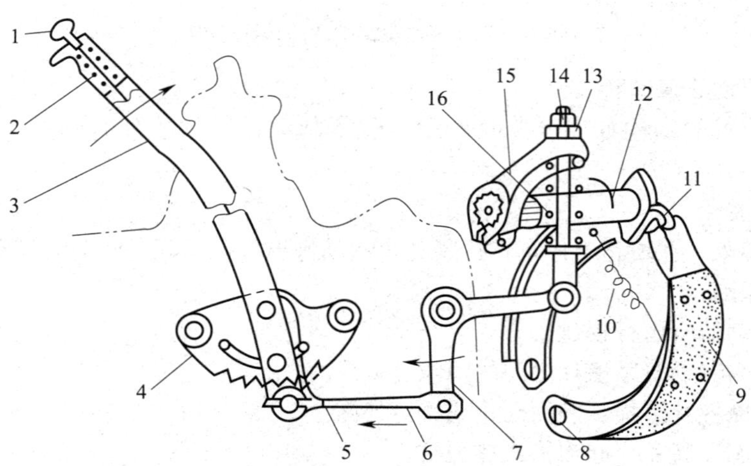

图 6—30　驻车制动装置的结构

1—按钮　2—拉杆弹簧　3—驻车制动杆　4—齿扇　5—锁止棘爪　6—传动杆　7—摇臂　8—偏心支承销孔　9—制动蹄　10—复位弹簧　11—滚轮　12—凸轮轴　13—调整螺母　14—拉杆　15—摆臂　16—压紧弹簧

2）检查制动鼓与制动蹄摩擦片之间的间隙是否过大，若过大应予以调整。

3）上述检查均良好，应拆检驻车制动器。

2. 制动拖滞

（1）故障现象。放松驻车制动器操纵杆，汽车起步仍困难，行驶无力。汽车行驶一定里程后，用手触摸驻车制动鼓感觉发热。

（2）故障原因：

1）制动蹄摩擦片与制动鼓之间间隙过小。

2）制动鼓复位弹簧过软或折断。

3）制动蹄与制动蹄轴卡滞，凸轮轴与套管锈蚀卡滞，转动困难，不能自如复位。

（3）故障诊断步骤：

1）检查制动鼓与制动蹄摩擦片之间的间隙是否过小，若过小应予以调整。

2）若制动间隙符合要求，应拆检驻车制动器，检查制动蹄复位弹簧是否过软或折断，摩擦片是否破裂，制动蹄与制动蹄轴是否锈蚀，凸轮轴转动是否灵活，必要时进行修理或更换。

五、制动系统故障诊断案例

1. 奥迪 100 轿车重载制动失灵

（1）故障现象。一辆奥迪 100 轿车低速行驶时制动正常，但重载、高速行驶时制动力显得不足，表现为制动失灵。

（2）故障诊断与排除。奥迪 100 轿车装有感载比例阀，其作用是使制动力随汽车实际载荷的增减而成比例地增减。从故障现象分析，制动力不能随载荷的增加而增大，极有可能是感载比例阀失效。经检查，感载比例阀活塞缸密封良好；用手按杠杆末端，有发涩、卡滞感；进一步检查发现下导向柱脏污严重，上导向柱花键轴有锈迹；用弹簧测力计检查，发现杠杆末端拉力弹簧弹力不足。对此，拆下感载比例阀导向柱进行清洗、除锈，并换上一根新的拉力弹簧。试车，故障排除。

2. 本田轿车制动不灵

（1）故障现象。本田奥德赛 2003 年款轿车行驶里程数为 140 000 km。汽车行驶中迅速将制动踏板踩到底，汽车不能立刻减速；其制动减速幅度小，制动距离长，且制动踏板软。

（2）故障原因。该车采用液压制动系统，前后制动都采用盘式制动。通过分析此车型的制动系统，可知有以下原因可能造成制动距离长：

1）真空助力器膜片破裂或尘封损坏，造成漏真空。

2）真空源真空度过低。

3）制动总泵或油管内有少量空气。

4）制动踏板自由行程过大。

5）制动总泵泄压或制动管路及分泵有渗漏。

6）制动摩擦片磨损严重。

7）制动液变质。

（3）故障诊断与排除。此车在此之前已经进行过一次制动距离长的故障维修，通过车辆维修记录，可以知道该车之前进行过四轮排空气维修项目，但排完空气后制动效果并未改善。根据车主反映，车辆维修后第二天出现轻松将制动踏板踩到底的现象。维修人员检查制动踏板情况，发现制动踏板很软。既然未出现制动踏板过硬的现象，则排除真空助力器故障。结合上一次维修的检查情况，初步确定故障原因有两个：一是制动总泵或油管内进入空气；二是制动总泵泄压或制动管路及分泵有渗漏。

检查制动液液面高度，并未发现有明显的下降，但却发现制动总泵表体有潮湿现象，而周围零部件都未发现有潮湿现象，这有可能是制动总泵渗漏，但也不排除在上次加注制动液时有制动液流在制动总泵表体的可能。用举升机将汽车整体举起，拆下四个轮胎放入车底下。检查各制动管路及分泵未发现有渗漏情况，但却发现四个分泵放风嘴都残留有制动液。为了检查是否为分泵放风嘴渗漏，在分泵放风嘴上抹上水，一人上车踩制动踏板，一人观察放风嘴是否会吹起气泡，检查发现四个分泵放风嘴情况都正常，排除分泵放风嘴未拧紧而造成制动液渗漏的可能。

综合上述情况，发现故障原因很可能是上次维修排空气未排彻底，所以再进行一次排空气操作。当排到右前分泵时就出现有空气的现象，将空气都排出后，制动踏板明显变硬，踩到一半时就踩不下去了。所以，此故障是因为上次维修排空气未排彻底造成的。可能是排空气时未能将制动液及时加入储液罐，而使空气混入制动管路内；也可能是因为排空次数较少，未能使离放风嘴较远的空气排出来。至此故障排除完毕。

复习思考题

一、思考题

1. 如何诊断离合器是否打滑？
2. 变速器漏油有哪些常见部位？其原因是什么？
3. 如何诊断减振器是否失效？
4. 简述气压制动不良故障的主要诊断过程和检查方法。
5. 分别叙述液压制动拖滞故障的全车制动拖滞和个别车轮制动拖滞的诊断方法。

二、选择题

1. 发动机怠速运转，变速器空挡时有异响，但踩下离合器踏板时响声消失，多为（　　）。

A. 常啮合齿轮啮合不良

B. 变速器第一轴前轴承损坏

C. 变速器第二轴后轴承损坏

2. 汽车行驶时，传动轴产生连续的“呜呜”声，且响声随车速增大而增大，一般是（　　）。

A. 中间支承轴承响

B. 万向节十字轴轴承松旷

C. 中间支承轴承支架固定螺栓松动

3. 当汽车行驶中后桥出现连续的“嗷嗷”声，车速加快响声也加大，滑行时稍有减弱，说明（　　）。

A. 圆锥主、从动齿轮啮合间隙过小

B. 圆锥主、从动齿轮啮合间隙过大

C. 圆锥主、从动齿轮轮齿折断

4. 汽车直线行驶时驱动桥无异响，而转弯时产生异响，说明（　　）。

A. 圆锥主、从动齿轮啮合不当

B. 差速器行星齿轮与半轴齿轮啮合不当

C. 个别轴承松旷

5. 钢板弹簧撞击异响的原因是（　　）。

A. 钢板弹簧销、衬套、吊耳磨损过量

B. 钢板弹簧片之间润滑不良

C. 新更换的钢板弹簧片曲率与原钢板弹簧片的曲率不同，受力不同

6. 汽车产生行驶跑偏时，若左侧轴距大于右侧轴距，车辆会（　　）。

A. 向右跑偏

B. 向左跑偏

C. 向左、向右都会跑偏

7. 造成气压制动拖滞故障的原因是（　　）。

A. 制动阀排气间隙过大

B. 车轮制动器回位弹簧折断或过软

C. 制动凸轮轴或制动蹄轴配合间隙过大

8. 汽车在进行制动时，若左侧车轮制动不良，车辆应（　　）。

A. 向右侧偏

B. 向左侧偏

C. 向左或右侧都会偏

9. 制动解除时，若排气缓慢或不排气而造成全车制动鼓发热，应检查（　　）。

A. 制动室是否有油污，膜片弹簧是否过软

B. 制动蹄回位弹簧是否折断或疲劳过软

C. 制动操纵机构是否正常

第七章 汽车底盘电控系统故障诊断

学习目标

1. 了解自动变速器常见故障部位和故障原因。
2. 掌握自动变速器常见故障现象，能快速诊断出故障类型并排除故障。
3. 掌握ABS防抱死制动系统故障现象，能快速诊断出故障类型并排除故障。

第一节 自动变速器故障诊断

汽车自动变速器在使用中，随着技术状况的下降会出现一系列故障，并通过一定的现象表现出来。不同车型由于结构上有所不同，其故障原因会有所差异，但故障诊断及排除方法是基本相同的。

一、自动变速器常见故障诊断

1. 汽车不能行驶

（1）故障现象：

1）无论变速杆位于倒挡、前进挡或前进低挡，汽车都不能行驶。

2）冷车起动后汽车能行驶一小段路程，但热车状态下汽车不能行驶。

（2）故障原因：

1）自动变速器油底壳渗漏，液压油全部漏光。

2）变速杆和手动阀摇臂之间的连杆或拉索松脱，手动阀保持在空挡或停车挡位置。

3）油泵进油滤网堵塞。

4）主油路严重泄漏。

5）油泵损坏。

（3）故障诊断与排除：

1）检查自动变速器内有无液压油。拔出自动变速器的油尺，观察油尺上有无液压油。若油尺上没有液压油，说明自动变速器内的液压油已漏光。对此，应检查油底壳、液压油散热器、油管等处有无破损而导致漏油。如果有严重漏油处，应修复后重新加油。

2）检查自动变速器变速杆与手动阀摇臂之间的连杆或拉索有无松脱。如果有松脱，应予以装复，并重新调整好变速杆的位置。

3）拆下主油路测压孔上的螺塞，起动发动机，将变速杆拨至前进挡或倒挡位置，检查测压孔内有无液压油流出。

4）若主油路测压孔内没有液压油流出，应打开油底壳，检查手动阀摇臂轴与摇臂间有无松脱，手动阀阀芯有无折断或脱钩。若手动阀工作正常，则说明油泵损坏。对此，应拆卸及分解自动变速器，更换油泵。

5）若主油路测压孔内只有少量液压油流出，油压很低或基本上没有油压，应打开油底壳，检查油泵进油滤网有无堵塞。如果滤网无堵塞，说明油泵损坏或主油路严重泄漏，应拆卸及分解自动变速器，予以修理。

6）若冷车起动时主油路有一定的油压，但热车后油压明显下降，说明油泵磨损过度，应更换油泵。

7）若测压孔内有大量液压油喷出，说明主油路油压正常，故障出在自动变速器中的输入轴、行星排或输出轴，应拆检自动变速器。

汽车不能行驶的故障诊断流程如图 7—1 所示。

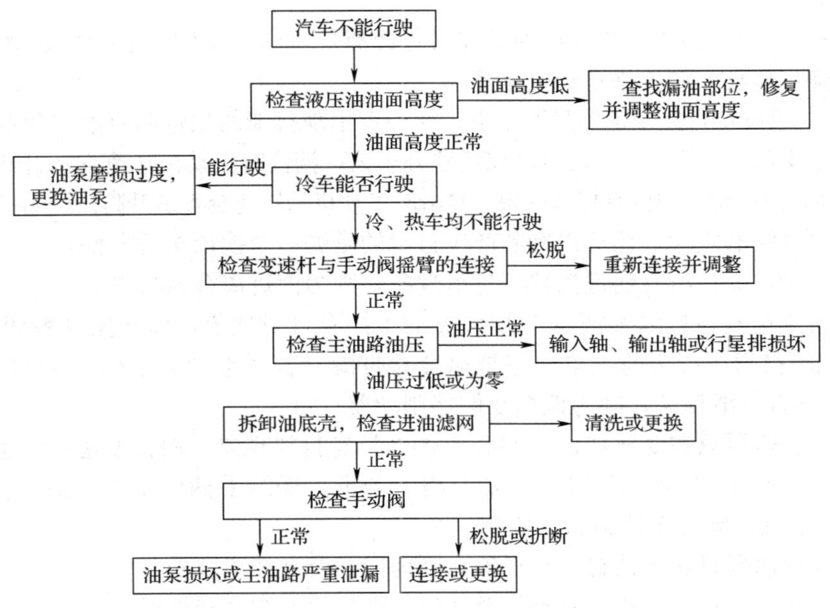

图 7—1　汽车不能行驶的故障诊断流程

2. 自动变速器打滑

（1）故障现象：

1）起步时踩下加速踏板，发动机转速很快升高但车速提高缓慢。

2）行驶中踩下加速踏板加速时，发动机转速升高但车速没有很快提高。

3）平路行驶基本正常，但上坡无力且发动机转速很高。

（2）故障原因：

1）液压油油面太低。

2）液压油油面太高，运转中被行星排剧烈搅动后产生大量气泡。

3）离合器或制动器摩擦片、制动带磨损过度或烧焦。

4）油泵磨损过度或主油路泄漏，造成油路油压过低。

5）单向超越离合器打滑。

6）离合器或制动器活塞密封圈损坏，导致漏油。

7）减振器活塞密封圈损坏，导致漏油。

（3）故障诊断与排除。打滑是自动变速器最常见的故障之一。虽然自动变速器打滑往往都伴有离合器或制动器摩擦片严重磨损甚至烧焦等现象，但如果只是简单地更换磨损的摩擦片而没有找出打滑的真正原因，则维修后的自动变速器使用一段时间后又会出现打滑现象。因此，对于出现打滑的自动变速器，不要急于拆卸及分解，应先做各种检测，以找出造成打滑的真正原因。

1）对于出现打滑现象的自动变速器，应先检查其液压油的油面高度和品质。若油面过低或过高，应先调整至正常后再做检查。若油面调整正常后自动变速器不再打滑，则不必拆修自动变速器。

2）检查液压油的品质。若液压油呈棕黑色或有烧焦味，说明离合器或制动器的摩擦片或制动带有烧焦现象，应拆修自动变速器。

3）路试，以确定自动变速器是否打滑，并检查出现打滑的挡位和打滑的程度。汽车行驶中，将变速杆拨入不同的位置，若自动变速器升至某一挡位时发动机转速突然升高，但车速没有相应地提高，即说明该挡位有打滑现象。打滑时发动机的转速越容易升高，说明打滑越严重。

根据出现打滑的规律，还可以判断产生打滑的是哪一个换挡执行元件：

①若自动变速器在所有前进挡都有打滑现象，则为前进离合器打滑。

②若自动变速器在操纵手柄位于 D 位时的 1 挡有打滑现象，而在操纵手柄位于 L 位或 1 位时的 1 挡不打滑，则为前进单向超越离合器打滑。若不论操纵手柄位于 D 位或 L 位或 1 位时，1 挡都有打滑现象，则为低挡及倒挡制动器打滑。

③若自动变速器只在变速杆位于 D 位时的 2 挡有打滑现象，而在变速杆位于 S 位或2 位 2 挡时不打滑，则为 2 挡单向超越离合器打滑。若不论操纵手柄位于 D 位、S 位或 2 位时，2 挡都有打滑现象，则为 2 挡制动器打滑。

④若自动变速器只在 3 挡有打滑现象，则为倒挡及高挡离合器打滑。

⑤若自动变速器只在超速挡时有打滑现象，则为超速制动器打滑。

⑥若自动变速器在倒挡和高挡时都有打滑现象，则为倒挡及高挡离合器打滑。

⑦若自动变速器在倒挡和 1 挡时都有打滑现象，则为低挡及倒挡制动器打滑。

4）对于有打滑故障的自动变速器，在拆卸及分解之前，应先检查自动变速器的主油路油压，以找出造成打滑的原因。自动变速器不论前进挡或倒挡均打滑，其原因往往是主油路油压过低。若主油路油压正常，则只要更换磨损或烧焦的摩擦元件即可；若主油路油压不正常，则在拆修自动变速器的过程中，应根据主油路油压，相应地对油泵或阀体进行检修，并更换自动变速器的所有密封圈和密封环。

自动变速器打滑的故障诊断流程如图 7—2 所示。

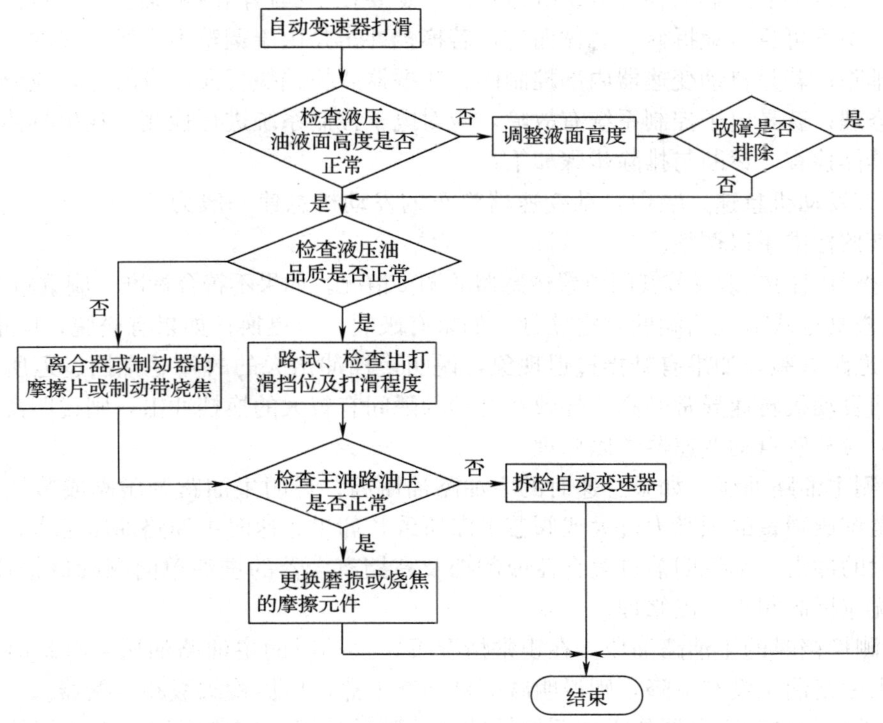

图 7—2　自动变速器打滑的故障诊断流程

3. 换挡冲击过大

(1) 故障现象：

1) 在起步时，由停车挡或空挡挂入倒挡或前进挡时，汽车振动较严重。

2) 行驶中，在自动变速器升挡的瞬间汽车有较明显的闯动。

(2) 故障原因。导致自动变速器换挡冲击大的故障原因很多，主要原因在于调整不当、机构元件性能下降或损坏、电子控制系统有故障，具体原因如下：

1) 发动机怠速过高。

2) 节气门拉索或节气门位置传感器调整不当，使主油路油压过高。

3) 升挡过迟。

4) 真空式节气门阀的真空软管破裂或松脱。

5) 主油路调压阀有故障，使主油路油压过高。

6) 减振器活塞卡住，不能起减振作用。

7) 单向阀钢球漏装，换挡执行元件（离合器或制动器）接合过快。

8) 换挡执行元件打滑。

9) 油压电磁阀不工作。

10）电控单元有故障。

（3）故障诊断与排除。由于引起换挡冲击的原因较多，因此，在诊断故障的过程中必须循序渐进，对自动变速器的各部分认真检查。一定要在全面检测的基础上有针对性地进行分解及修理，切不可盲目地拆修。总体而言，若换挡冲击是由于调整不当所造成的，只要稍做调整即可排除；若是自动变速器内部控制阀、减振器或换挡执行元件有故障，应分解自动变速器予以修理；若是电子控制系统有故障，应对电子控制系统进行检测，找出具体原因并加以排除。具体检查、诊断与排除步骤如下：

1）检查发动机怠速。装用自动变速器汽车的发动机怠速一般为 750 r/min 左右。若怠速过高，应按标准予以调整。

2）检查节气门拉索或节气门位置传感器的调整情况。如果不符合标准，应重新予以调整。

3）检查真空式节气门阀的真空软管。如果有破裂，应更换；如果有松脱，应重新连接。

4）做道路试验，如果有升挡过迟现象，说明换挡冲击大的故障是升挡过迟所致；如果在升挡之前发动机转速异常升高，导致在升挡的瞬间有较大的换挡冲击，则说明离合器或制动器打滑，应分解自动变速器予以修理。

5）检测主油路油压。如果怠速时的主油路油压高，说明主油路调压阀或节气门阀有故障，可能是调压弹簧的预紧力过大或阀芯卡滞所致；如果怠速时主油路油压正常，但起步进挡时有较大的冲击，则说明前进离合器或倒挡及高挡离合器的进油单向阀阀球损坏或漏装。遇此类情况应拆卸阀板予以修理。

6）检测换挡时的主油路油压。在正常情况下，换挡时的主油路油压会有瞬时下降。如果换挡时主油路油压没有下降，则说明减振器活塞卡滞，应拆检阀板和减振器。

7）电子控制自动变速器如果出现换挡冲击过大的故障，应检查油压电磁阀的线路以及油压电磁阀工作是否正常、电控单元是否在换挡的瞬间向油压电磁阀发出控制信号。如果线路有故障，应予以修复；如果电磁阀损坏，应更换电磁阀；如果电控单元在换挡的瞬间没有向油压电磁阀发出控制信号，说明电控单元有故障，应更换电控单元。

自动变速器换挡冲击大的故障诊断流程如图 7—3 所示。

4. 升挡过迟

（1）故障现象：

1）在汽车行驶中，升挡车速明显高于标准值，升挡前发动机转速偏高。

2）必须采用松加速踏板提前升挡的操作方法，才能使自动变速器升入高挡或超速挡。

（2）故障原因：

1）节气门拉索或节气门位置传感器调整不当。

2）节气门位置传感器损坏。

3）调速器卡滞。

4）调速器弹簧预紧力过大。

5）调速器壳体螺栓松动或输出轴上调速器进、出油孔处的密封环磨损，导致调速器油路泄漏。

6）真空式节气门阀推杆调整不当。

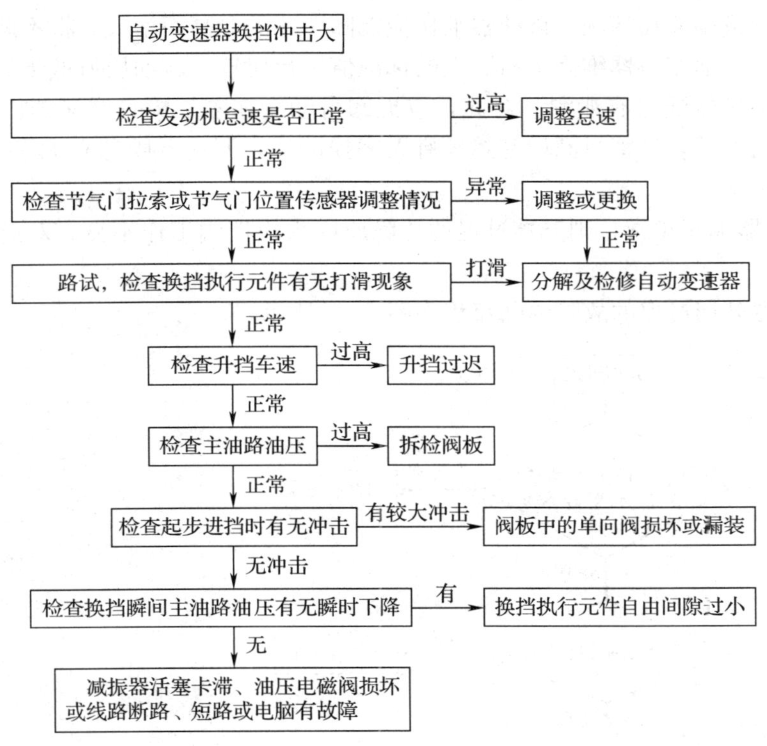

图 7—3　自动变速器换挡冲击大的故障诊断流程

7）真空式节气门阀的真空软管破裂或真空膜片室漏气。

8）主油路油压或节气门油压太高。

9）强制降挡开关短路。

10）电控单元或传感器有故障。

（3）故障诊断与排除：

1）对于电子控制自动变速器，应先进行故障自诊断。如果有故障代码，则按所显示的故障代码查找故障原因。

2）检查节气门拉索或节气门位置传感器的调整情况。如果不符合标准，应予以调整。

3）测量节气门位置传感器的电阻。如果不符合标准，应予以更换。

4）对于采用真空式节气门阀的自动变速器，应拔下真空式节气门阀上的真空软管，检查在发动机运转中真空软管内有无吸力。如果没有吸力，说明真空软管破裂、松脱或堵塞，应予以修复或更换。

5）检查强制降挡开关。如果有短路，应予以修复或更换。

6）测量怠速时的主油路油压，并与标准值进行比较。若油压太高，应通过节气门拉索或节气门位置传感器予以调整。采用真空式节气门阀的自动变速器，应采用减小节气门阀推杆长度的方法予以调整。若调整无效，应拆检主油路调压阀或节气门阀。

7）用举升机将汽车升起，让驱动轮悬空，然后起动发动机，挂上前进挡，使自动变速器运转，同时测量调速器油压，调速器油压应能随车速的升高而增大。将不同转速下测得的调速器油压与《自动变速器维修手册》上的标准值进行比较，若油压值低于标准值，说明调速器有故障或调速器油路有泄漏。对此，应拆卸自动变速器，检查调速器固定螺栓有无松动，调速器油路上的各处密封圈或密封环有无磨损漏油，调速器阀芯有无卡滞或磨损过度，调速弹簧是否过硬。

8）若调速器油压正常，则升挡过迟的故障原因为换挡阀工作不良。对此，应拆检或更换阀板。

自动变速器升挡过迟的故障诊断流程如图 7—4 所示。

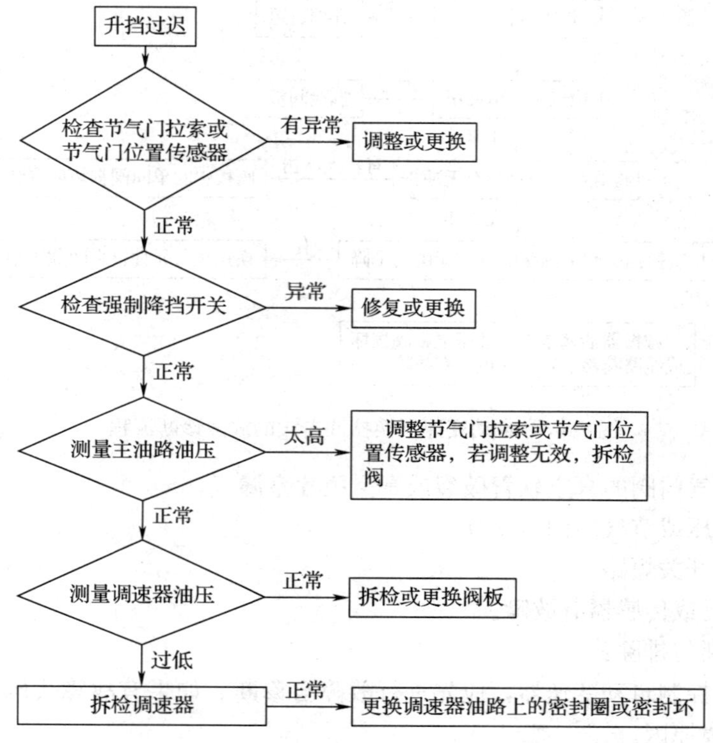

图 7—4　自动变速器升挡过迟的故障诊断流程

5. 不能升挡

（1）故障现象：

1）汽车行驶中，自动变速器始终保持在 1 挡，不能升入 2 挡和高速挡。

2）行驶中自动变速器可以升入 2 挡，但不能升入 3 挡和超速挡。

（2）故障原因：

1）节气门拉索或节气门位置传感器调整不当。

2）调速器有故障。

3）调速器油路严重泄漏。

4）车速传感器有故障。

5）2 挡制动器或高挡离合器有故障。

6）换挡阀卡滞。

7）挡位开关有故障。

（3）故障诊断与排除：

1）对于电子控制自动变速器，应先进行故障自诊断。影响换挡控制的传感器有节气门位置传感器、车速传感器等。按所显示的故障代码查找故障原因。

2）按标准重新调整节气门拉索或节气门位置传感器。

3）检查车速传感器。如果有损坏，应予以更换。

4）检查挡位开关信号。如果有异常，应予以调整或更换开关。

5）测量调速器油压。若车速升高后调速器油压仍为 0 或很低，说明调速器有故障或调速器油路严重泄漏，应拆检调速器。调速器阀芯如果有卡滞，应分解后清洗，并将阀芯和阀孔用金相砂纸抛光；若清洗、抛光后仍有卡滞，应更换调速器。

6）用压缩空气检查调速器油路有无泄漏。如果有泄漏，应更换密封圈或密封环。

7）若调速器油压正常，应拆卸阀板，检查各换挡阀。换挡阀如果有卡滞，可将阀芯取出，用金相砂纸抛光，再清洗后装入。如果不能修复，应更换阀板。

8）若控制系统无故障，应分解自动变速器，检查各换挡执行元件有无打滑现象，用压缩空气检查各离合器、制动器油路或活塞有无泄漏。

自动变速器不能升挡的故障诊断流程如图 7—5 所示。

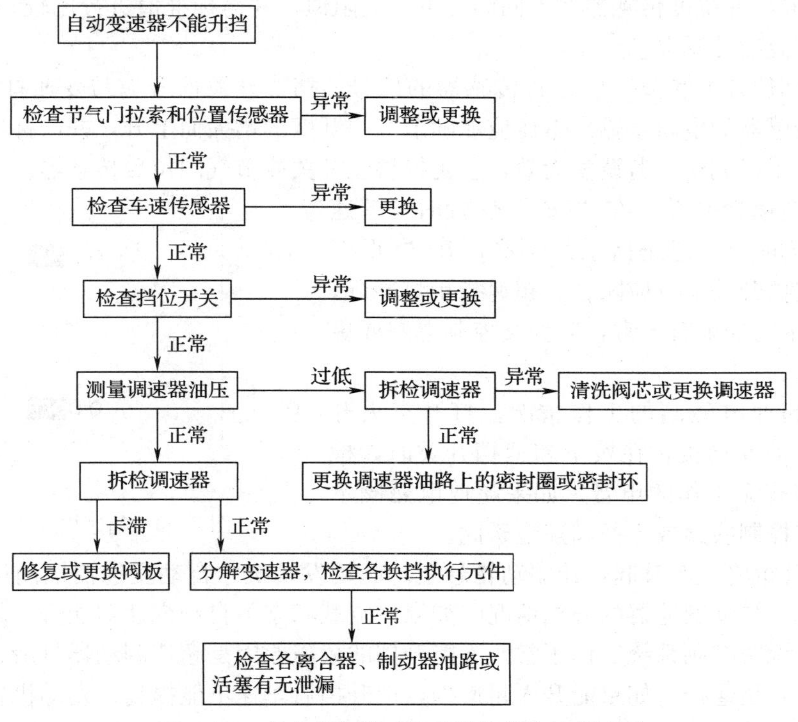

图 7—5　自动变速器不能升挡的故障诊断流程

6. 无超速挡

（1）故障现象：

1）在汽车行驶中，车速已升高至超速挡工作范围，但自动变速器不能从3挡换入超速挡。

2）在车速已达到超速挡工作范围后，采用提前升挡（即松开加速踏板几秒后再踩下）的方法也不能使自动变速器升入超速挡。

（2）故障原因：

1）超速挡开关有故障。

2）超速电磁阀有故障。

3）超速制动器打滑。

4）超速行星排上的直接挡离合器或直接挡单向超越离合器卡死。

5）挡位开关有故障。

6）液压油温度传感器有故障。

7）节气门位置传感器有故障。

8）3—4挡换挡阀卡滞。

（3）故障诊断与排除：

1）对于电子控制自动变速器，应先进行故障自诊断，检查有无故障代码，按显示的故障代码查找故障原因。液压油温度传感器、节气门位置传感器、超速电磁阀等元件的故障都会影响超速挡的换挡控制。

2）检查液压油温度传感器在不同温度下的电阻值，并与标准值进行比较。如果有异常，应更换液压油温度传感器。

3）检查挡位开关和节气门位置传感器的信号。挡位开关信号应与变速杆的位置相符。节气门位置传感器的电阻或输出电压应能随节气门开度的增大而上升，并与标准值相符。如果有异常，应予以调整；若调整无效，应更换挡位开关或节气门位置传感器。

4）检查超速挡开关。在“ON”位置时，超速挡开关触点应断开，超速指示灯不亮；在“OFF”位置时，超速挡开关触点应闭合，超速指示灯亮起，如图7—6所示。如果有异常，应检查控制电路或更换超速挡开关。

5）检查超速电磁阀的工作情况。打开点火开关，但不要起动发动机，在按下超速挡开关时，检查超速电磁阀有无工作的声音。如果超速电磁阀不工作，应检查控制线路或更换超速电磁阀。

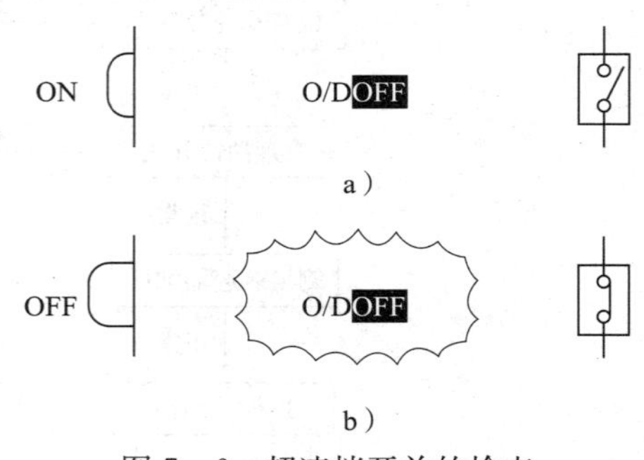

图7—6　超速挡开关的检查

6）用举升机将汽车升起，让驱动轮悬空。起动发动机，自动变速器以前进挡工作，检查在空载状态下自动变速器的升挡情况。如果在空载状态下自动变速器能升入超速挡，且升挡车速正常，说明控制系统工作正常。不能升挡的故障原因是超速制动器打滑，在有负荷的状态下不能升入超速挡。如果能升入超速挡，但升挡后车速不能提高，发动机转速下降，说明超速行星排中的直接离合器或直接单向超越离合器卡死，使超速行星排在超速挡状态下出现运动干涉，加大了发动机运转阻力。如果在无负荷状态下仍不能升入超速挡，说明控制系统有故障，应拆卸阀板，检查3-O/D换挡阀。如果换挡阀有卡滞，可将阀芯拆下，予以清洗并抛光；如果不能修复，应更换阀板总成。

自动变速器无超速挡的故障诊断流程如图7—7所示。

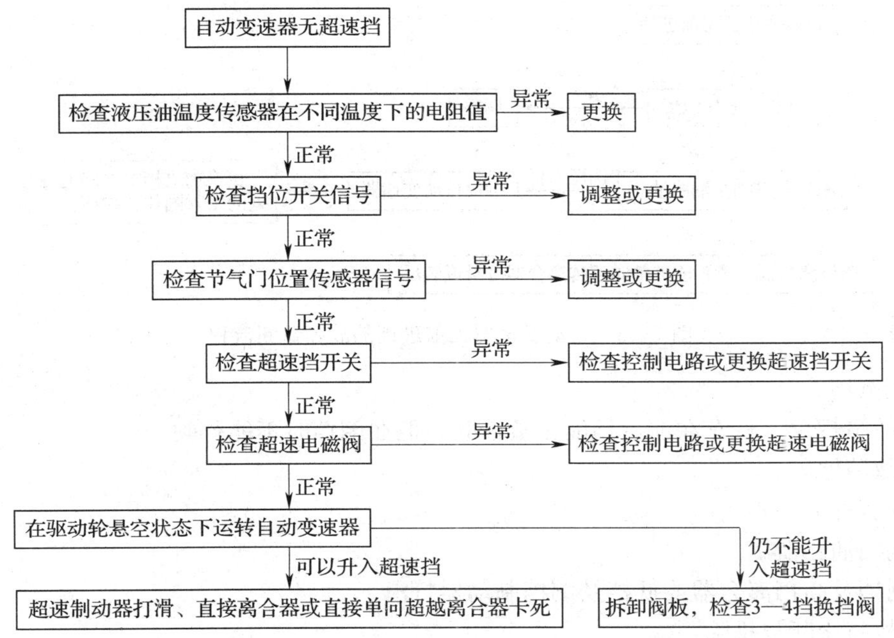

图7—7　自动变速器无超速挡的故障诊断流程

7．无前进挡

（1）故障现象：

1）汽车倒挡行驶正常，在前进挡时不能行驶。

2）变速杆在D位时不能起步，在S位、L位（或2挡、1挡）时可以起步。

（2）故障原因：

1）前进离合器严重打滑。

2）前进单向超越离合器打滑或装反。

3）前进离合器油路严重泄漏。

4）变速杆调整不当。

（3）故障诊断与排除：

1）检查变速杆的调整情况。如果有异常，应按规定程序重新调整。

2）测量前进挡主油路油压。若油压过低，说明主油路严重泄漏，应拆检自动变速器，更换前进挡主油路上各处的密封圈和密封环。

3）若前进挡主油路油压正常，应拆检前进离合器。如果摩擦片表面烧焦或磨损过度，应更换摩擦片。

4）若主油路油压和前进离合器均正常，则应拆检前进单向超越离合器，按照《自动变速器维修手册》所述方法检查前进单向超越离合器的安装方向是否正确以及是否打滑。如果装反，应重新安装；如有打滑，应更换新件。

自动变速器无前进挡的故障诊断流程如图 7—8 所示。

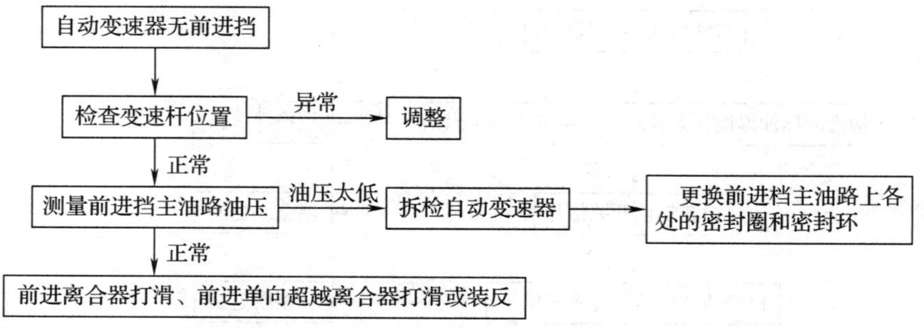

图 7—8　自动变速器无前进挡的故障诊断流程

8. 无倒挡

（1）故障现象。汽车在前进挡能正常行驶，但在倒挡时不能行驶。

（2）故障原因：

1）变速杆调整不当。

2）倒挡油路泄漏。

3）倒挡及高挡离合器或低挡及倒挡制动器打滑。

（3）故障诊断与排除：

1）检查变速杆的位置。如果有异常，应按规定程序重新调整。

2）检查倒挡油路油压。若油压过低，说明倒挡油路泄漏，应拆检自动变速器予以修复。

3）若倒挡油路油压正常，应拆检自动变速器，更换损坏的离合器片或制动器片（制动带）。

自动变速器无倒挡的故障诊断流程如图 7—9 所示。

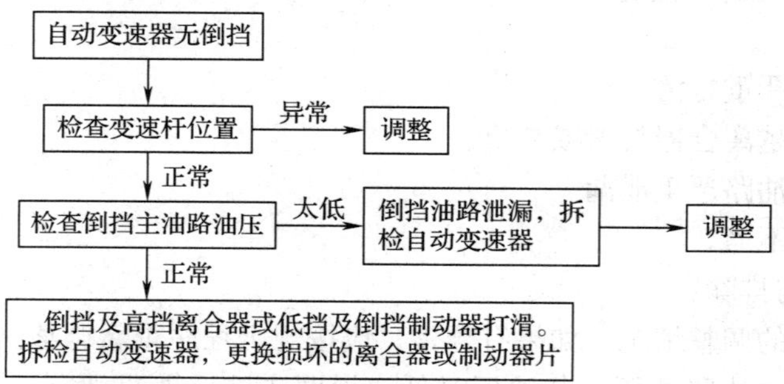

图 7—9　自动变速器无倒挡的故障诊断流程

9. 频繁跳挡

（1）故障现象。汽车以前进挡行驶时，即使加速踏板保持不动，自动变速器仍会经常出现突然降挡现象；降挡后发动机转速异常升高，并产生换挡冲击。

（2）故障原因：

1）节气门位置传感器有故障。

2）车速传感器有故障。

3）控制系统电路接地不良。

4）换挡电磁阀接触不良。

5）电控单元有故障。

（3）故障诊断与排除：

1）对于电子控制自动变速器，应先进行故障自诊断。如果有故障代码出现，应按所显示的故障代码查找故障原因。

2）检测节气门位置传感器。如果有异常，应更换。

3）检测车速传感器。如果有异常，应更换。

4）检查控制系统电路各条接地线的接地状态。如果有接地不良现象，应予以修复。

5）拆下自动变速器油底壳，检查各换挡电磁阀线束接头的连接情况。如果有松动，应予以修复。

6）检查电控单元各接线脚的工作电压。如果有异常，应予以修复或更换。

7）换一个新的阀板或电控单元试一下，如果故障消失，说明原阀板或电控单元损坏，应更换。

8）更换控制系统所有线束。

自动变速器频繁跳挡的故障诊断流程如图 7—10 所示。

10．挂挡后发动机怠速易熄火

（1）故障现象：

1）发动机怠速运转，将变速杆由 P 位或 N 位换入 R 位、D 位、S 位、L 位（或 2 挡、1 挡）时发动机熄火。

2）在前进挡或倒挡行驶中，踩下制动踏板停车时发动机熄火。

（2）故障原因：

1）发动机怠速过低。

2）阀板中的锁止控制阀卡滞。

3）挡位开关有故障。

4）输入轴转速传感器有故障。

（3）故障诊断与排除：

1）在空挡或停车挡时，检查发动机怠速。正常的发动机怠速应为 750 r/min。若怠速过低，应重新调整。

2）对于电子控制自动变速器的信号，应先进行故障自诊断，按所显示的故障代码查找故障原因。

3）检查挡位开关信号，应与操纵手柄的位置一致，否则应予以调整或更换。

4）检查输入轴转速传感器，如果有损坏应更换。

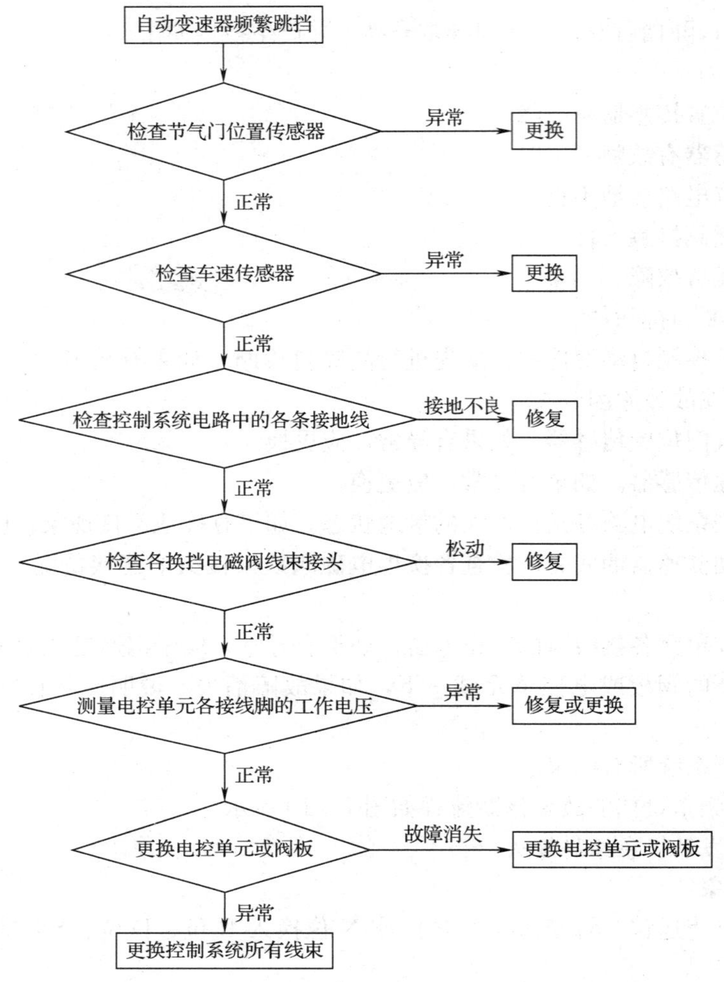

图 7—10　自动变速器频繁跳挡的故障诊断流程

5）拆卸阀板，检查锁止控制阀。如果控制阀有卡滞应清洗、抛光后装复；如果仍不能排除故障，应更换阀板。

6）若油底壳内有大量的摩擦粉末，应彻底分解自动变速器，予以检修。

自动变速器挂挡后发动机怠速易熄火的故障诊断流程如图 7—11 所示。

11. 无发动机制动

（1）故障现象：

1）在行驶中，当变速杆位于前进低挡（S、L 或 2、1）位置时，松开加速踏板，发动机转速降至怠速，但汽车没有明显减速。

2）下坡时，变速杆位于前进低挡，但不能产生发动机制动作用。

（2）故障原因：

1）挡位开关调整不当。

2）变速杆调整不当。

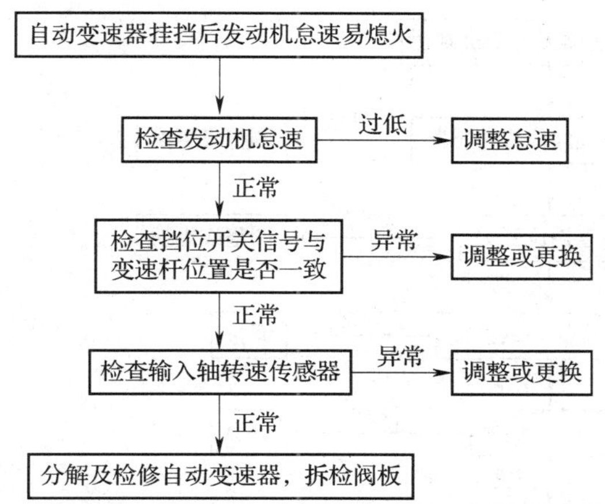

图 7—11　自动变速器挂挡后发动机怠速易熄火的故障诊断流程

3）2 挡强制制动器打滑或低挡及倒挡制动器打滑。

4）控制发动机制动的电磁阀有故障。

5）阀板有故障。

6）自动变速器打滑。

7）电控单元有故障。

（3）故障诊断与排除：

1）对于电子控制自动变速器，应进行故障自诊断，按所显示的故障代码查找故障原因。

2）做道路试验，检查加速时自动变速器有无打滑现象。如果有打滑现象，应拆检自动变速器。

3）如果变速杆位于 S 位时没有发动机制动作用，但位于 L 位时有发动机制动作用，则说明 2 挡强制制动器打滑，应拆检自动变速器。

4）如果变速杆位于 L 位时没有发动机制动作用，但位于 S 位时有发动机制动作用，则说明低挡及倒挡制动器打滑，应拆检自动变速器。

5）检查控制发动机制动的电磁阀线路有无短路或断路，电磁阀线圈电阻是否正常，通电后有无工作声音。如果有异常，应修复或更换。

6）拆卸阀板总成，清洗所有控制阀。阀芯如果有卡滞可抛光后装复；如果抛光后仍有卡滞，应更换阀板。

7）检测电控单元各接线脚的工作电压。要特别注意与节气门位置传感器、挡位开关连接的各接线脚的电压。如果有异常，应做进一步检查。

8）更换一个新的电控单元试一下，如果故障消失，说明原电控单元损坏，应更换。

自动变速器无发动机制动的故障诊断流程如图 7—12 所示。

12. 不能强制降挡

（1）故障现象。当汽车以 3 挡或超速挡行驶时，突然将加速踏板踩到底，自动变速器不能立即降低一个挡位，致使汽车加速无力。

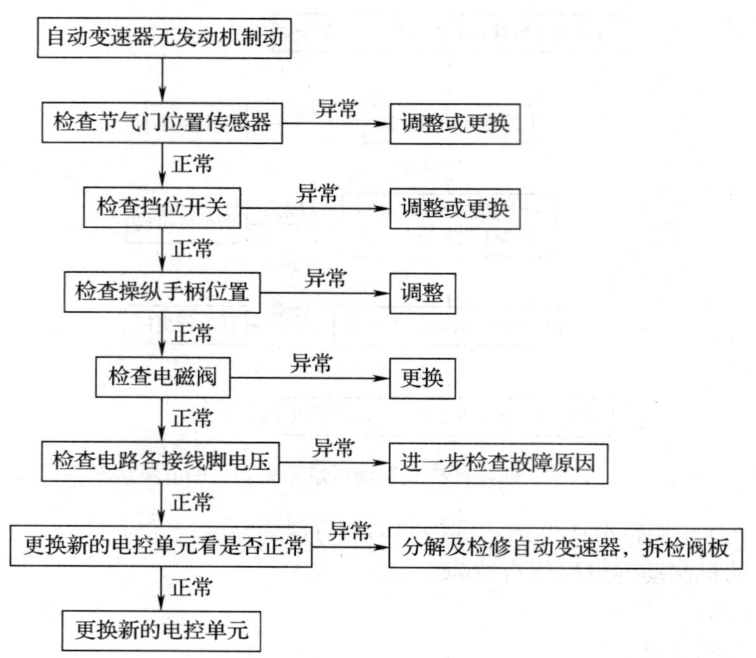

图 7—12　自动变速器无发动机制动的故障诊断流程

（2）故障原因：

1）节气门拉索或节气门位置传感器调整不当。

2）强制降挡开关损坏或安装不当。

3）强制降挡电磁阀损坏或线路短路、断路。

4）阀板中的强制降挡控制阀卡滞。

（3）故障诊断与排除：

1）检查节气门拉索或节气门位置传感器的安装情况。如果有异常，应按标准重新调整。

2）检查强制降挡开关。在加速踏板踩到底时，强制降挡开关的触点应闭合；松开加速踏板时，强制降挡开关的触点应断开。如果加速踏板踩到底时强制降挡开关触点没有闭合，可用手直接按强制降挡开关。如果按下开关后触点闭合，说明开关安装不当，应重新调整；如果按下开关后触点仍不闭合，说明开关损坏，应予以更换。

3）对照电路图，在自动变速器线束插头处测量强制降挡电磁阀电阻以及线路的通断。如果有异常，则故障原因是线路短路、断路或电磁阀损坏，应检查线路或更换电磁阀。

4）打开自动变速器油底壳，拆下强制降挡电磁阀，检查电磁阀的工作情况。如果有异常，应予以更换。

5）拆卸阀板总成，分解、清洗、检查强制降挡控制阀。强制降挡控制阀阀芯如果有卡滞，可进行抛光修复；若无法修复，则应更换阀板总成。

自动变速器不能强制降挡的故障诊断流程如图 7—13 所示。

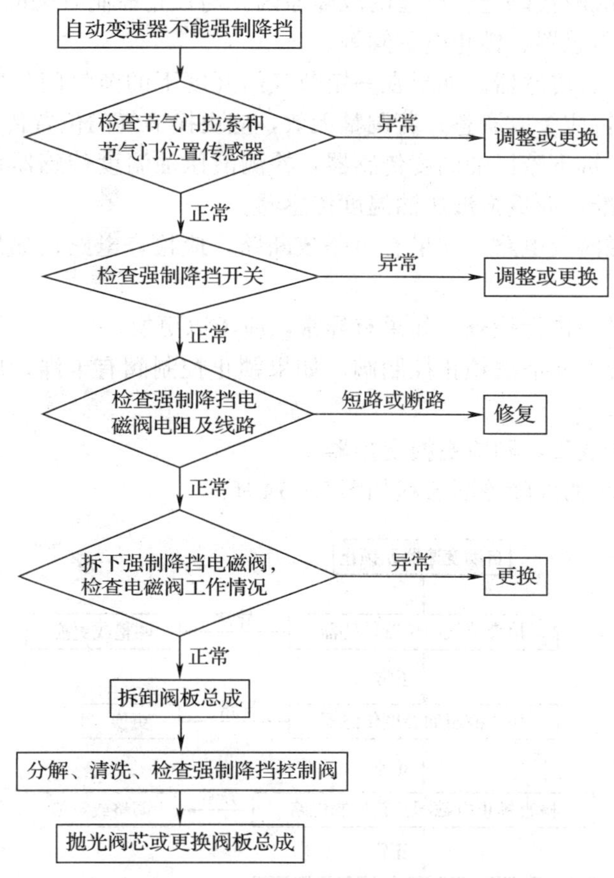

图 7—13　自动变速器不能强制降挡的故障诊断流程

13．无锁止

（1）故障现象：

1）汽车行驶中，车速、挡位已满足锁止离合器起作用的条件，但锁止离合器仍没有产生锁止作用。

2）汽车油耗较大。

（2）故障原因：

1）液压油温度传感器有故障。

2）节气门位置传感器有故障。

3）锁止电磁阀有故障或线路短路、断路。

4）锁止控制阀有故障。

5）变矩器中的锁止离合器损坏。

（3）故障诊断与排除：

1）对于电子控制自动变速器，应进行故障自诊断，检查有无故障代码。如果有故障代码，则可按显示的故障代码查找相应的故障原因。与锁止控制有关的部件包括液压油温度传感器、节气门位置传感器、锁止电磁阀等。

2）检查节气门位置传感器。如果在一定节气门开度下的节气门位置传感器输出电压过高或电位计电阻过大，应予以调整；若调整无效，应更换节气门位置传感器。

3）打开油底壳，拆下液压油温度传感器，检测液压油温度传感器负温度系数热敏电阻阻值。如果不符合标准，应更换液压油温度传感器。

4）检查锁止电磁阀及电路。如果有短路或断路，应检查电路；如果电路正常，则应更换电磁阀。

5）拆下锁止电磁阀进行检查。如果有异常，应予以更换。

6）拆下阀板，分解并清洗锁止控制阀。如果锁止控制阀有卡滞，应抛光装复；如果不能修复，应更换阀板。

7）若控制系统无故障，则应更换变矩器。

自动变速器无锁止的故障诊断流程如图 7—14 所示。

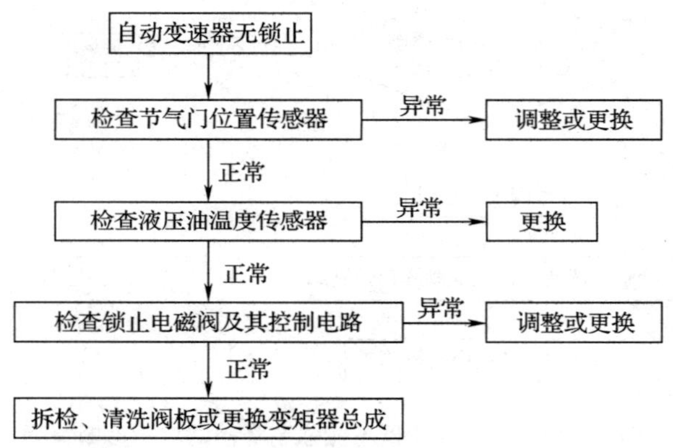

图 7—14　自动变速器无锁止的故障诊断流程

14. 液压油易变质

(1) 故障现象：

1）更换后的新液压油使用不久即变质。

2）自动变速器温度太高，从加油口处向外冒烟。

(2) 故障原因：

1）汽车使用不当，经常超负荷行驶，如经常用于拖车，或经常急速、超速行驶等。

2）液压油散热器管路堵塞。

3）通往液压油散热器的限压阀卡滞。

4）离合器或制动器自由间隙太小。

5）主油路油压太低，离合器或制动器在工作中打滑。

(3) 故障诊断与排除：

1）汽车以中、低速行驶 5～10 min，待自动变速器达到正常工作温度后，在发动机运转过程中检查自动变速器液压油散热器的温度。在正常情况下，液压油散热器的温度可达60℃左右。若液压油散热器的温度低，说明油管堵塞，或通往液压油散热器的限压阀卡滞，使液压油得不到及时冷却，油温过高，导致变质。

2）若液压油散热器的温度太高，说明离合器或制动器自由间隙太小。对此，应拆卸自动变速器并予以调整。

3）若液压油温度正常，应测量主油路油压。若油压太低，应检查节气门拉索或节气门位置传感器的调整情况。若节气门拉索或节气门位置传感器安装正常，应拆卸自动变速器，检查油泵是否磨损过度、阀板内的主油路调压阀和节气门阀有无卡滞、主油路有无漏油处。

4）若上述检查均正常，则故障可能是汽车经常超负荷行驶，或未按规定使用合适牌号的液压油所致。对此，可将液压油全部放出，加入规定牌号的液压油。

自动变速器液压油易变质的故障诊断流程如图 7—15 所示。

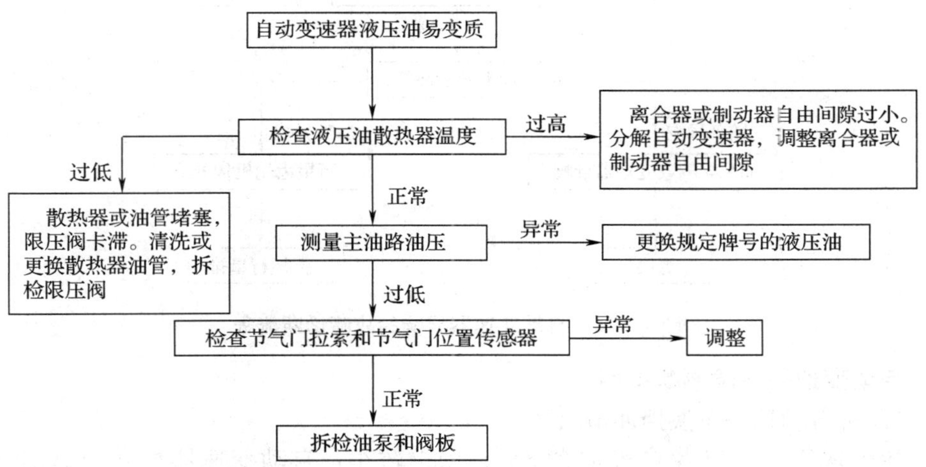

图 7—15　自动变速器液压油易变质故障诊断流程

15. 自动变速器异响

（1）故障现象：

1）在汽车运转过程中，自动变速器内始终有异常响声。

2）汽车行驶中自动变速器有异响，停车挂空挡后异响消失。

（2）故障原因：

1）油泵因磨损过度或液压油油面高度过低、过高而产生异响。

2）变矩器因锁止离合器、导轮、单向超越离合器等损坏而产生异响。

3）行星齿轮机构异响。

4）换挡执行元件异响。

（3）故障诊断与排除：

1）检查自动变速器液压油油面高度。若太高或太低，应调整至正常高度。

2）用举升机将汽车升起，起动发动机，在空挡、前进挡、倒挡等状态下检查自动变速器产生异响的部位和时刻。

3）若在任何挡位下自动变速器始终有连续的异响，通常为油泵或变矩器异响。对此，应拆检自动变速器，检查油泵有无磨损、变矩器内有无大量摩擦粉末。如果有异常，应更换油泵或变矩器。

4）若自动变速器只在行驶中才有异响，空挡时无异响，则为行星齿轮机构异响。对此，应分解自动变速器，检查行星排各零件有无磨损痕迹，齿轮有无断裂，单向超越离合器有无磨损、卡滞，轴承或止推垫片有无损坏。如果有异常，应予以更换。

自动变速器异响的故障诊断流程如图 7—16 所示。

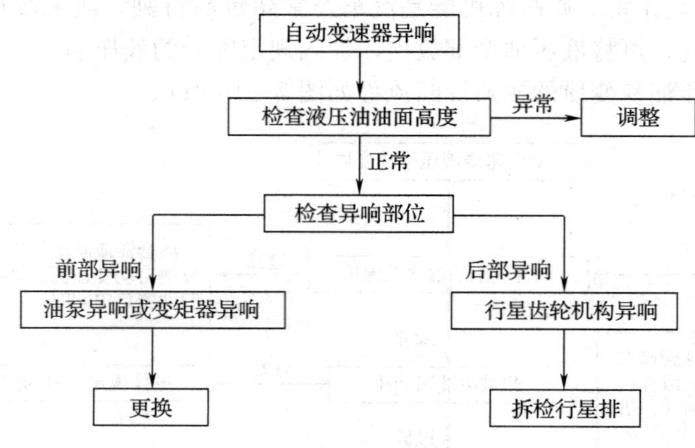

图 7—16　自动变速器异响的故障诊断流程

二、自动变速器故障诊断案例

1. 爱丽舍自动挡轿车换挡冲击故障

（1）故障现象。2002 年产爱丽舍 8V 自动挡轿车，自动变速器型号为 AL4。该车低速行驶时自动变速器有换挡冲击现象，感觉车身抖动明显，高速时正常；无故障灯闪烁现象。

（2）故障诊断与排除。用 PROXIA 诊断仪读取故障代码为：没有故障。主油道压力参数正常，怠速时 D 挡为 2.9～3 bar（1 bar＝100 kPa），N 挡为 2.5～2.7 bar。路试，用 PROXIA 进行就车参数分析，发现每次在 2 挡未锁止时加速，2 挡先换到 N 挡，又换到 2 挡锁止，此时发生冲击，车身抖动了一下，接下去换 3 挡、4 挡都正常。

根据上述情况分析认为，可能是控制变矩器锁止的液控部分出现故障。而从液力控制盒液控图上可以看到，该部分由变矩器锁止电磁阀 EVMPC 和辅助液力分配器组成。变矩器锁止电磁阀 EVMPC 调节油压从 0～3 bar 变化。当变矩器锁止电磁阀调节压力小于 1 bar 时，CPC 阀芯和 RPC 阀芯均不移动，变矩器锁止活塞处于分离状态；当变矩器锁止电磁阀调节压力大于 1 bar 且小于 1.3 bar 时，CPC 阀芯开始移动泄压，变矩器锁止活塞继续处于分离状态；当变矩器锁止电磁阀调节压力大于 1.3 bar 时，RPC 阀芯也开始移动，油道改向，变矩器锁止活塞进入接合状态，变矩器锁止。

分析可能为变矩器锁止电磁阀失效或 CPC 和 RPC 阀芯卡滞。之前维修人员已经检查过油平面，将变矩器锁止电磁阀和油压调节电磁阀调换过，且简单清洗过液力控制盒，更换了已经较脏污的变速器油，但故障依旧。分析可能为清洗不彻底。将辅助液力分配器中的 CPC 和 RPC 阀芯拆出来彻底清洗一遍，装回后故障排除。

2. 上海帕萨特 B5 轿车自动变速器拆检后出现脱挡故障

(1) 故障现象。一辆装备有 AG4 (01 N) 电控自动变速器的帕萨特 B5 轿车，因水箱内水道与变速器散热油道导通而进厂换水箱，并拆检及清洗变速器。修理前用 V. A. G1552 故障诊断仪检测变速器正常，修理中更换了离合器摩擦片，测试了各离合器、制动器等液压元件的密封性能，拆检了阀体及七个电磁阀，测量了阀体扁线束的导通情况等，一切正常。但装复后在举升机上挂 D 挡试车时发现 1 挡正常，但换入 2 挡就出现脱挡现象（空油门），当车速下降到 0 时又跳上 1 挡，只有很少几次能 1→2→3→4 正常升挡。R 挡正常，手动换挡情况一样。

(2) 故障诊断与排除。用 V. A. G1552 检测无故障代码，数据流基本正常。在行驶过程中各电磁阀的工作情况决定了所处挡位状况。该车在 1 挡时数据流 004 级 1 区显示变为“011000”，就是说电脑已命令换入 2 挡，这说明电脑及相关线路是正常的，而且该型号变速器控制单元有安全保护功能。当汽车运行中“D、3、2”挡发生严重故障（如电器、线路或液压元件损坏），会锁定 3 挡紧急运行；当“1、P、N、R”挡发生故障，会锁在故障挡。

据此推断该车故障应在阀体、电磁阀及机械上。由于机械部分在装配时已仔细检测，因此决定先拆检阀体和电磁阀，并再次测量扁线束的导通情况，结果未发现问题。装复试车后发现变速器锁在 3 挡，后来现象没有了。用 V. A. G1552 查出故障代码 00268，为 N93 电磁阀开路。检查外围线路正常后再拆检电磁阀及扁线束，结果扁线束中 N93 线路不通。

检查已老化发暗的扁线束发现，扁线束在其固定架（黑色）根部弯折变形（不易发现），线束中印制铜皮已弯折开裂，似断非断，其中 N93 线皮已完全断开。更换该扁线束后试车一切正常，故障彻底排除。

故障就出现在已测量多遍均正常的线束上。后来分析认为，可能在第一次拆阀体时不小心使已老化的扁线束弯折，造成内部印制铜皮有几根处于半断半连状态，但又未完全断开，此时电脑自检或控制相应电磁阀工作时有小部分电流通过，仍是完整的回路，所以电脑认为相关电路均正常，而没有存储故障代码且按正常程序控制换挡。但这小部分电流又不能真正驱使电磁阀工作，无法控制挡位及油压油道转换，从而造成上述现象。偶尔几次连接较好时又能 1、4 挡正常换挡。再次拆装弯折后 N93 线彻底断开（N93 电磁阀电阻较小，为 5 Ω 左右，工作电流较大；而其他电磁阀电阻在 60 Ω 左右）。

在检修线路时经常能够碰到这种似接触非接触的情况，很容易造成误判断而走弯路，可通过加热法、冷却法、振动法、加载法等多种方法检查才能更准确地排除故障。

3. 大众宝来轿车无 4 挡故障

(1) 故障现象。一辆行驶里程超 230 000 km，搭载 01 M 型自动变速器的 2003 年款大众宝来轿车，用户反映该车无 4 挡。

（2）故障诊断与排除。接车后维修人员试车，发现该车在 3 挡升 4 挡时有断续的反向拖拽现象。检测变速器控制单元，无故障代码存储。

1）该型变速器 3 挡的工作元件为 K1、K3，4 挡的工作元件为 K3、B2。由于换挡过程中 K3 的状态没有改变，因此不在考虑范围内。而在此过程中 K1 退出，B2 进入，所以问题只能出在这两个换挡元件中。由变速器的动力传递路线可以看出，3 挡时离合器 K1 及 K3 将小太阳轮与行星齿轮架连为一体。根据行星齿轮组的特性，当齿轮组中任意两个元件连为一体时，整个齿轮组便成为一体，复合行星齿轮组也不例外。这样 3 挡时变速器的传动比为 1。

2）根据变速器的结构特点进行分析，导致故障的原因有三种可能性：一是制动器 B2 没有正常进入工作状态；二是离合器 K1 没能正常退出工作状态；三是 B2 没有进入，K1 也没有退出。如果是第一种情况，发动机会出现空转现象；如果是第二种情况，B2 会直接对变速器的输出进行制动；如果是第三种情况，车辆会继续以 3 挡行驶。根据故障现象，变速器的故障原因应属于第二种可能性。

3）查看油路图（见图 7—17）得知，3 挡升 4 挡时离合器 K1 的动力油压是由电磁阀 N88 来控制的。那么 K1 不能正常退出工作状态的首要原因应该是 N88 故障。断开变速器控

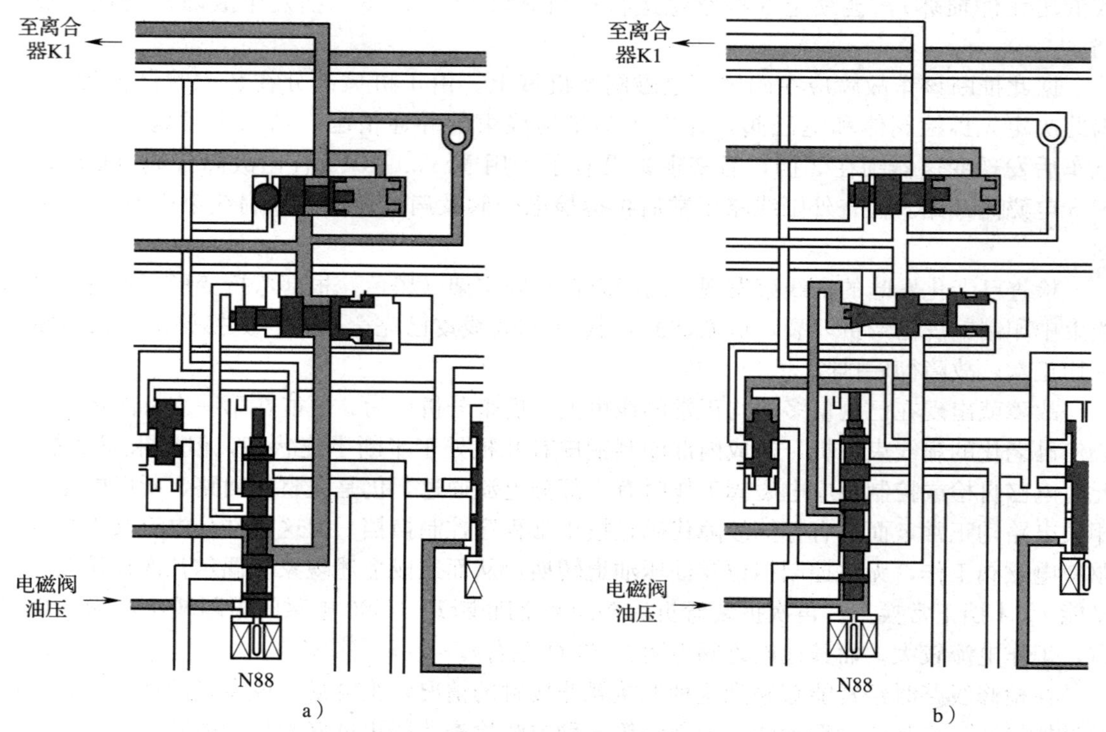

图 7—17 与 K1 有关的油路图

a）3 挡 b）4 挡

制线束的插接器，测量 N88 电磁线圈的电阻，阻值为 120 Ω，而其正常值应为 55～65 Ω，这样一来故障原因便清楚了。由于 N88 电磁线圈的阻值偏大，所以其工作电流下降，导致电磁场对衔铁的推力不足，致使球阀无法完全关闭泄油通道。在变速器执行 4 挡时，离合器 K1 无法完全分离，其后果恰好符合试车时感受到的故障现象。

4）更换电磁阀 N88，故障排除。

第二节 ABS 防抱死制动系统故障诊断

现代汽车电子控制防抱死制动系统（ABS）都具有故障自诊断功能，当 ABS 的 ECU 检测到系统故障信息时，立即将仪表板上的 ABS 警示灯点亮，告知驾驶员 ABS 系统出现故障，同时将故障信息以故障代码的形式储存到存储器中。诊断 ABS 系统故障时，按照设定的程序和方法可读取故障代码和清除故障代码。

一、丰田车系故障代码的调取与清除

1. 调取故障代码的方法

将维修连接器接头分开或将 Wa 与 Wb 之间的短接插销拔出，接通点火开关，将发动机室内的故障诊断座或驾驶室内 TDCL 连接器的 Tc 与 E_1 端子用跨接线连接，仪表板上的 ABS 警示灯即可闪烁出故障代码。故障代码及故障内容见表 7—1。

表 7—1　　故障代码及故障内容

故障代码	故障内容	故障原因及检查部位
11	调节器电磁阀继电器线圈故障	（1）电磁阀继电器线圈断路 （2）电磁阀继电器与 ECU 连线断路
12	调节器电磁阀继电器线圈故障	（1）电磁阀继电器线圈短路 （2）电磁阀继电器与 ECU 连线短路
13	油泵继电器线圈故障	（1）油泵继电器线圈断路 （2）油泵继电器与 ECU 连线断路
14	油泵继电器线圈短路故障	（1）油泵继电器线圈短路 （2）油泵继电器与 ECU 连线短路
21	右前轮油压调节电磁阀电路故障	（1）电磁阀线圈断路或短路 （2）电磁阀与 ECU 连线断路或短路
22	左前轮油压调节电磁阀电路故障	
23	右后轮油压调节电磁阀电路故障	
24	左后轮油压调节电磁阀电路故障	
31	右前轮转速传感器信号故障	（1）轮速传感器故障 （2）轮速传感器与 ECU 连线断路或短路
32	左前轮转速传感器信号故障	
33	右后轮转速传感器信号故障	
34	左后轮转速传感器信号故障	

续表

故障代码	故障内容	故障原因及检查部位
35	左前或右后轮转速传感器电路断路（X 布置）	（1）轮速传感器故障 （2）轮速传感器与 ECU 连线断路
36	右前或左后轮转速传感器电路断路（X 布置）	
37	后轮转速传感器信号故障	（1）传感器故障 （2）传感器与 ECU 连接线路断路或短路
41	电源电压不稳	（1）发电机故障 （2）电压调节器故障 （3）电源线路故障
45	油泵或搭铁线故障	（1）油泵转子卡死 （2）油泵电动机搭铁线断路 （3）油泵内部断路
71	右前轮转速传感器信号电压过低	（1）永磁体磁场过弱 （2）传感头安装位置不对 （3）传感头与齿圈间隙过大
72	左前轮转速传感器信号电压过低	
73	右后轮转速传感器信号电压过低	
74	左后轮转速传感器信号电压过低	
75	右前轮转速传感器信号不稳	（1）传感头松动 （2）传感器插头松动 （3）传感器与 ECU 连线接触不良
76	左前轮转速传感器信号不稳	
77	右后轮转速传感器信号不稳	
78	左后轮转速传感器信号不稳	

2．清除故障代码的方法

ABS 系统的故障排除后，应将 ECU 所存储的故障代码清除。在满足下列条件的情况下，在 3 s 内连续踩制动踏板 8 次，即可清除故障代码。

（1）将汽车停稳。

（2）将诊断座 Tc 与 E_1 端子跨接。

（3）维修连接器接头分开或 Wa、Wb 短接插销拔出。

（4）点火开关接通。

故障代码清除后，再将 Tc 与 E_1 跨接线拆去，将维修连接器接头或 Wa、Wb 短接插销插好。

二、轮速传感器信号故障代码的调取与清除

1．轮速传感器信号故障代码的调取方法

（1）将维修连接器接头分开或将 Wa、Wb 短接插销拔出。

（2）将诊断座或 TDCL 连接器的 Tc 与 E_1 端子跨接。

(3) 起动发动机怠速运转，此时仪表板上的 ABS 警示灯闪烁。

(4) 驾驶汽车上路，使车速达到 90 km/h 以上并保持数秒后将车停下。

(5) 再将诊断座或 TDCL 连接器的 Tc、E_1 端子跨接。

此时仪表板上的 ABS 警示灯将会闪烁。如果系统正常，警示灯将会以 2 次/s 的频率闪烁，如果有故障则会闪烁出故障代码，见表 7—1。

2. 故障代码清除方法

车轮转速传感器故障代码清除方法同 ABS 系统故障代码的清除方法。

三、故障代码显示故障的诊断与排除

1. 故障代码“01276”：ABS 液压泵电动机不能正常工作

当车速超过 20 km/h 时，ABS 控制单元将控制电动机工作，若此时检测到电动机工作不正常，则出现此故障代码。其主要故障原因为电源线路短路或搭铁及电动机线束松脱，诊断过程如下：

(1) 拔下电动机线束连接器，直接给电动机提供蓄电池电压，若电动机不能正常工作，应更换液压控制单元。

(2) 检查熔断器和 ABS 控制单元连接器，若损坏或腐蚀、松动，应更换熔断器或线束。

(3) 接好电动机线束，连接 V. A. G1552 故障诊断仪，打开点火开关，清除故障代码（选择功能“05”），利用 V. A. G1552 进行液压控制单元功能测试（驱动电动机）。若电动机仍不能正常工作，则更换电子控制单元；若电动机运转正常，可能是接触不良引发的偶然性故障，可用模拟法查找故障部位，并排除故障。

2. 故障代码“00283、00285、00290、00287”：车轮转速传感器电气及机械故障

在下列几种情况下，可能出现上述车轮转速传感器故障代码：

(1) 当检查不到电路断路，而车速达到 10 km/h 以上仍没有信号输出时，即出现此故障代码。

(2) 当检测到车速超过 40 km/h，传感器信号超出标准值时，即出现此故障代码。

(3) 传感器存在可识别的断路故障时，即出现此故障代码。

对于前两种情况，其可能的故障原因是传感器安装不当、传感器线圈或线束短路、传感器与齿圈气隙过大、齿圈损坏、轴承间隙过大、ABS 控制单元损坏等。诊断时，首先检查车轮转速传感器，若安装不正确或损坏，应重新安装或更换；再检查齿圈及气隙，齿圈损坏则更换，气隙过大应重新安装及调整；然后检查车轮轴承间隙，不正常应进行调整；最后检查车轮转速传感器与 ABS 控制单元间的线束和连接器，若损坏或松旷应更换。

第三种情况可能的故障原因是传感器或线圈连接不良、传感器线圈短路、传感器连接器或线束短路或搭铁、ABS 控制单元信号处理电路有故障。诊断时，检查传感器电阻值，应为 1.0～1.3 kΩ。若阻值正确，可能是电子控制单元损坏，应更换；若阻值不正确，则检查传感器连接器，如腐蚀或松动，应检修或更换。随后检查 ABS 控制单元与传感器之间的线束，若有短路或断路应更换线束。若上述各项均正常，可能是偶发性故障，用模拟法检查，确定故障部位并排除故障。

3．故障代码“01044”：ABS编码错误

当电子控制单元的软件编号与ABS线束的硬件编号不一致时，即出现此故障代码。其故障原因可能是ABS线束内跳针连接错误、ABS电子控制单元编码错误。

（1）使用V. A. G1552检查ABS电子控制单元，软件编码正确值为“03604”（Jetta 5 V），否则需重新编码。

（2）检查ABS线束跳针端子15和21（Jetta 5 V）能否导通，如不导通，应检修或更换线束。

4．故障代码“00668”：端子30供电电压异常

当供电端子30未提供电压或电压过高时，即出现此故障代码。其故障原因可能是ABS熔断器烧断、蓄电池电压过高或过低、ABS线束连接器不良、ABS电子控制单元损坏。

（1）检查蓄电池电压是否正常。

（2）检查ABS 30 A熔断器，若熔断应更换。

（3）断开ABS电子控制单元连接器，打开点火开关，测量端子8和9、24和25、8和23之间的电压，均应为9.5～16.5 V。若电压正常，可能是控制单元损坏，应更换；若电压不正常，则检查控制单元连接器，如果有腐蚀、松旷现象，应修复或更换。

（4）若为偶发性故障，可用模拟法检查并排除故障。

5．故障代码“01130”：信号不合理

当ABS微处理器进行车速信号比较，认为不合理时，即出现此故障代码。其故障原因为高频电波干扰、车轮转速传感器损坏或连接器不良、ABS电子控制单元损坏。

（1）检查车轮转速传感器输出的信号电压，若信号正常，则为电子控制单元故障，应更换。

（2）如果信号输出不正常，检查车轮转速传感器，若损坏应更换。

（3）如果传感器正常，应检查电子控制单元和传感器之间的线束及连接器。

四、无故障代码输出时ABS系统的故障诊断与排除

1．发动机未起动，打开点火开关时ABS故障警告灯不亮

此故障的可能原因为熔断器烧断、ABS故障警告灯灯泡损坏、电源电路断路或连接器损坏、ABS故障警告灯控制器损坏。

（1）检查中央电器盒内的ABS熔断器，烧断则更换。

（2）检查中央电器盒熔断器插座，损坏应修复。

（3）断开电子控制单元连接器，打开点火开关，若ABS故障警告灯点亮，则为警告灯控制器一侧或电子控制单元一侧的电路断路，应检修或更换线束；若ABS故障警告灯仍然不亮，应检查警告灯灯泡，损坏应更换。

（4）若灯泡良好，则检查警告灯电源电路、搭铁电路及其连接器，如果有断路现象或腐蚀，应更换线束。

（5）在检查过程中，轻轻晃动线束及连接器，如果故障消失，则为接触不良引起的偶发性故障，视情况进行排除。

（6）若上述检查均正常，故障可能是警告灯控制器损坏所致，应更换警告灯控制器。

2. 发动机起动后，ABS故障警告灯常亮

此故障的可能原因为ABS故障警告灯控制器损坏或电路断路、ABS电子控制单元损坏。

（1）检查电子控制单元与ABS故障警告灯控制器之间的线束，如果电路断路则更换线束。

（2）检查ABS故障警告灯控制器，不正常则更换。

（3）若ABS故障警告灯电路及控制器均正常，则故障在电子控制单元，应进行更换。

3. ABS系统工作异常而无故障代码输出

此故障不仅与ABS系统有关，还与驾驶状况及路面条件有密切关系。其主要故障原因为车轮转速传感器安装不当、传感器失效或沾有异物、连接器接触不良、齿圈损坏、车轮轴承损坏、ABS液压控制单元及电子控制单元损坏。

（1）检查车轮转速传感器的安装情况，不正确需重新安装。

（2）检查传感器输出信号电压，如果信号电压正常，则故障在液压控制单元，用V. A. G1552液压单元测试功能进行检查，不正常则更换。

（3）检查各传感器，如果有损坏应更换。

（4）检查传感器齿圈，如果有损坏应更换。

（5）检查车轮轴承，若轴承过松或损坏应予以调整或更换。

（6）在检查过程中，轻轻晃动线束及连接器，如果故障消失，则为接触不良引起的偶发性故障，视情况排除。

（7）断开电子控制单元连接器，检查线束端子4和11、3和18、2和10、1和17之间的电阻值，均应为1.0～1.3 kΩ。若阻值不正常，应检修连接器或更换线束。

（8）若上述检测结果良好，则为电子控制单元有故障，应更换电子控制单元。

五、ABS防抱死制动系统故障诊断案例

1. 毕加索轿车ABS故障灯和驻车制动灯无故闪烁

（1）故障现象。2004年毕加索2.0手/自一体轿车，发动机型号为MM6LP。该车在行驶途中发现组合仪表上的ABS故障灯和驻车制动灯无故闪烁一下就熄灭，同时伴有一声蜂鸣音，无规律反复出现。

（2）故障诊断与排除：

1）用PROXIA检测ABS系统，读取故障代码为“F，蓄电池电压故障”。

2）检查座椅下的蓄电池电压正常，但负极电缆与蓄电池桩头接头处安装不到位，重新安装负极电缆，试车10 km，故障未出现。

3）本以为故障排除，但第二天用户反映故障依旧。再次试车，发现在加速时该故障出现频率较高；停车试着急踩加速踏板，发现组合仪表灯突然随之异常发亮，且上述故障同时出现。

4）照此分析，可能为发电机在发动机转速上升时输出电压过高。用PROXIA检测发电机充电电压，发现怠速时为14.7 V，急踩加速踏板，其电压最高可达18.3 V，至此故障原因查明。更换发电机总成，试车一周，故障不再出现。

2. 宝马728IL轿车仪表板上ABS警示灯常亮

（1）故障现象。仪表板上ABS警示灯常亮。

（2）故障诊断与排除。连接诊断仪，打开点火开关。诊断仪选择宝马车系中的E38底盘，进入ABS系统故障诊断检测，显示故障代码“5C：压力传感器测试”“故障性质：不可靠”。清除故障代码，系统正常。重新起动发动机，再次读取故障代码，显示正常。进行路试，车速在40 km/h时仪表板上ABS警示灯点亮，依旧显示故障代码“5C：压力传感器测试”“故障性质：不可靠”。经询问，此车一直都很好，只是最近下雨，出现此故障。初步判断可能有以下原因：制动液液面过低，制动管路有空气，压力传感器故障，液压泵故障。

1）经检查，制动液量在标准范围，并排除制动管路有空气的可能性。

2）检查压力传感器。起动发动机，诊断仪进入数据流分析，测试结果如下：

①制动灯开关：关；制动时：开。

②制动液面：正常。

③驻车制动开关：拉紧。

④制动压力：0，制动时为40 bar。

数据流正常。

3）通过查阅维修手册，“5C为压力传感器测试”故障代码，表示预增压泵故障。

4）重新连接仪器，进入元件测试，测试项目为：

①回油泵，激活时动作10 s，运转顺畅。

②预增压泵，激活时动作6 s，但是听到“咕”的一声，不灵活，发卡。

5）更换预增压泵，故障排除。

复习思考题

一、思考题

1. 简述自动变速器换挡冲击的故障诊断流程。
2. 简述自动变速器跳挡的故障诊断流程。
3. 简述ABS故障的诊断过程。
4. 简述自动变速器打滑的故障诊断流程。
5. 简述自动变速器异响的故障诊断流程。

二、选择题

1. 如果发动机转速传感器提供低转速信号，自动变速器会产生的现象是（　　）。

A. 提速过慢　　B. 提速过快

C. 不能起动　　D. 以上选项均不正确

2. 检验ABS系统时，主要以（　　）为准。

A. 系统报警灯是否点亮　　B. 实际的制动性能好坏

C. 是否有车轮抱死现象　　D. 有无拖滞

3. 自动变速器换挡冲击大的原因是（　　）。

A. 液压系统压力过大　　B. 液压系统压力过小
C. 液压系统无压力　　D. 以上选项均不正确

4. 自动变速器在（　　）情况下不能行驶。

A. 自动变速器底壳破裂　　B. 电控系统失效
C. 部分离合器损坏　　D. 部分制动器损坏

5. 自动变速器液压油易变质的原因是（　　）。

A. 行星齿轮异响　　B. 主油路油压太低
C. 主油路油压太高　　D. 部分制动器损坏

6. 自动变速器异响的原因是（　　）。

A. 行星齿轮异响　　B. 节气门位置传感器损坏
C. 主油路油压太高　　D. 部分离合器损坏

7. 行驶中自动变速器可以升入 2 挡但不能升入 3 挡的故障是（　　）。

A. 自动变速器不能升挡　　B. 自动变速器打滑
C. 自动变速器跳挡　　D. 自动变速器乱挡

8. 汽车倒挡能正常行驶，在前进挡时不能行驶的故障是（　　）。

A. 自动变速器不能升挡　　B. 自动变速器打滑
C. 自动变速器无前进挡　　D. 自动变速器乱挡

9. 汽车在前进挡能正常行驶，但在倒挡时不能行驶的故障是（　　）。

A. 自动变速器不能升挡　　B. 自动变速器异响
C. 自动变速器无倒挡　　D. 自动变速器打滑

10. 在行驶中，当变速杆位于前进低挡位置时，松开加速踏板，发动机转速降至怠速，但是汽车没有明显减速的故障是（　　）。

A. 无发动机制动　　B. 节气门位置传感器损坏
C. 自动变速器不能升挡　　D. 部分离合器损坏

第八章　汽车电气系统故障诊断

学习目标

1. 掌握起动系统故障的现象、原因，并能分析、判断和独立排除故障。

2. 熟悉充电系统故障的现象、原因，并能分析、判断和独立排除故障。

3. 熟悉汽车灯系故障的现象、原因，并能分析、判断和独立排除故障。

4. 熟悉中央门锁及防盗系统故障的现象、原因，并能分析、判断和独立排除故障。

5. 熟悉辅助电器故障的现象、原因，并能分析、判断和独立排除故障。

6. 掌握汽车空调系统故障的现象、原因，并能独立排除故障。

第一节　起动系统故障诊断

发动机起动时，起动机工作电流很大。起动机在大负荷下工作，容易发生故障。常见的起动机故障有起动机不转、起动机运转无力、起动机空转、起动机有异响等。

一、起动机不转

1. 故障现象

将点火开关转到起动位置时，起动机没有转动的声响。

2. 故障原因

（1）蓄电池存电不足或连接线头松动、脏污而接触不良。

（2）起动开关接触点烧蚀或不能接触。

（3）电磁开关线圈短路、断路或接触盘接触不良。

（4）电枢轴弯曲变形，轴承过紧或烧蚀。

（5）起动机内部换向器表面脏污或烧蚀。

（6）起动机磁场绕组、电枢绕组短路、断路。

（7）起动机电刷磨损、弹簧过软、与换向器不接触。

3. 故障诊断与排除

（1）检查蓄电池存电情况及连接线路有无故障。开前照灯或按喇叭，若喇叭不响、灯不亮，表明蓄电池存电不足或接触不良，应修理或充电；若喇叭响、灯亮，表明电源良好。

（2）诊断故障在起动机还是在控制装置。如图8—1所示，短接电磁开关上两个主接线柱“30”端子与“C”端子，若起动机不转，则故障在起动机，应修理；若起动机转动，则起动机正常，故障在电磁开关。

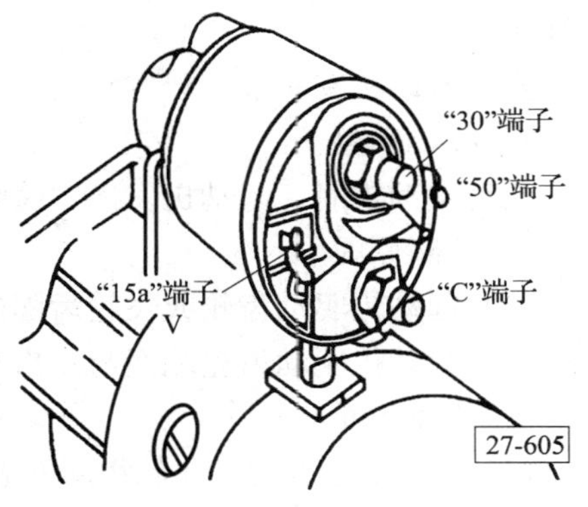

图 8—1　起动机不转的故障诊断

二、起动机运转无力

1. 故障现象

接通起动开关，起动机能运转，但转动无力，不能起动发动机。

2. 故障原因

（1）蓄电池亏电太多，起动电路接头松动、脏污而接触不良或发动机搭铁不良。

（2）起动机装配过紧或内部旋转部件擦碰，阻力过大。

（3）起动机换向器与电刷间脏污、烧蚀或电刷磨损过量、弹簧过软。

（4）起动机电枢绕组或磁场绕组短路。

（5）起动机电磁开关触点烧蚀或电磁开关吸拉线圈和保持线圈断路、短路。

3. 故障诊断与排除

（1）开前照灯或按喇叭，判断蓄电池是否亏电较多，若亏电较多可充电或更换蓄电池。

（2）检查起动电路各连接导线是否松动或搭铁，如果有故障应修复。

（3）短接起动机两个主接线柱“30”端子和“C”端子（见图8—1）。若电流很大，运转正常，说明蓄电池到起动机电路良好，故障在电磁开关，应修复或更换；如果仍无力，则故障在起动机内部，绕组有短路、搭铁或换向器有故障。

三、起动机空转

1. 故障现象

接通点火开关起动时，起动机能转动但只能空转或有“咔啦咔啦”的齿轮撞击声，而发动机曲轴不转。

2. 故障原因

（1）飞轮齿圈缺齿。

（2）单向离合器打滑。

（3）拨叉连接处脱开。

3. 故障诊断与排除

（1）关闭点火开关，挂挡推行一小段距离，再用起动机起动发动机。如果起动正常，说明飞轮齿圈缺齿，应更换齿圈。

（2）若起动机仍然空转，说明起动机驱动器有故障，拆下驱动器检查单向离合器和拨叉的连接。

四、起动机有异响

1. 故障现象

起动发动机时，起动机发出“嘎嘎”的齿轮撞击异响，发动机曲轴不能随之转动。

2. 故障原因

（1）起动机驱动齿轮或飞轮齿圈内端磨损严重。

（2）起动机驱动齿轮端面与止推垫圈之间间隙过大。

3. 故障诊断与排除

（1）检查驱动齿轮和飞轮齿圈的磨损情况，磨损过量应更换飞轮齿圈或起动机驱动齿轮。

（2）将拨叉压到极限位置，起动机驱动齿轮端面与止推垫圈的间隙应在（2±0.5）mm范围内。若间隙不当，可调整行程限位螺钉。

五、起动系统故障诊断案例

1. 起动机不转

（1）车型。四缸奥迪轿车。

（2）故障现象。起动发动机时，听到起动机“啪”的一声响，但是起动机不工作。

（3）故障诊断与排除。拔下起动机上的50号线，在接线与搭铁之间连接一试灯，将点火开关转到起动挡，灯泡亮，说明点火开关正常，故障原因是电磁开关内的触点接触不良。

技术提示

起动发动机时，蓄电池向起动机提供的电流应为100 A左右，产生接触火花，极易使触点烧蚀，造成触点接触不良，电路电阻增大、电流减小，电动机产生的电磁扭矩不足以带动发动机运转，因而造成起动机不转。

2. 起动系统故障

（1）车型。别克君威轿车。

（2）故障现象。点火时起动机不工作。

（3）故障诊断与排除。可能是点火开关有问题，也可能是起动系统电路故障所致。检查点火开关正常，故障在起动系统电路。从最简单、最常见的故障入手，即分别检查三个熔断器及一个继电器是否正常。熔断器可通过用万用表测电阻来判断其是否正常，电阻过大则为熔断器熔断。继电器可在85—86号端子断电及通电两种状态下测试30—87号端子的导通性。断电时30—87号端子电阻无穷大，通电时电阻很小，否则继电器存在故障。若以上检测均正常，则应测试起动机X1—1号端子是否一直有电压存在，X2—1号端子在点火瞬间是否有电压产生。若由此判断存在故障，则问题在于导线；否则，判定为起动机本身故障。

以上是排除故障的整个步骤，实际在对本故障车辆进行检测时发现继电器发生了故障，即给85—86端子通电时，30—87号端子处的电阻依然是无穷大。当更换继电器后，故障得到排除。

第二节　充电系统故障诊断

一、充电指示灯电路故障诊断

常见的充电指示灯电路分两类，一类是指示灯受继电器控制，另一类是指示灯受九管式励磁二极管直接控制，如图 8—2 所示。

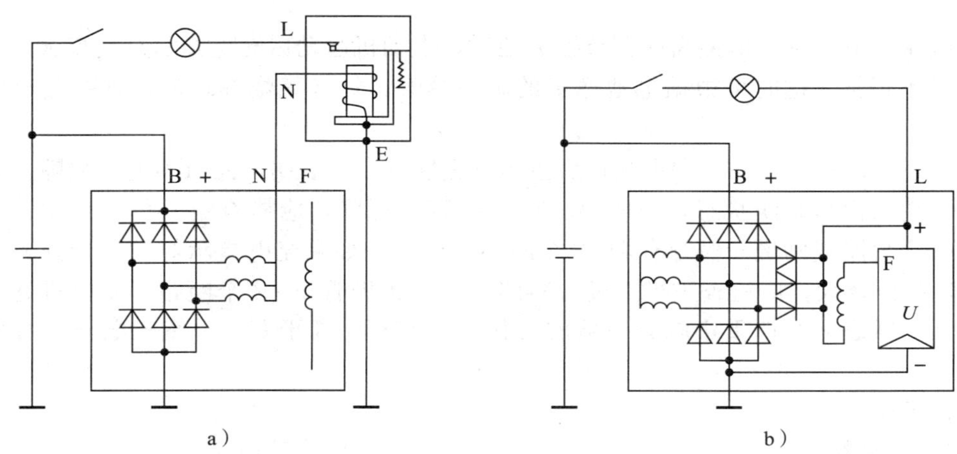

图 8—2　充电指示灯电路

a）继电器电路　b）九管式励磁二极管电路

1. 继电器控制式充电指示灯故障诊断

（1）指示灯在汽车行驶中时亮时灭。先按充电不稳检查。如果充电稳定，应检查充电指示灯继电器至发电机中性线接线柱（N）引线接触是否不良、有关插接器是否松动。

（2）指示灯不熄灭。先按不充电检查。如果充电正常，可用试灯一端接 B_+，另一端接 N 接线柱。如果试灯微亮，充电指示灯熄灭，应拆检发电机中性线接线柱，看是否断路；如果试灯不亮，说明中性线抽头到指示灯继电器线圈间有断路；如果试灯微亮，充电指示灯未熄灭，应拆检指示灯继电器，看是否是弹簧弹力过大，触点烧结；如果试灯明亮，表明有负二极管击穿。

（3）充电指示灯不亮。接通点火开关，先观察机油压力报警灯、燃油表等是否正常。如果有异常，说明仪表公共线路有问题，应检查仪表熔丝及线路。如果仪表线路正常，可将继电器 L、E 脚短接，如果指示灯发亮，表明继电器不能闭合。恢复线路，拆下发电机中性线抽头接线柱连线，灯亮了，说明发电机有正二极管击穿；灯仍不亮，说明继电器触点脏污或常开。将继电器 L、E 脚短接，灯仍不亮，应检查灯泡中的灯丝有无烧断，灯泡两端连线有无断路。

2. 九管式充电指示灯故障诊断

九管式整流发电机由于其结构特点，故障表现有不同之处，诊断方法也有所不同。

（1）充电指示灯不亮。接通点火开关，如果充电指示灯不亮，则表明励磁回路断路，应检查充电指示灯是否灯丝烧断、调节器断路、点火开关损坏、连接线路断路、蓄电池无电、磁场绕组断路。

（2）充电指示灯能熄灭。只要 B_+ 与 D_+ 达到充电电压值并能形成等电位状态，充电指示灯就会熄灭，这时充电指示灯线路一般正常，但充电电流不一定正常。当发电机三相桥式整流电路中三个负极管中任意一个断路时，等效于定子绕组一相断路，在发电机转速稍高时，B_+ 与 D_+ 电位才能相等，这时发电机有充电电流过小故障，应及时拆检二极管及三相绕组。

当电压调节器调节值偏高或调节器失控时，发动机起动后充电指示灯也熄灭，但发电机工况已不正常，这时可根据电池逸出的硫酸蒸气、灯泡易烧等现象，判明过充电的原因。

（3）充电指示灯常亮。如果起动后指示灯亮度正常，表明电路有不充电故障。如果起动后灯不熄灭而呈暗淡状态，说明 B_+ 与 D_+ 间存在压降，应检查定子单相搭铁、正极二极管有一个短路或励磁二极管有 1～2 个断路、短路；如果充电指示灯发出较强光，说明 B_+ 与 D_+ 间压降大，应检查正极二极管断路，因为正极管 1～2 个断路，发电机处于三相不平衡运转状态，并严重影响调节器的工作，致使 U_{D_+} 高于 U_{B_+}，使充电指示灯发出强光。

二、不充电

1. 故障现象

（1）发动机高于怠速转速运转时，充电指示灯不熄灭。

（2）蓄电池很快亏电。

2. 故障原因

（1）发电机“电枢”或“磁场”接线柱松动或脱落，绝缘损坏或导线接触不良。

（2）发电机驱动带松动或沾有油污而打滑。

（3）滑环绝缘破损漏电。

（4）发电机电刷在架内卡滞或磨损过大，弹簧弹力不足或折断，使电刷与滑环接触不良。

（5）发电机定子与转子线圈断路或短路。

（6）发电机二极管损坏。

（7）调节器的调节电压过低。

（8）调节器损坏。

（9）充电指示灯接线搭铁损坏。

（10）充电系统线路断路。

3. 故障诊断与排除

（1）检查发电机驱动带松紧度，同时检查是否沾有油污。

（2）接通点火开关“ON”挡，用旋具靠近发电机探测转子电磁吸力。如果有明显的吸力，说明励磁回路正常，故障在电枢回路，应检查发电机；如果没有吸力或吸力微弱，说明励磁回路有断路、接触不良或局部短路，应检查励磁电路及电刷、励磁绕组。

三、充电电流过大或过小

1. 充电电流过大

(1) 故障现象：

1) 蓄电池的电解液消耗过快，经常需要添加。

2) 照明灯泡经常烧毁。

3) 点火线圈和发电机有过热现象。

(2) 故障原因：

1) 电压调节器限压值过高。

2) 发电机正电刷与元件板短路。

3) 电压调节器损坏。

(3) 故障诊断与排除。用万用表直流电压挡检测电压，正表笔触及发电机电枢接线柱，负表笔搭铁，逐渐提高发电机转速，检测电压是否正常。如果电压偏低，充电电流很大，应该检查蓄电池，判断其是否严重亏电或内部短路。如果电压过高，拆下发电机连接的励磁导线，逐步提高发动机转速，如果仍能充电，即为发电机正电刷与元件板短路；如果不能充电，则为调节器故障。

2. 充电电流过小

(1) 故障现象：

1) 在蓄电池亏电的情况下，发动机各种转速的充电电流均较小。

2) 蓄电池经常存电不足，照明灯光暗淡，电喇叭声音小，起动机运转缓慢。

(2) 故障原因：

1) 充电线路连接不良，致使电阻过大。

2) 风扇传动带打滑。

3) 个别二极管损坏。

4) 滑环脏污，电刷与滑环接触不良，导致励磁电流过小。

5) 发电机定子绕组某相连接不良，有短路或断路故障；转子绕组局部短路，转子与定子相刮碰或气隙不当。

6) 调节器电压调整过低。

(3) 故障诊断与排除。如果蓄电池存电足，调节器性能良好，蓄电池充电电流很小甚至到零均属正常。刚使用过起动机或蓄电池存电不足、充电电流很小时，说明充电系有充电电流过小的故障。

充电电流过小故障的检查程序如下：

1) 检查传动带是否过松或因油污而造成打滑，查看连接线头有无明显脱落。

2) 拆下发电机电枢和磁场接线柱导线，用万用表直流电压挡检测电枢 (B_+) 和磁场 (F) 接线柱对搭铁的电压。起动发动机，逐渐提高转速进行试验。如果电压偏低，可再提高转速进行试验，观察电压表数值。如果电压增加不多，则为发电机内部故障，应拆检发电机；如果电压随着转速增高，则说明发电机良好，应检查电压调节器。

四、充电电流不稳

1. 故障现象

发动机在怠速转速以上运转时，时而充电时而不充电。

2. 故障原因

（1）风扇传动带打滑。

（2）充电系统连接导线接触不良。

（3）发电机转子或定子线圈某处时有断路或短路故障出现；滑环脏污，电刷接触不良，电刷弹簧过松。

（4）调节器损坏。

3. 故障诊断与排除

（1）检查发电机驱动带松紧度，必要时进行调整。

（2）检查及紧固各导线连接处或插接件。

（3）拆除调节器“+”与“F”接线柱的连接并悬空，用试灯连通发电机的这两个接线柱（见图 8—3），使发电机转速不断升高，观察电流表。如果电流表反应稳定，灯亮而不闪，表明发电机外磁场接触不良或调节器损坏。如果电流表指针左右摆动，灯亮而闪光，表明发电机外充电电路接触不良；如果灯闪而不亮，则为发电机内部接触不良。

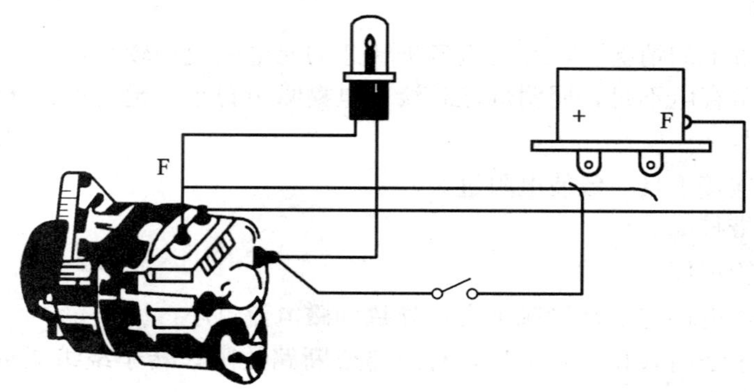

图 8—3　充电电流不稳的检测

五、充电系统故障诊断案例

1. 充电指示灯不亮故障

充电指示灯不亮和充电系统不充电，对驾驶员和普通修理工来说，都是十分伤脑筋的问题。轿车的充电指示灯采用的是发光二极管，其电路为发电机预励磁电路（发电机电压低于蓄电池电压时的励磁电路）的一部分，当充电指示灯不亮时，可能导致发电机不发电。因此，了解充电指示灯不亮的故障原因，掌握其排除方法很有必要。

（1）故障诊断。判断充电系统能否充电最有效的方法是用万用表检测及判断，方法如下：先将点火开关断开，用万用表检测发电机“B_+”端子与发电机壳体间的电压应为 12 V 左右（如果电压为零或过低，说明“B_+”端子至蓄电池正极柱间线路断路、端子接触不良或蓄电池故障），然后起动发动机并将其转速逐渐升高到比怠速稍高（3 000 r/min 左右），如果万用表指示的电压高于点火开关断开时测得的电压（12 V），说明充电系统能充电；如果低于或等于点火开关断开时测得的电压，则说明充电系统不能充电。

（2）故障排除。当接通点火开关时充电指示灯不亮，起动发动机后发电机又能发电，说明磁场电路能接通，电流经电阻向发电机预励磁，故障原因是充电指示灯或电阻断路。

当接通点火开关充电指示灯不亮，起动发动机后发电机又不发电时，排除故障的方法如下：

1）断开点火开关，检测其“30”端子与发电机壳体间的电压，如果电压为 12 V 左右，则继续检查；如果“30”端子电压为零或过低，说明该端子至蓄电池正极柱之间连线断路、端子松脱或蓄电池故障。检查断路故障时，可用 12 V 试灯（也可用该车仪表灯）一端搭铁，另一端接检测部位进行检测，试灯发亮为线路良好，试灯不亮说明有断路故障。

2）接通点火开关（发动机不起动），检测其“15”端子与发电机壳体间的电压，如果电压为 12 V 左右，则继续检查；如果“15”端子电压为零，说明点火开关故障，应予以检修或更换。

3）在点火开关“15”端子与发电机“D_+”端子之间串接一个 12 V/2 W 的试灯，如果试灯发亮，说明点火开关“15”端子与发电机“D_+”端子之间线路断路；如果试灯不亮，说明磁场绕组断路或调节器故障，应予以修理或更换发电机总成。

2. 不充电故障

（1）故障现象。当充电系统正常，发动机转速升到比怠速转速（850 r/min）稍高时，交流发电机输出电压即可达到调节电压并对蓄电池充电。若发电机中、高速运转时充电指示灯仍指示放电（发光二极管仍亮），则说明充电系统不充电。在此情况下，由于负载电流全部由蓄电池供给，因此蓄电池经常需要补充充电，充电后使用几天就会出现发动机难以起动、夜间行驶灯光暗淡等现象。

（2）故障诊断与排除。根据轿车预励磁电路的特点，排除充电系统不充电故障时，有以下两种情况。

1）如果充电指示灯不亮而充电系统又不充电，则先检查指示灯是否坏了，然后再检查线路是否正常。

2）如果充电指示灯常亮而不充电，则按以下步骤排除故障：

①检查交流发电机驱动带的挠度是否符合规定（2～5 mm），若挠度过大应予以调整。

②接通点火开关，在发电机“D_+”端子与壳体之间连接一个 12V/2W 的试灯，如试灯发亮，说明磁场绕组断路或调节器故障，应予以修理或更换发电机总成；如果试灯不亮，说明发电机“D_+”端子至充电指示灯之间线路搭铁，应予以排除。

3. 充电指示灯时亮时灭故障

（1）故障原因：

1）发电机驱动带挠度过大而出现打滑。

2）发电机个别整流二极管断路、一相定子绕组连接不良或断路而导致发电机输出功率不足。

3）发电机电刷磨损过多。

4）调节器调节电压过低。

（2）故障诊断与排除：

1）检查驱动带的挠度是否符合规定。

2）拆下调节器和电刷组件总成，并按 IC 调节器与电刷组件检修方法进行检修。如果调节电压过低（低于 12.5 V）或电刷高度过低（低于 5 mm），则应更换新品。

3）如果调节器和电刷组件良好，说明发电机二极管、定子绕组断路，需拆下发电机总成进行试验与检修。

4．充电指示灯常亮故障

（1）故障现象。发动机转速在怠速转速以上运转时，充电指示灯不灭。一般情况下，在发动机转速达到 1 200 r/min 时，发电机即可向蓄电池充电。当充电时，位于组合仪表板上的红色充电指示灯熄灭；不充电时该指示灯亮起。

（2）故障诊断与排除。在发动机正常运转时，用直流电压表测量 D_+ 与 B_+ 两端的电压，如图 8—4 所示。如果 $U_{D_+}<U_{B_+}$，则故障范围在励磁二极管、整流二极管、励磁线圈及调节器。如果 $U_{D_+}>U_{B_+}$，则故障在蓄电池内部短路或负载局部短路。此外还应注意，从发电机 B_+ 端到蓄电池之间的连接线与极桩接触不良，也可能出现上述故障。

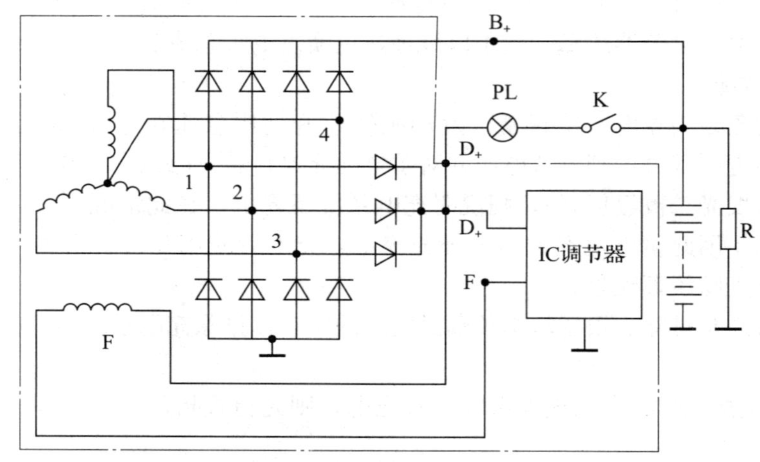

图 8—4　发电机电路图

B_+—发电机电源接线柱　PL—充电指示灯　K—点火开关

R—负载（用电设备）　D_+—发电机连接充电指示灯接线柱　F—磁场

5．充电电压过高故障

（1）故障现象。蓄电池过充电报废，转向灯及制动灯烧坏，仪表稳压器损坏，直至点火模块损坏而熄火停车。

（2）故障诊断与排除。根据故障现象判断，故障为调节器对发电机的输出电压完全失去控制。拆下电刷架及调节器总成对调节器进行测试，发现调节器已坏。进一步将发电机解体检查，发现磁场线圈内引出端（励磁线圈负极端）搭铁。故障原因是磁场线圈未经调节器搭铁，使发电机的输出电压失控，从而造成上述严重后果。更换调节器，排除搭铁故障，更换点火器、蓄电池、转向灯、制动灯、仪表稳压器后，该车故障排除。

（3）常见问题。一般对于汽车电器线束搭铁故障的检查是一个比较麻烦和容易忽略的问题。它的特点是隐蔽性较强，不易查找，所以要引起重视。

第三节　汽车灯系故障诊断

一、照明灯系故障诊断

汽车照明灯系常见的故障有导线连接松动、接触不良，线路断路、短路，电源电压过高、过低，灯泡损坏等。

1. 前照灯不工作

（1）故障现象：

1）所有的前照灯都不亮。

2）其中某个灯不亮。

（2）故障原因：

1）前照灯烧坏。

2）熔丝熔断。

3）变光开关损坏。

4）线束损坏或搭铁不良。

5）灯泡损坏或灯座接触不良。

（3）故障诊断与排除：

1）检查熔丝，如果熔丝烧毁，应更换。

2）如果熔丝完好，则应检查前照灯灯座是否接触不良，灯丝是否烧毁，并根据情况加以修理或更换。

3）检修前照灯变光开关。用万用表欧姆挡测量变光开关的导通性，如果变光开关置于近光或远光位置其电阻均为无穷大，表明变光开关损坏，应更换。

4）逐段检修电路，排除断路故障。

2. 前照灯灯光暗淡

（1）故障现象。前照灯发光强度不够，灯光暗淡。

（2）故障原因：

1）前照灯灯丝烧断。

2）灯泡插销或插座接触不良。

（3）故障诊断与排除：

1）对于前照灯采用双丝灯泡的，检查是否有一组灯丝烧断，如果有则更换灯泡。

2）前照灯均采用灯座搭铁，检查灯座是否有铁锈或脏污，如果有则修复或更换。

二、安全灯系故障诊断

1. 转向信号灯不工作

（1）故障现象。接通转向开关时，汽车左、右两侧转向灯都不亮。

（2）故障原因：

1）熔丝烧断。

2）转向闪光继电器损坏。

3）转向灯开关损坏。

4）连接线路接触不良或断路。

5）转向信号灯灯泡损坏。

（3）故障诊断与排除：

1）检查熔丝是否烧断，灯泡是否烧坏，灯座是否接触不良，如果有则应更换或修复。

2）在转向闪光继电器“电源”接线柱上用试灯测试。如果转向灯亮，则故障在转向闪光继电器。如果转向灯仍不亮，再短接转向灯开关左、右两接线柱，如果转向灯亮，则故障在转向灯开关，应修复。

2. 制动灯不亮

（1）故障现象。踩下制动踏板时制动灯不亮。

（2）故障原因：

1）熔丝烧断。

2）制动灯开关损坏。

3）连接线路接触不良或断路。

4）制动灯座接触不良、搭铁不良或灯丝烧断。

（3）故障诊断与排除：

1）检查熔丝是否烧断。

2）检查导线连接是否可靠。

3）检查灯丝是否烧断，如果烧断应更换灯泡。检查灯泡与灯座接触是否良好，如果接触不良，应予以修复。

4）在制动灯开关“电源”接线柱试火。如果无火，说明制动灯开关至蓄电池间断路；如果有火，短接制动灯开关两接线柱，此时如果制动灯亮，故障在制动灯开关内部，应更换。

3. 制动灯常亮

（1）故障现象。松开制动踏板后制动灯亮。

（2）故障原因：

1）制动灯开关触点烧结。

2）制动灯开关复位弹簧过软、折断。

（3）故障诊断与排除。换新制动灯开关做对比试验，如果灯能熄灭，为制动灯开关有故障，应予以更换。

三、汽车灯系故障诊断实例

1. 左右两侧前照灯一侧正常，另一侧灯光暗淡

（1）车型。北京现代索纳塔轿车。

（2）故障现象。该车夜间行驶，打开前照灯开关，右侧前照灯亮度无论近光还是远光，都比左侧前照灯灯光暗淡。

（3）故障诊断与排除。两侧前照灯都亮，可以排除开关、熔丝以及前照灯及其电路有故障的可能性，只需着重检查灯光暗淡的右侧前照灯灯具。造成灯光暗淡的原因如下：灯具内壁荧光膜氧化变黑，灯泡与灯架间、灯泡与灯头间、灯架与车架间接触不良或锈蚀，使接触电阻增大，双丝灯泡搭铁不良。经检查灯具没有故障。再用一根导线一端搭铁，另一端分别与灯架、灯头搭接，查看灯光亮度变化，结果无变化，说明故障不在此处。随后拆开灯具，观察灯泡，发现灯泡与灯座连接松动。询问车主得知，此灯泡为代用品，与灯座不配套，临时垫上铜片，改善灯泡接触状况。开始时效果尚好，但使用一段时间后，因振动使灯泡与灯座松动，电阻增大，使前照灯功率下降，灯光暗淡。更换原车型灯泡，故障排除。

2. 驻车制动故障指示灯异常点亮

（1）故障现象。一辆行驶里程约 1 000 km 的全新大众迈腾 B7L 轿车，驻车制动手柄无法释放，驻车制动故障指示灯常亮。

（2）故障诊断。接车后查看故障现象，连接 5052A 进行检测，读取的故障代码为“02432：左侧驻车电动机供电电压断路静态”。

进入功能引导读取驻车制动系统数据流。当按下驻车制动开关时，右边驻车电动机供电电压为 13.5 V，左边驻车电动机供电电压为 0 V；当拉起驻车制动开关时，右边驻车电动机达到截止电流 17.8 A，左边为错误。

根据上述检验结果进行分析，认为可能的故障原因有驻车制动控制单元损坏，相关线路故障。

如图 8—5 所示，用万用表电阻挡检查驻车制动控制单元端子 14 和左侧驻车制动电动机端子 1 间的导通情况，导通正常；检查驻车制动控制单元端子 29 和左侧驻车制动电动机端子 2 的导通情况，导通正常。

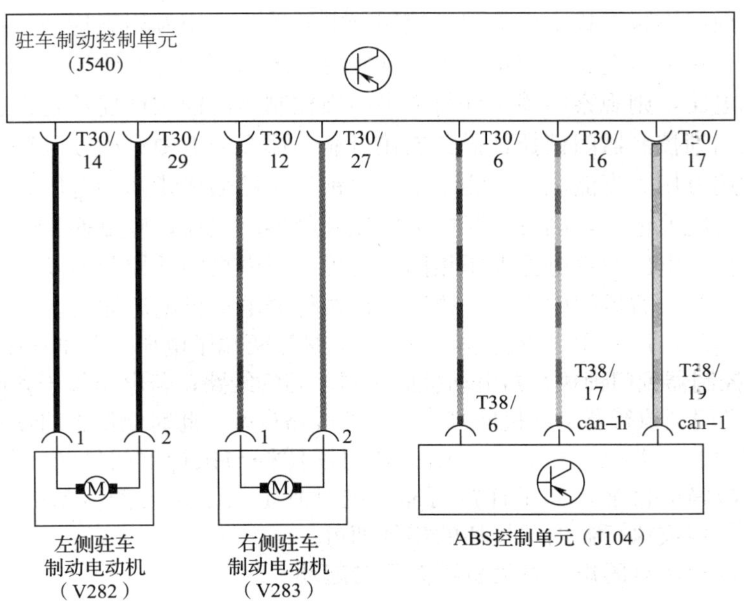

图 8—5　驻车制动控制单元电路

更换驻车制动控制单元（要先编码然后再进行传感器匹配），故障仍然存在，说明驻车制动控制单元正常。这时维修工作陷入了困境，只好把原来的模块重新装回，在插拔模块时，一根黑色导线从连接器中脱落，经检查，发现该导线是从驻车制动控制单元的端子T30/29中脱落的左侧电动机的导线。分析认为，由于线束连接器内部导线压入后卡得太紧，造成导线大部分被切断，产生虚接。更换导线后故障排除。

第四节　中央门锁及防盗系统故障诊断

一、中央门锁不工作

1. 故障现象

用钥匙或按、拉提钮开、关左前门门锁时，中央门锁不动作。

2. 故障原因

（1）S3熔断器断路。

（2）中央控制门锁控制器损坏。

（3）其他三扇门锁执行器损坏。

（4）系统相关连接线路断路或短路。

（5）安装中央门锁控制器时，没有装左前门门锁拉杆或左前门门锁拉杆损坏、脱落。

3. 故障诊断与排除

（1）用万用表直流电压挡检测S3熔断器电源电压。若电压显示与蓄电池电压相符，可判断中央门锁熔断器电源线路正常；若电压不正常，则应检查电源线路。

（2）拆下左前门饰板，拔下中央门锁控制器电源插头，用万用表检测插接器电源端子电压。如果电压低于蓄电池电压，应检查S3熔断器到中央门锁控制器电源插头的线路。如果电压等于蓄电池电压，则观察门锁拉杆与中央门锁控制器门锁拉杆摇臂是否连接可靠。如果门锁拉杆与中央门锁控制器门锁拉杆摇臂连接可靠，那么插上中央门锁电源插头，按、拉左前门提钮，同时用万用表直流电压挡测量中央门锁控制器输出线两端电压。若万用表无电压显示或电压低于蓄电池电压，则可判断中央门锁控制器已损坏，应更换一个新的中央门锁控制器；若万用表显示电压与蓄电池电压相同，则可判断中央门锁控制器及电源线路都正常。

（3）拆下右前门、右后门内饰板，拔下门锁执行器电动机电源插头，按、拉左前门门锁提钮，开、关左前门，用万用表直流电压挡测量插接器两端子电压。若电压低于蓄电池电压，应检查中央门锁控制器到门锁执行器电动机插接器之间的线路；若电压等于蓄电池电压，表明中央门锁执行器到门锁执行器电动机插接器之间的线路良好，此时应检查门锁执行器电动机。

（4）如果门锁执行器电动机良好，则检查门锁拉杆与执行器门锁拉杆摇臂连接是否可靠，如果连接有故障应修复。如果连接可靠，则可判定门锁执行器传动齿轮或其他部件损坏，更换新的执行器或执行器内部损坏的零件即可。

二、防盗系统指示灯闪烁，发动机不能正常起动

1. 故障现象

点火开关置于“ON”时防盗系统指示灯闪烁，发动机不能正常起动。

2. 故障原因

（1）识读线圈损坏或相关线路断路或短路。

（2）车钥匙中的转发器损坏。

（3）钥匙不匹配。

（4）发动机控制单元与防盗系统控制单元不匹配。

3. 故障诊断与排除

（1）若防盗系统故障指示灯闪烁、不亮、常亮，发动机不能起动，应首先用故障诊断仪读取故障代码。

（2）若故障代码显示为识读线圈或相关线路故障，经检测确定后，应更换识读线圈或修复损坏的线路。

（3）若转发器损坏，需要重新配制钥匙。匹配钥匙前应先读测量数据块，了解防盗系统状态。

三、中央门锁及防盗系统故障诊断实例

1. 别克赛欧中央门锁突然失灵故障

（1）故障现象。2002年款赛欧（C16NE型发动机）在正常行驶停车后，中央门锁突然失灵，按下发射器的闭锁按钮，驾驶员侧的中央门锁不动作，而其他三个门锁落锁后又自动打开，不能落锁。

（2）故障诊断与排除。接车后进一步验证故障，发现该车通过驾驶员侧中央门锁手动按钮开关及车门钥匙可以实现对其他门锁的开与闭。从已检查的内容可以判定遥控发射器发生故障的可能性可以排除。从控制原理上分析，可能发生故障的地方有四处：驾驶员侧中央门锁电动机失效，相关熔断器断路，控制装置到驾驶员侧中央门锁线路断路，控制模块有问题。该车的中央门锁是原车配置，属于车束感应式中央门锁。从驾驶员侧的仪表板下找出熔断器盒中的18号（20A）和13号（20A）熔断片，经测试均完好。接下来便着手拆检左前门中央门锁电动机，排查相关线路故障。

先拆下左前门内饰板下半部分（有六个小螺钉），断开驾驶员侧中央门锁电动机的连线端子（共有五个带线针脚）。用一短接线分别将这五个针脚搭铁，观察每个门锁的动作情况。经排除找到驾驶员侧中央门锁电动机的色线为黑/黄和黑/红两条线。因为只有驾驶员侧中央门锁电动机不动作引起其他门锁不能落锁，所以针对驾驶员侧中央门锁进行重点检查。按下左前门铰链靠下处的车门接触开关，用试灯一端接线分别连接黑/红和黑/黄线针脚，另一端可靠搭铁，然后按下遥控发射器开闭按钮，发现灯泡不亮，于是断定驾驶员侧中央门锁电动机前的线路及中央门锁控制装置有问题。先从线路着手，通过对遥控发射器的操作，听声辨音在副驾驶侧仪表板靠近立柱的下面找出中央门锁的控制模块（在发动机控制模块的后面），断开其导线，通过操纵遥控发射器触发电源信号，然后通过试灯检查发现到驾驶员侧中央门锁电动机的两条连线（黑/红和黑/黄）没有电压，再用万用表测量从控制模块至驾驶员侧的连线全部导通，说明线路没有断路，于是判定控制模块本身有故障。确定控制模块有问题后，再直接对驾驶员侧中央门锁电动机通电，发现电动机不动作，说明电动机也已失效。

把控制模块的外壳拆下来，检查发现电路板上焊接的两个继电器中有一个（963－1C－12D，15 A、12 VDC、320 Ω）烧蚀失效，这就意味着需更换整个控制模块。为了减少车主费用，于是从以前的中央门锁控制模块上取下一个与之相同的继电器，再焊到该车的中央门锁控制模块上，试验发现到驾驶员侧中央门锁的电动机有了电压，装好控制模块外壳并将其恢复原样。剩下的还有驾驶员侧中央门锁电动机的问题。拆下门锁机构，检查中央门锁电动机（直接通电试验），发现电动机不动作，用万用表测得电动机线圈电阻无穷大，说明已断路。进一步拆检电动机，发现内部烧蚀严重，可以判定为不可修复，只能更换。更换电动机后，试验结果与原车一样，至此故障排除完毕。

2．华晨宝马 320i 轿车防盗系统故障

（1）故障现象。一辆 2008 年款华晨宝马 320i 轿车，行驶里程为 10 000 km，用户反映该车停下锁车后，在静止状态下防盗系统经常误报警。

（2）故障诊断与排除：

1）了解该车防盗系统的组成和工作原理。该车防盗系统由超声波车内防盗报警传感器（USIS）、倾斜报警传感器（SINE）和应急电源报警器以及防盗报警系统控制单元等部件组成。超声波车内防盗报警传感器监控车内空间有无非法侵入；脚部空间模块 FRM 通过四个车门传感器监控车门状态、便捷进入及起动系；控制单元 CAS 通过发动机舱盖开关监控发动机舱盖状态，网关 JB 通过行李舱开关监控行李舱盖状态；倾斜报警传感器和应急电源报警器集成为一个部件，倾斜报警传感器监控车辆的水平及垂直位置，并在车辆位置改变时发出警报信号。防盗控制单元集成在超声波车内传感器的控制单元内，与 K－CAN 系统的数据总线连接，通过 K－CAN 总线接收 FRM、CAS 以及 JB 等控制单元的信号。此外，防盗系统控制单元还连接了一个单独的防盗报警系统数据总线，防盗系统控制单元和应急电源报警器/倾斜报警传感器之间的信号通过该数据总线传输，当报警器从防盗系统控制单元获得相应的命令后就会触发报警。

2）连接故障诊断仪，检查有无相关故障代码存在。通过功能选择进入防盗报警系统，查询防盗报警触发原因，结果显示为车门打开。由此可见，在防盗报警系统进入工作后，有车门被非法打开的信号产生，此信号的传输路线为车门锁开关→FRM→K－CAN→USIS，USIS 通过 K－BUS 激活 SINE 发出警报。用户反映针对此故障曾多次维修，更换过车门锁块、FRM 以及 USIS，而且也进行过软件升级。鉴于维修历史和本次查询的触发原因，如果 USIS 没有接到车门被非法打开的信号是不会报警的，问题还应该出现在上游的信号产生部分。

3）重新检查车门锁块、FRM 以及两者之间的线路，都正常。在检查线路时发现用户擅自在线路上连接了一个逆变电源，看来此故障的原因还应该是干扰。当防盗报警系统进入工作后，干扰信号通过锁块到达 FRM 的导线，使 FRM 误认为车门被非法打开，于是就触发了报警。

4）与用户沟通后，暂时拆下逆变电源，经过用户使用一段时间后，回访确定故障不再出现。

第五节　辅助电器故障诊断

一、组合仪表系统故障诊断

1. 冷却液温度表指针不动

（1）故障现象。无论发动机冷却液温度高低，冷却液温度表指针始终保持在低温处不动。

（2）故障原因：

1）冷却液温度传感器断路、损坏。

2）冷却液温度表内部加热线圈断路。

3）仪表稳压器断路、损坏。

4）线路有断路处。

（3）故障诊断与排除：

1）检查冷却液温度传感器。用导线将冷却液温度表信号线搭铁，打开点火开关至“ON”位，若冷却液温度表指针向高温区偏转，说明冷却液温度传感器损坏，需要更换。检测冷却液温度传感器电阻值，若测得电阻值为无穷大，说明冷却液温度传感器断路，需要更换。

2）冷却液温度传感器工作电压的检测。将冷却液温度表信号线直接搭铁，冷却液温度表指针仍然不动，用万用表测量冷却液温度表信号线对搭铁电压，若电压为 0 V，说明冷却液温度传感器信号线无工作电压。

3）冷却液温度表通电检测。将点火开关置“ON”位，用导线把仪表板插座中冷却液温度传感器端子搭铁。

①冷却液温度表指针向高温区偏摆，说明冷却液温度表无断路故障，断路故障在冷却液温度表输出端至冷却液温度传感器这一段线路。

②冷却液温度表指针仍不动，说明故障在仪表板内部。因为冷却液温度表与燃油表共用一个稳压器，所以如果燃油表正常，则可分解仪表板直接检查冷却液温度表。

4）若冷却液温度表电阻值正常，则应仔细检查仪表印制电路板，若有断路故障，应修理或更换印制电路板。

2. 冷却液温度报警灯报警

（1）故障现象。冷却液温度报警灯报警，冷却液温度表指向高温区。

（2）故障原因：

1）发动机冷却系统故障。

2）冷却液温度报警灯信号线、发动机冷却液液位开关或冷却液温度过高报警开关短路、损坏。

3）冷却液温度控制器损坏。

（3）故障诊断与排除：

1）检查并排除发动机冷却系统故障。若冷却系统工作正常，说明故障在报警灯电路。

2）检查冷却液温度过高报警开关。拔下冷却液温度过高报警开关导线插接器，若报警灯熄灭，说明冷却液温度过高报警开关短路。冷却液温度过高报警开关在发动机温度正常时应断开，用万用表检测其阻值，应为无穷大，若为 0 Ω，说明开关短路，应更换。

3）检查冷却液液位开关。在液位正常的情况下，拔下冷却液液位开关插头，若报警灯熄灭，说明液位开关损坏。

4）检查开关信号线电压值，应符合标准。

5）如果以上检查均无问题，说明冷却液温度控制器损坏。

3. 燃油表不工作

（1）故障现象。油箱中有油，但燃油表指针总指在无油位置。

（2）故障原因：

1）燃油传感器断路故障。

2）燃油表内部有断路故障。

3）稳压器断路故障。

4）线路有断路故障。

（3）故障诊断与排除：

1）燃油位置传感器检测。拔下燃油位置传感器导线插接器，将燃油表信号线与导线搭铁相连。打开点火开关，若燃油表指针向满油方向偏摆（试验时间要短暂，否则会烧坏燃油表），说明燃油传感器有断路故障。检测燃油位置传感器时，可用万用表欧姆挡测量传感器两端的电阻值（应具有一定的阻值），若阻值过大或为无穷大，则说明传感器有故障，需要修理或更换。

2）燃油表信号线电压检测。若直接短接燃油表信号线，燃油表指针不偏摆，则打开点火开关，测量燃油表信号电压，若无电压，应检查燃油表信号线各连接处连接是否良好，若正常则为燃油表故障。

3）相关部位故障的检测。因为燃油表与冷却液温度表共用一个稳压器，若冷却液温度表工作正常，可直接检查燃油表；若冷却液温度表指针指示也不正常，而其他仪表、报警及指示灯工作正常，可直接检查仪表稳压器及仪表印制电路板。

二、组合仪表系统故障诊断实例

1. 冷却液温度表指针不动

（1）故障现象。行车过程中，冷却液温度表指针始终指在低温区。

（2）故障诊断与排除。拔下冷却液温度传感器导线插接器，打开点火开关，将冷却液温度表信号线直接搭铁（瞬时搭铁），冷却液温度表指针向高温方向摆动，说明传感器损坏，更换一新件后故障排除。

2. 冷却液温度报警灯报警

（1）故障现象。冷却液温度报警灯报警，冷却液温度表指针指示在高温区。

（2）故障诊断与排除。打开发动机舱盖看到，补偿水箱里全是冷却液，表明冷却液温度很高，沸腾过。检查风扇线路，S19 熔断器完好；拔下双温开关插头，用万用表检测红色电源线电压为 12 V；用导线分别接高、低速开关，风扇正常运转，说明双温开关损坏。更换新件后故障排除。

3．燃油表不工作

（1）故障现象。油箱中燃油充足，燃油表指针总指示在无油位置。

（2）故障诊断。拔下燃油传感器导线插头，打开点火开关，测量导线（紫/黑）供电电压，测量结果为0 V，表明传感器无工作电压。测量中央接线板U位置插接器中蓝色线对地电压值，测量结果为0 V。测量仪表板背面带有28个端子的插接器中21号端子电压值，测量结果为0 V。检查冷却液温度表工作正常，说明稳压器无故障。于是确定燃油表可能存在故障，拆下燃油表检测阻值，结果为无穷大，说明燃油表加热线圈断路损坏。更换燃油表，试车，故障排除。

注意
在进行仪表故障诊断时，若将仪表与传感器的插接器拆下，进行插接器短接搭铁，以判断故障部位时，短接时间一定不能太长（瞬时即可），否则会造成仪表烧毁。

三、喇叭异常

1．喇叭不响

（1）故障现象。打开点火开关到点火挡，按下喇叭按钮，喇叭不响。

（2）故障原因：

1）蓄电池亏电。

2）喇叭熔丝烧断。

3）喇叭开关或喇叭继电器损坏。

4）线路连接松脱、断路。

5）喇叭损坏。

（3）故障诊断与排除：

1）检查蓄电池电量是否充足。若电量低，给蓄电池充电或更换蓄电池。

2）直接给喇叭供电，若喇叭响，说明喇叭良好；若喇叭不响，表明喇叭有故障，应更换。

3）检查熔丝是否烧断，线路连接是否松脱或断路，有则予以修复或更换。

4）用导线将喇叭开关短接以检查控制线路。若喇叭响，表明喇叭开关损坏，应更换；若仍不响，表明喇叭继电器损坏，应更换。

2．喇叭声音异常

（1）故障现象。按下喇叭按钮，喇叭声音沙哑，有时不响。

（2）故障原因：

1）蓄电池电量不足。

2）喇叭触点脏污，压力过小。

3）喇叭按钮或继电器触点脏污、烧蚀。

（3）故障诊断与排除：

1）检测蓄电池电压，若电压过低应进行充电或更换蓄电池。

2）检查蓄电池极桩连接线是否松动或有氧化物，若松动可紧固，若有氧化物应予以清除。

3）直接给喇叭供电，若喇叭声音正常，则为其他故障；若喇叭声响依旧，则为喇叭故障，应维修或更换。

4）对喇叭按钮、继电器触点进行检查。如果按钮、继电器触点烧蚀可打磨，如果烧蚀严重应更换。

四、喇叭故障诊断实例

1．喇叭不响

（1）故障现象。按下喇叭按钮，喇叭没有声响。

（2）故障诊断与排除。拔下喇叭导线插头，打开点火开关，用万用表检测黑/黄线端电压为 0 V，说明 16 号熔断器熔断或黑/黄线有断路故障，拔下 16 号熔断器，发现其已熔断，更换同型号的熔断器后故障排除，如图 8—6 所示。

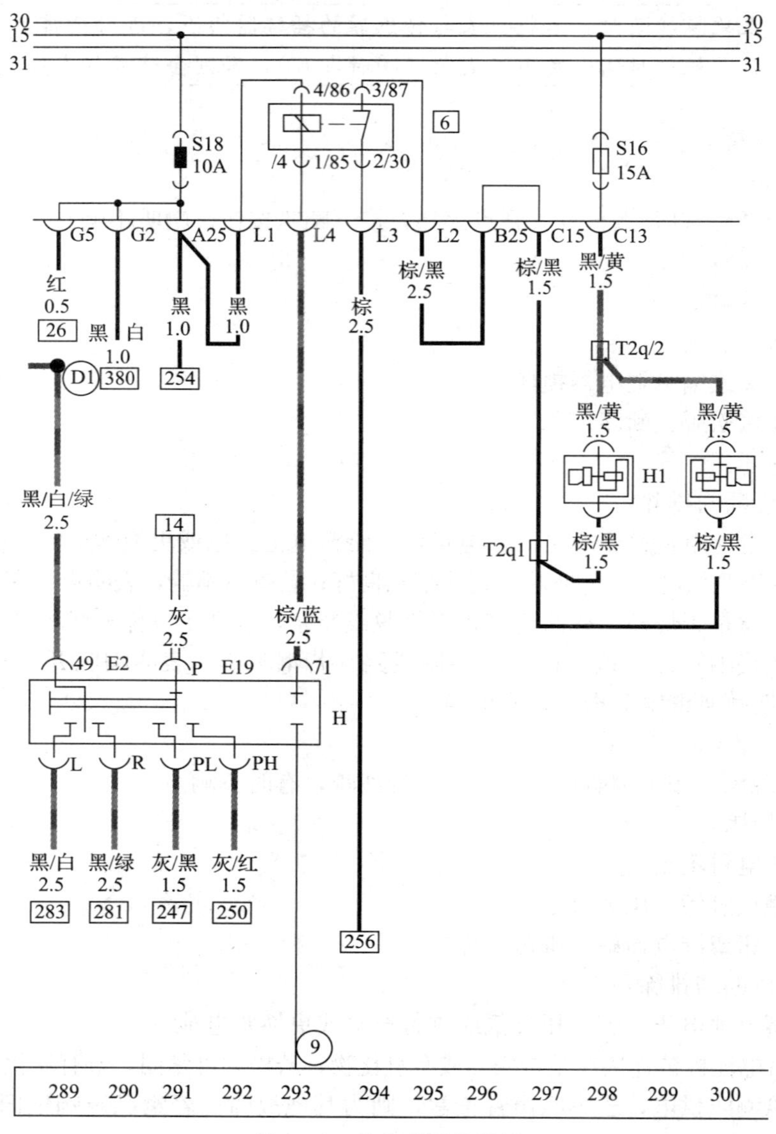

图 8—6　汽车喇叭接线图

2. 喇叭声音异常

(1) 故障现象。按下喇叭按钮，喇叭声音沙哑，有时不响。

(2) 故障诊断与排除。检测蓄电池是否亏电，经检查蓄电池电量充足。拔下喇叭插接器，直接给喇叭供电，喇叭声响正常。测量喇叭继电器，发现喇叭触点阻值为 2 kΩ，阻值过大，更换新的继电器后故障排除。

五、其他电器故障诊断

1. 所有电动门窗均不能升降

(1) 故障现象。桑塔纳 2000 轿车按压各扇车门电动门窗开关的上升、下降挡，四个电动门窗都不工作。

(2) 故障原因：

1) 熔丝 S12 熔断。

2) 电动门窗热保护器 S125 损坏。

3) 延时继电器损坏。

4) 所有电动门窗开关损坏。

5) 所有电动门窗电动机损坏。

6) 相关线路熔断器或插接器接触不良，使电动门窗电路断路。

7) 中央接线盒 P7 插头松脱或接触不良。

(3) 故障诊断与排除：

1) 检测熔丝 S12 是否熔断，若熔断应更换。

2) 拔下驾驶座右侧电动门窗开关的插头，检测开关插座插孔 4 与插孔 3 或插孔 5 之间的电压。若电压为 12 V，则表明电源至开关线路正常；若电压为 0 V，应拔下电动门窗热保护器 S125，测量其插座电源电压。若电压为 12 V，应检测 S125 是否损坏，若损坏应更换；若电压为 0 V，则应检查中央接线盒 P7 插头是否连接可靠。

3) 拔下延时继电器，用万用表测量 8/15 插孔、6/30 插孔与 1/31 插孔之间的电压。若电压显示为 12 V，说明延时继电器插座电源线路及控制线路正常，应检查延时继电器，若损坏应更换。

4) 检测各电动门窗开关，若开关损坏应更换；若开关良好，则分别按压电动门窗开关的上升、下降挡，用万用表测量电动机插接器插头电压，若电动机损坏应更换。

2. 左前电动门窗不工作

(1) 故障现象。按压左前电动门窗开关升、降时，左前电动门窗不工作。

(2) 故障原因：

1) 左前电动门窗开关损坏。

2) 左前电动门窗电动机损坏。

3) 左前电动门窗升降机构损坏。

4) 左前电动门窗自动下降继电器损坏。

5) 左前电动门窗电动机或自动下降继电器线路断路、短路或插接器松脱。

（3）故障诊断与排除：

1）拆下左前电动门窗开关，拔下左前电动门窗开关插头，用万用表测量插座插孔 4 与插孔 5、插孔 3 之间的电压，若电压为 12 V，再用万用表测量插孔 1 与插孔 3 或插孔 5 之间的电阻，如果电阻为 1.8 Ω 左右，则可判定左前电动门窗电动机及相关线路良好，左前电动门窗开关已损坏。

2）按压左前电动门窗开关升、降挡，拔下电动门窗电动机插接器，用万用表测量插接器两端电压，若电压为 12 V，则表明电动门窗开关及线路良好，应检测电动门窗电动机，若电动机损坏应更换；若电动机良好，则可判定电动门窗升降机构有故障，应更换电动门窗升降机构部件或总成。

3）检测自动下降继电器电源线路、控制线路，若线路正常而电动门窗不工作，可判定左前电动门窗自动下降继电器损坏，应更换。

3. 全部电动后视镜不工作

（1）故障现象。打开点火开关，开启电动后视镜开关，左、右后视镜上下、左右都不能转动。

（2）故障原因：

1）电动后视镜开关搭铁。

2）左侧后视镜或右侧后视镜的上、下或左、右动作电动机搭铁。

3）线路搭铁。

（3）故障诊断与排除：

1）断开电动后视镜开关，检查开关情况。将左、右调节开关拨至 R 位置，操作后视镜开关按钮进行上、下、左、右动作，测量各端子的导通情况。正常情况下，后视镜开关在“上”位置，端子 1 与 4、2 与 3 分别导通；开关在“下”位置，端子 2 与 4、1 与 3 分别导通；开关在“左”位置，端子 1 与 5、2 与 3 分别导通；开关在“右”位置，端子 2 与 5、1 与 3 分别导通。

2）检查后视镜电动机的工作情况。断开右侧电动后视镜插头，用万用表测量后视镜插接器上三个端子之间的电阻值。

4. 电动后视镜有一侧不工作

（1）故障现象。打开点火开关，开启电动后视镜开关，左、右电动后视镜有一侧不工作。

（2）故障原因：

1）后视镜开关有故障。

2）开关至电动后视镜电动机之间连接线路断路或短路。

3）一侧后视镜的两个电动机损坏。

（3）故障诊断与排除。故障诊断与排除的程序和电动后视镜全部不工作故障诊断与排除的程序相同。

5. 刮水器不工作故障诊断与排除

（1）故障现象。打开点火开关，拨动刮水器开关，刮水器不工作。

（2）故障原因：

1）熔丝熔断。

2）刮水器开关接触不良。

3）中间线路断路或短路。

4）刮水器电动机插接器松脱。

5）刮水器电动机损坏。

6）搭铁线接触不良。

7）X 接触继电器损坏。

（3）故障诊断与排除：

1）检测 X 接触继电器。拔下 X 接触继电器，用万用表检测线圈两端 85/1 端子和 86/4 端子的阻值，若电阻无穷大，说明继电器线圈断路；若阻值为 0 Ω，说明继电器线圈短路。测量触点两端 30/2 端子和 87/3 端子的电阻值，若电阻不是无穷大，说明触点烧结在一起或有短路故障。上述情况都应更换 X 接触继电器。如果 X 接触继电器良好，应检查熔丝是否熔断。

2）检测熔丝 S11。拔下熔丝 S11，用万用表检测熔丝电阻，若阻值为无穷大，表明熔丝已熔断；若阻值为 0 Ω 左右，则应检查刮水器开关是否良好。

3）检测刮水器开关。将刮水器开关分别开到低速挡、快速挡、间歇挡、喷水挡，用万用表分别测量开关在不同挡位时相应端子的阻值。

①低速挡检测。将刮水器开关置于低速挡，用万用表测量 53a 端子与 53 端子间的电阻值（见图 8—7），电阻值应为 0 Ω 左右，与其余各端子互不相通，可判定开关低速挡良好。

②快速挡检测。将刮水器开关置于快速挡，用万用表测量端子 53a 与端子 53b 间的电阻值（见图 8—8），电阻值应为 0 Ω 左右，与其余各端子互不相通，可判定开关快速挡良好。

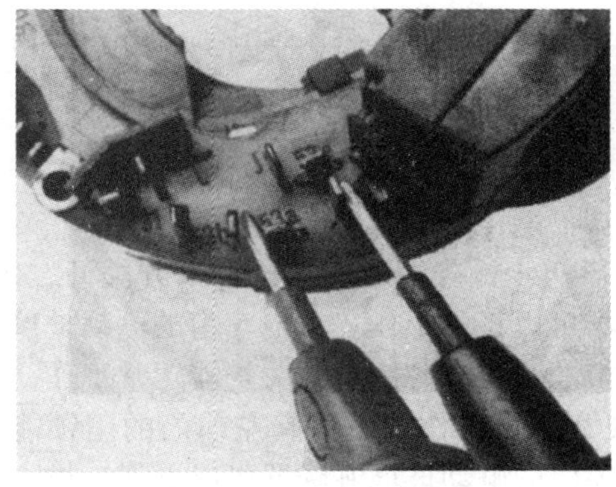

图 8—7　测量 53a 端子与 53 端子间的电阻值

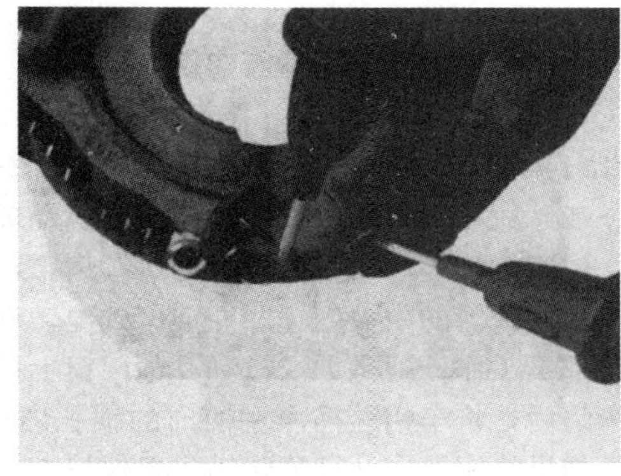

图 8—8　测量 53a 端子与 53b 端子间的电阻值

③间歇挡检测。将刮水器开关置于间歇挡，用万用表测量 53 端子与 J 端子间的电阻值（见图 8—9），电阻值应为 0 Ω 左右；测量 53 端子与 53e 端子间的电阻值（见图 8—10），电阻值应为 0 Ω 左右。以上端子与其余各端子互不相通，可判定开关间歇挡良好。

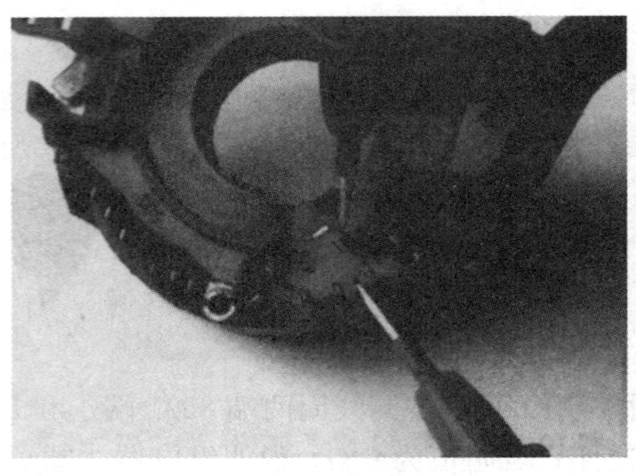

图 8—9　测量 53 端子与 J 端子间的电阻值

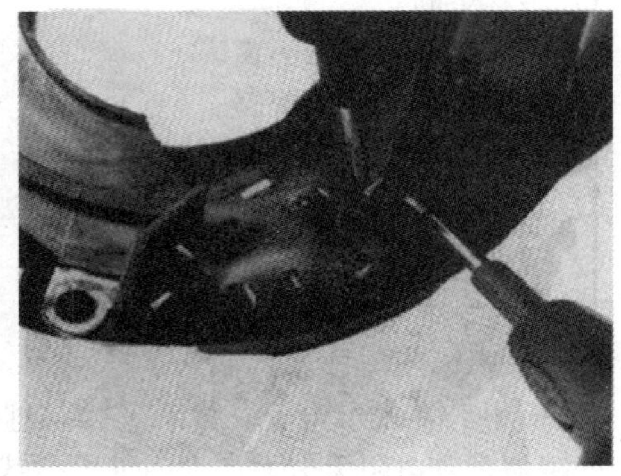

图 8—10　测量 53 端子与 53e 端子间的电阻值

④喷水挡检测。将刮水器开关置于喷水挡，用万用表测量 53a 端子与 T 端子间的电阻值（见图 8—11），电阻值应为 0 Ω 左右，与其余各端子互不相通，可判定开关喷水挡良好。

如果刮水器开关中有一挡工作不良都应更换；若开关良好，应检查中间线路。

4）检测中间接线部分是否有短路、断路故障。若中间线路正常，应进一步检查刮水器电动机插接器是否松脱。

5）检查刮水器电动机插接器是否松脱。若插接器连接牢固，应检查刮水电动机总成。

6）检查刮水器电动机总成。

7）用万用表欧姆挡检测搭铁线，搭铁应良好。

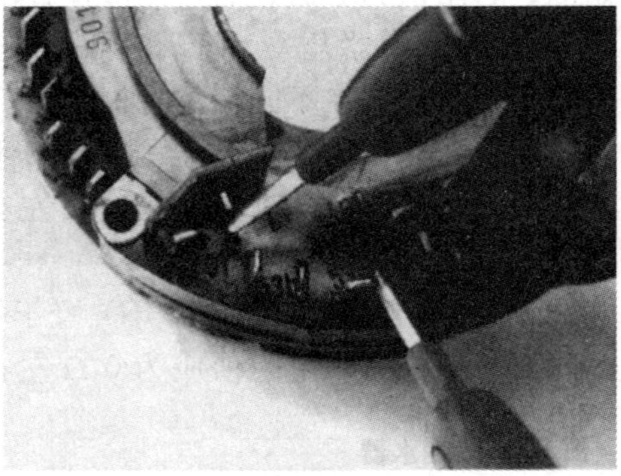

图 8—11　测量 53a 端子与 T 端子间的电阻值

六、辅助电器故障诊断实例

1. 电动门窗不工作

（1）车型。上海大众帕萨特 B5 1.8T 轿车。

（2）故障现象。该车中央门锁和电动玻璃升降器不能正常工作。

（3）故障检修与排除。接修该车后，对该车进行初步检查，发现无论点火开关开、闭，都只有左前门的中央门锁和左前门的电动玻璃升降器可以正常工作，其他车窗的电动玻璃升降器都不工作；但是如果按动其他门窗上控制该车窗的开关，各门窗开关均能正常工作。关闭车门后，将车钥匙插入左前门的锁孔内进行开锁和闭锁操作，也只有左前门的门锁能开闭；如果将钥匙在开锁或闭锁位置保持，也只有左前门的电动玻璃升降器可以上下工作。经过以上检查，初步认定该车的舒适系统存在故障。接下来，用 V. A. S5052 车辆诊断仪对舒适系统进行检查，连接好仪器并打开点火开关，进入舒适系统中央控制模块（46）查询故障，仪器屏幕显示查询到以下七个故障：

1）与左前门窗模块没有通信。

2）与右前门窗模块没有通信。

3）与左后门窗模块没有通信。

4）与右后门窗模块没有通信。

5）与CAN数据总线诊断接口J533没有通信。

6）舒适系统数据总线单线运行模式。

7）控制模块不正确编码。

为了查看舒适系统编码值，重新进入舒适系统单元模块，查看该模块的版本信息，发现编码为00017，确实不正确。接下来使用V. A. S5052对舒适系统进行正确的00259编码，并清除所有故障记录，此时控制单元的不正确编码和CAN数据总线单线运行模式故障记录已经清除，但是其他故障仍然无法清除。看来这些无法清除的故障可能就是造成该车电动玻璃升降器和中央门锁无法工作的主要原因。因为帕萨特B5轿车的四个车门控制模块和中央舒适系统控制模块之间的信号是通过CAN数据总线传递的。舒适系统CAN数据总线通过两根相互绞合的信号线同时传递相同的数据，一根为CAN－H（橙/绿色），一根为CAN－L（橙/黄色）。舒适系统所有的控制模块都挂接在两根线路上进行数据交换和信号传递；另外，位于组合仪表中的数据总线诊断接口也与数据总线随时保持通信，检测总线的工作状态。为了使信号正确、有效地传递，两根线像拧麻花一样绞在一起，并且两根线路上所传递的脉冲信号相同，但是电位相反。如果各车门控制模块与舒适系统中央控制模块之间的CAN数据总线无法正常通信，就会导致左前车门模块至中控开关的信号无法正常传递到其他三个车门控制模块，并且所有的车门控制模块只能接收直接输入该模块的电动玻璃升降器开关信号。所以，排除该车故障的关键就是查找各车门控制模块和中央控制模块之间的CAN数据总线无法通信的原因。

为了确定中央控制模块、各车门控制模块与数据总线的连接情况，通过V. A. S5052进入46－08－012，观察数据组测量值，四组数据用数值“1”或“0”分别代表驾驶员车门、右前车门、左后车门及右后车门模块与舒适系统中央控制模块CAN数据总线的连接状态，此时四组数据均为“0”，说明各车门控制模块与总线通信确实有故障，但还是无法确定具体的故障点。

为了进一步查找CAN数据总线无法通信的根源，拆卸舒适系统中央控制模块（位于驾驶员侧座位地板下）进行检查。在拆卸该模块时，发现该车是经过修复的事故车，地板下舒适系统和左A柱有关舒适系统的线束曾严重损坏并已修复。对线束进行具体检查，重点对没有双绞的CAN数据总线进行整理。经过检查，发现线路连接上没有任何问题。为了排除中央控制模块中存在问题的可能，又更换了新的控制模块。当连接好新的中央控制模块时，打开点火开关，操作中央门锁开关和电动玻璃升降器开关，发现中央门锁和电动玻璃升降器功能恢复正常，至此故障排除完毕。

2．全部电动后视镜不工作

（1）车型。皇冠 3.0 轿车。

（2）故障现象。该车电动后视镜失效，经检查熔断器盒内的“RADIO No. 2”熔丝烧断。

（3）故障诊断与排除：

1）断开电动后视镜开关，检查开关情况。

2）检查后视镜电动机的工作情况。断开右侧电动后视镜插头，用万用表测量后视镜插接器上三个端子之间的电阻值，检测结果正常。然后再将左侧电动后视镜插头断开，用万用表测量后视镜插接器上三个端子之间的阻值，结果测得后视镜端子 2 与端子 1 之间电阻值为 0 Ω，说明后视镜上、下工作电动机有搭铁故障。更换右侧电动后视镜，试验后故障排除。

3．电动后视镜有一侧不工作

（1）车型。1994 年款索纳塔轿车。

（2）故障现象。左侧后视镜不能左右转动。

（3）故障诊断与排除。该车左右两侧的后视镜由电动调节，每个镜子内都有两个电动机，其电路如图 8—12 所示。

经检测，当左/右开关 7 在图示位置时，端子 2 与 3 之间的电压为 12 V，而后视镜不向右移动，显然电动机 27 损坏。更换左后视镜总成，故障排除。

4．刮水器系统不工作

（1）车型。2011 年款北京现代悦动汽车。

（2）故障现象。刮水器间歇挡和高速挡不工作，低速挡工作正常，断开刮水器开关后不能回位。

（3）电路分析。悦动轿车刮水装置主要由刮水器电动机、连杆机构、减速机构、喷水壶、刮片、刮水器开关总成等部分组成。除刮水装置外，汽车还匹配了喷水洗涤装置，以配合刮水装置的清洁功能。悦动轿车前刮水系统主要由电源部分、用电设备部分以及控制部分组成。

悦动前刮水器组合开关共有五个挡位，即高速挡（HI）、低速挡（LO）、间歇挡（INT）、关闭挡（OFF）以及除雾挡（MIST）。刮水器未使用时停在 OFF 挡，只有在点火开关接通时才能有效使用刮水器。

（4）故障诊断与排除：

1）分析刮水系统电路可知，刮水器只在低速挡工作，而在高速挡与间歇挡不工作的原因有以下几点：

①刮水器组合开关内部电路出现不导通现象或间歇触点损坏。

②刮水器电动机内部元件损坏，怀疑是高速挡的电刷损坏。

③线路故障。分以下两条路线：一是控制刮水器高速挡运行的支路到刮水器电动机之间的线路；二是控制刮水器间歇挡运行的支路到刮水器电动机之间的线路。

④刮水器继电器元件损坏。

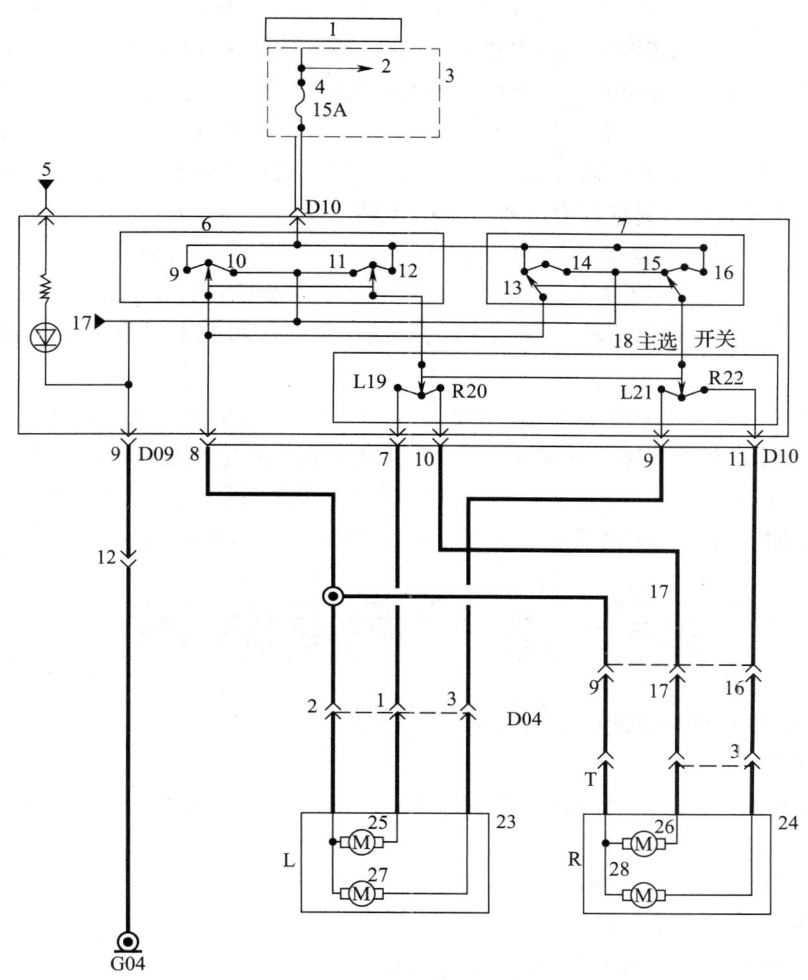

图 8—12　索纳塔轿车后视镜电路图

1—点火开关位于 ACC 挡或 ON 挡　2—参考配电图　3—仪表板熔断器盒　4—熔丝
5—与仪表板和控制灯连接　6—上/下开关　7—左/右开关　8—后视镜开关
9、11—向下　10、12—向上　13、15—向右　14、16—向左
17—接电动窗　18—主选开关　19、21—左　20、22—右
23—左后视镜　24—右后视镜　25、26—上/下电动机
27、28—左/右电动机

⑤BCM 控制模块内部电路出现故障，导致程序有误，不能正确给出指令信号。

2）检查刮水器组合开关。拆下螺钉后，分离转向柱上、下部的保护壳，推开锁销，从支架上取下组合开关，仔细检查插接件与端子座的连接情况，没有发现端子有松脱、弯曲及腐蚀的现象。将组合开关置于相应的挡位，用万用表电阻挡测量各端子之间的电阻值，以检查导通性。如果导通性有问题，则说明组合开关出现故障，应更换。

3）检查刮水器电动机。将 12 V 电源的正极与端子 4（HI）相连，负极与端子 5（搭铁）

相连，接通点火开关，将刮水器开关置于低速挡位置，检查低速挡时刮水器电动机能否低速运转。如果能低速运转，则将刮水器开关置于高速挡位置，进一步检查刮水器能否高速运转。如果此时刮水器电动机不能正常运转，则说明高速挡的电刷损坏，应更换刮水器电动机。

4）检查刮水器继电器。短接刮水器继电器端子 5 与端子 3，将刮水器开关置于低速挡位置，检查刮水器电动机能否低速运转。如果能运转，说明继电器有故障；若不能运转，则检查短接连接器端子 8 到刮水器电动机之间的线路。

5）检查 BCM 控制模块。接通点火开关，进入解码器操作界面，选择控制模块（BCM），检查组合开关各位置的控制模块（BCM）输入/输出值。通过调整组合开关不同的挡位，对比组合开关和解码器输入/输出值的对应情况，即可判断控制模块（BCM）是否有故障。

6）各项检查完成后，确定刮水器组合开关各端子的输入功能完整，刮水器继电器工作正常。确定刮水器电动机的高速挡电刷有故障，于是更换刮水器电动机。此时高速挡能正常工作，但是间歇挡仍无法正常工作。于是检查 BCM 控制模块，发现组合开关和解码器的输入/输出值不一致，于是采用相同车型的控制模块（BCM）进行对换，故障排除，刮水系统工作恢复正常。

第六节　汽车空调系统故障诊断

一、汽车空调系统常见故障诊断

1．空调不制冷

（1）故障现象。起动发动机并稳定在 1 500 r/min 左右运行 2 min，打开空调开关及鼓风机开关，冷气口无冷风吹出。

（2）故障原因：

1）熔断器熔断，电路短路。

2）鼓风机开关、鼓风机或其他电气元件损坏。

3）压缩机驱动带过松、断裂，压缩机密封性差或其电磁离合器损坏。

4）制冷剂过少或无制冷剂。

5）储液干燥器（或积累器）、膨胀阀滤网（或膨胀管）、管路或软管堵塞。

6）膨胀阀感温包损坏。

（3）故障诊断与排除。空调系统不制冷分为风机不工作（出风口无风）、风机工作正常两种情况。而风机工作正常，又可能有压缩机工作、压缩机不工作两种情况。空调系统不制冷的故障诊断流程如图 8—13 所示。

1）开启空调后观察，若鼓风机转动，按下述步骤进行检测。

①检测电磁离合器是否接合。若电磁离合器不接合，则检修电磁离合器线圈。用万用表检测电磁离合器线圈供电线与压缩机壳体之间的电阻值，阻值应为（3.6±0.2）Ω，如果不符合要求，应更换电磁离合器线圈。

②若电磁离合器接合，则检查压缩机是否转动，不转动应拆检或更换压缩机。

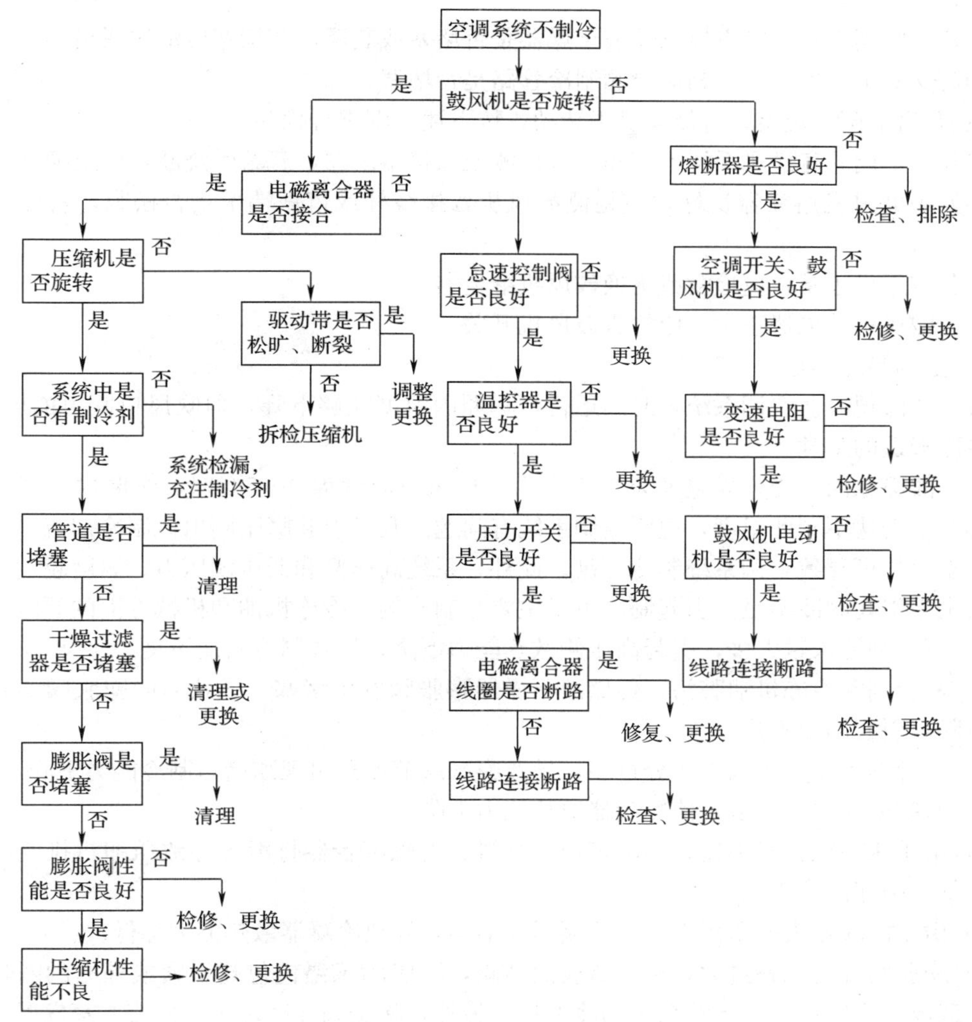

图 8—13　空调系统不制冷的故障诊断流程

③若压缩机工作，应检查怠速控制器、温控开关和压力开关，如果有损坏应更换。

④若怠速控制器、温控开关和压力开关正常，可开启空调，通过观察窗检查制冷剂是否符合要求。

⑤制冷系统启动后不久，若观察窗内气泡消失，说明制冷剂量正常；若观察窗仍有气泡，并且蒸发器表面结霜，说明干燥罐内有水分，须更换制冷剂；若没有气泡，说明制冷剂过多，需从低压侧放出多余的制冷剂；若制冷效果不好，且观察窗一直清晰，说明系统内无制冷剂，需补充制冷剂。

⑥观察窗内布满油斑，说明制冷剂漏尽，应检查系统管路是否泄漏，有泄漏的部位应予以修复，然后抽真空补充制冷剂。

⑦经上述检测都正常而空调仍不制冷，则应检测膨胀阀是否脏堵，若脏堵应清洗或更换

膨胀阀。

⑧若膨胀阀正常，则应检测储液干燥器是否堵塞或装反，若堵塞应清洗或更换。

⑨若储液干燥器正常，则应检测制冷管路是否堵塞。

2）开启空调后观察，若鼓风机不转动，按下述步骤进行检测。

①开启空调后若送风系统不工作，应检测鼓风机熔断器，若熔丝烧断，应更换熔丝。

②如果鼓风机熔断器良好，应检测鼓风机各接线柱或搭铁端子是否松脱，若松脱应连接好。

③若鼓风机正常，应检测或更换鼓风机继电器。

④若鼓风机继电器正常，应检查鼓风机开关。

2. 空调制冷不足

（1）故障现象。空调系统长时间运行，车厢内温度能够下降，但吹风口吹出的风不冷，没有清凉舒适的感觉。

（2）故障原因。当外界温度为 34℃左右，出风口温度为 0～5℃时，车厢内温度应达到 20～25℃。若达不到此温度，说明空调系统有问题。凡是引起膨胀阀出口制冷剂流量下降的一切因素，均可导致空调系统制冷不足。此外，系统高压侧和低压侧压力、温度超过或低于标准值也会引起制冷不足。引起制冷不足主要是制冷剂、冷冻机油和机械方面的原因。

1）制冷剂注入量太多，引起高压侧散热能力下降，导致制冷效能不良。

2）制冷剂和冷冻机油脏污，使储液干燥器膨胀阀发生堵塞，导致通向膨胀阀的制冷剂流量下降，引起制冷不足。

3）制冷剂和冷冻机油中水分过多，导致膨胀阀节流孔出现冰堵，制冷能力下降。

4）系统中含空气过多，使冷凝器散热能力下降。

5）由于压缩机密封不良、驱动带松弛打滑、电磁离合器打滑等导致压缩机排气温度和压力降低，引起制冷不足。

6）由于冷凝器表面积污太多、冷凝器变形等，导致冷凝器散热能力降低。

7）膨胀阀开度调整过大，蒸发器表面结霜，膨胀阀感温包包扎不紧或外面的隔热胶带松脱，造成开启度过大，导致系统制冷不足。另外，膨胀阀开度过小，使流入蒸发器的制冷剂量减少，也会引起制冷不足。

8）送风管堵塞或损坏。

9）温控器性能不良，使蒸发器表面结霜、冷风通过量减少，引起制冷不足。

10）由于鼓风机开关、变速电阻、鼓风机电动机、继电器、线路等工作不良，导致冷风量减少。

（3）故障诊断与排除。空调制冷不足可按图 8—14 所示的流程诊断故障。

1）开启空调后，检测出风口风量是否正常，若正常按下述步骤进行检测：

①检测压缩机运转是否正常。若压缩机运转异常，应拆检压缩机。

②若压缩机运转正常，则通过储液罐的观察窗观察制冷剂是否符合要求。观察窗有气泡，说明制冷剂不足，应检漏并排除故障后重新加入制冷剂；若观察到有大量气泡，说明系统有空气，需更换干燥的过滤器、检漏、抽真空后重新补充制冷剂。

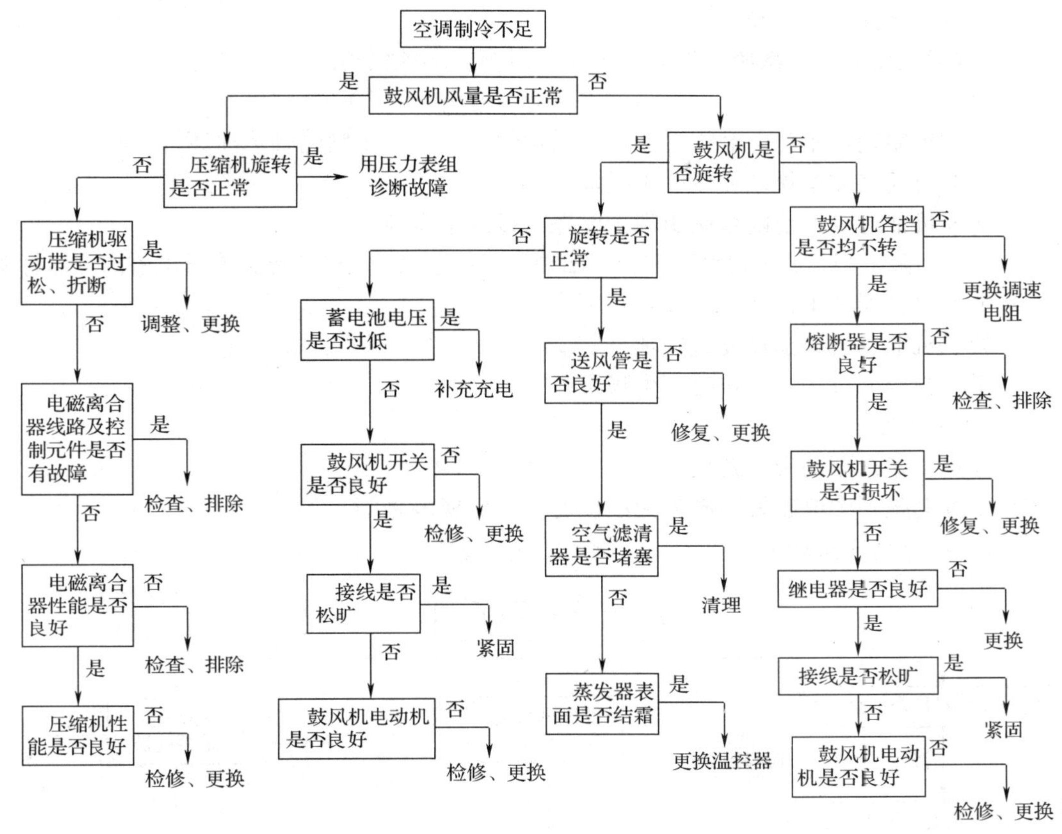

图 8—14　空调制冷不足的故障诊断流程

③若制冷剂符合要求，用压力表检测系统压力。若低压侧呈真空，高压侧压力也低，干燥罐或膨胀阀前后管路结霜，说明系统堵塞，需更换干燥罐或清洗、调整膨胀阀。

④若系统压力正常，则检测通风口的密封性。检查循环活门关闭是否严密，将其关严，不使车外的热空气进入车厢内。检查活门电磁阀是否动作，真空管是否漏气，视情况更换损坏的电磁阀或漏气的真空管。

⑤检查送风部分，若有漏风部位，应用密封胶进行密封。

2）开启空调后，若出风口风量不正常，按下述步骤进行检测：

①检测鼓风机是否转动，若鼓风机转动正常，应检查空气过滤器是否堵塞，若堵塞应进行清除。

②检测蒸发器通风道空气导管，若空气导管移位，应重新安装；若被灰尘和杂物堵塞，应清理风道、蒸发器表面灰尘和杂物。

③鼓风机转动缓慢，应检查蓄电池接线端子是否松脱或锈蚀。

3）若鼓风机不转动，应开启鼓风机开关检查高、中、低速挡运转情况。

①若高速时能转动，中、低速时不转，应检查或更换变阻器。

②若高、中、低速都不转，应检查鼓风机和变阻器。

3. 空调系统异响或振动

（1）故障现象。空调系统工作时发出异常声响或出现振动。

（2）故障原因：

1）压缩机驱动带松动、磨损过度，带轮偏斜，驱动带张紧轮轴承损坏等。

2）压缩机安装支架松动或压缩机损坏。

3）冷冻机油过少，使配合副出现干摩擦或接近干摩擦。

4）由于间隙不当、磨损过度、配合表面油污、蓄电池电压低等原因造成电磁离合器打滑。

5）电磁离合器轴承损坏，线圈安装不当。

6）鼓风机电动机磨损过度或损坏。

7）系统制冷剂过多，工作时产生噪声。

（3）故障诊断与排除：

1）检查压缩机驱动带，若松动需调紧驱动带。

2）检查电磁阀中电磁线圈电流大小，若小应更换电磁阀。

空调系统异响或振动可按图 8—15 所示的流程诊断故障。

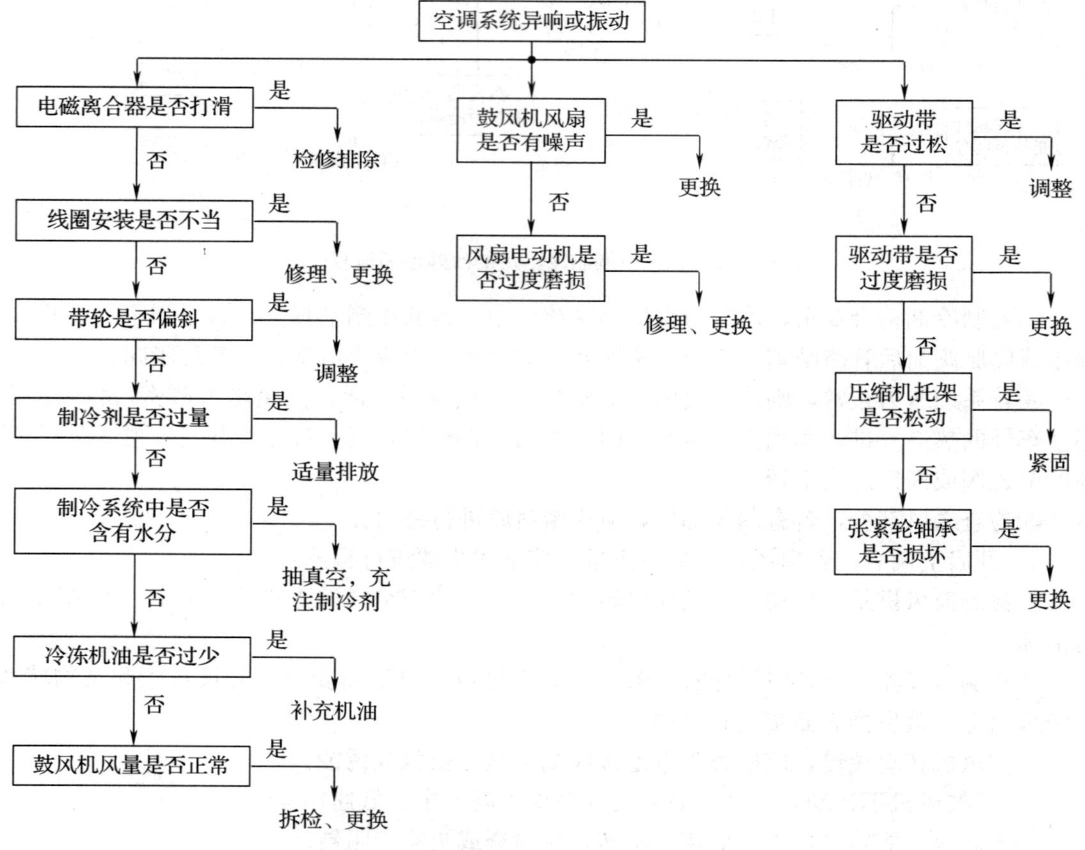

图 8—15　空调系统异响或振动的故障诊断流程

二、汽车空调系统故障自诊断

1. 手动空调自诊断

电磁离合器控制单元存储的信息可以在 V. A. G1551（或 V. A. G1552）上显示出来，并可以将故障代码或部分故障原因打印出来。

（1）自诊断准备。外界温度高于 10℃时，起动发动机，打开制冷系统 5 min 以上。将 V. A. G1551（或 V. A. G1552）和 V. A. G1551/1 连接到诊断插座上。在 V. A. G1551（或 V. A. G1552）上交替显示：

V. A. G 自诊断（Self - diagnosis）	帮助（HELP）
1—快速数据传输（Rapid data transmission）	
2—闪光码输出（Flash code output）	

按“1”键，进入“快速数据传输”工作模式：

快速数据传输（Rapid data transmission）	帮助（HELP）
输入地址字（Enter address word）××	

按“0”和“8”键，选择“08—空调/暖风电器”：

快速数据传输（Rapid data transmission）	Q
08—空调/暖风电器（Air conditioner/heater electronics）	

按“Q”键确认后，控制单元将显示出发动机的型号及形式。若控制单元编号与发动机类型不符，应更换控制单元。

如果出现以下显示：

控制单元不回答（Control unit does not answer）!	帮助（HELP）

应按下“HELP”键，打印可能的故障原因，并予以排除。

如果出现以下显示：

K 线不搭铁/正极（K wire does not switch to earth/positive）	帮助（HELP）

应检查诊断插头、电磁离合器控制单元插头及导线，有故障则排除。若没有发现问题，应再次输入“08—空调/暖风电器”，并按“Q”键确认。

如果有以下显示：

故障信息传递正常（Fault in communication set－up）

按下“→”键：

快速数据传输（Rapid data transmission）　　帮助（HELP） 选择功能（Select function）××

按“HELP”键，打印出功能一览表，见表 8—1。

表 8—1　　功能一览表

01	查询控制单元类型（V. A. G1551 并选择功能）	05	清除故障存储器
02	查询故障存储器	06	结束输出
03	执行元件诊断	07	控制单元编码
04	初始设置	08	读测试数据组

（2）查询故障存储器。在以下状态下，按“0”和“2”键，选择“02—查询故障存储器”功能：

快速数据传输（Rapid data transmission）　　Q 02—查询故障存储器（02—Interrogate fault memory）

按“Q”键确定某个故障。

认出×故障（× Fault recognized!）

按“→”键，逐个显示并打印出故障。在显示并打印最后一个故障后，再按下“→”键，关闭点火开关。按照故障表将这些故障排除。最后还要查询一次故障存储器。

若出现以下显示：

未发现故障（No fault recognized!）

虽然未发现故障，但离合器仍不吸合，应进行“读测试数据组”或“执行元件诊断”。

（3）清除故障存储器。将故障排除后，应清除故障存储器。在“选择功能××”下，按“0”和“5”键，选择“05—清除故障存储器”：

快速数据传输（Rapid data transmission）　　Q 05—清除故障存储器（Erase fault memory）

按“Q”键：

快速数据传输（Rapid data transmission）	→
故障存储已被清除（Fault memory erased !）	

按“→”键：

快速数据传输（Rapid data transmission）	帮助（HELP）
选择功能（Select function）××	

如果有以下显示：

快速数据传输（Rapid data transmission）	→
故障存储器不能清除（Fault memory was not interrogated ）	

应检查点火开关是否关闭或发动机转速是否超过 4 000 r/min，如果都正常，再试一遍。

1）读测试数据组。在以下显示状态下：

快速数据传输（Rapid data transmission）	帮助（HELP）
功能选择（Select function）××	

按“0”和“8”键，选择“08—读测试数据组”：

快速数据传输（Rapid data transmission）	Q
08—读测试数据组（08—Read measured value block）	

按“Q”键确认：

读测试数据组（Rapid measuring value block）	帮助（HELP）
输入显示组号（Input display group number）	××

如输入显示组号“001”：

读测试数据组（Rapid measuring value block）	Q
输入显示组号（Input display group number）001	

按“Q”键确认，每个测试数据块有四个数据：

读测试数据组（Rapid measuring value block）		1	→
1	2	3	4

2）执行元件诊断。在进行“03—执行元件诊断”前，要接通点火开关，起动发动机（发动机转速要小于 3 000 r/min），关闭空调，不能移动车辆；在进行“03—执行元件诊断”时，打开空调，所有的调节钮都处在原始位置。V. A. Q1551 显示屏上所显示的外界温度应不小于 12℃。该诊断需进行两次。

出现以下显示时：

快速数据传输（Rapid data transmission）	帮助（HELP）
选择功能（Select function）××	

按“0”和“3”键，选择“03—执行元件诊断”：

快速数据传输（Rapid data transmission）	Q
03—执行元件诊断（03—Final control element diagnosis）	

按“Q”键：

执行元件诊断（Final control element diagnosis）
空调压缩机结合（Air conditioning compressor engagment）

关闭点火开关，等待 30 min 后，拆下发动机控制单元 J220，将检测盒 V. A. G1598 连接到 J220 上，将电压表 V. A. G1527 连接到检测盒的地线与压缩机离合器输入端插头上，打开点火开关，将 V. A. G1551 操作到“08—空调/暖风电器”。

按“Q”键，显示出控制单元的型号和编号（奥迪 100）：

4	A0919759	X. Air cond	×××	D××

按“→”键：

快速数据传输（Rapid data transmission）	帮助（HELP）
功能选择（Select function）××	

按“0”和“3”键，选择“03—执行元件诊断”：

快速数据传输（Rapid data transmission）　Q 03—执行元件诊断（03—Final control element diagnosis）

按“Q”键：

执行元件诊断（Final control element diagnosis） A/C 压缩机结合（Air compressor engagment）

正常情况下，电压表 V. A. G1527 应以间隔 3 s 的频率闪亮；若电压表 V. A. G1527 不闪亮，要检查控制单元 J153 和电磁离合器间电路。

按“→”键：

0624 执行元件诊断 0270（Final control element diagnosis 0270）

电压表 V. A. G1527 以间隔 3 s 的频率闪亮。

按“→”键：

执行元件诊断（Final control element diagnosis） 电磁离合器 N25（Magnetic coupling for A/C－N25）

2. 全自动空调自诊断

(1) 查询空调控制单元 J255 的系统名、软件版本和编码。连接诊断仪，将 V. A. G1551 操作“08—空调/暖风电器”，按“Q”键。

如奥迪 100 轿车：

4A0　820　043　全自动（Fully auto）　A/C　D×× 编码（Coding）　××

如奥迪 A6 轿车：

4B0　820　043　×　A6　全自动（Fully auto）　A/C　D×× 编码（Codierung）　×××××服务站（WSC）ZZZZZ

如帕萨特 B5 轿车：

3B1 970 044A Climatromic（系统名） S××（软件版本）
编码（Coding）02000 WSC×××××（维修站编码）

对于帕萨特 B5 轿车：左置转向盘、带有蓝色显示器，3B1 970 044A；右置转向盘、带有绿色显示器，1J1 970 044A。

若显示的内容与以上不一致，应检查自动空调控制单元 J255 的编码。在 V. A. G1551 或 V. A. G1552 上查询故障，打印出可能的故障原因，按故障表排除故障。然后将 V. A. G1551 操作“08—空调/暖风电器”，并按“Q”键：

故障信息传递正常（Final in communication set - up）

按“→”键：

快速数据传输（Rapid data transmission） 帮助（HELP）
功能选择（Select function）××

如果出现以下显示：

控制单元不回答（Control unit does not answer） 帮助（HELP）

应按“HELP”键，打印出可能的故障原因，并予以排除。

若出现以下显示：

K 线不搭铁/正极（K wire does not switch to earth/positive）帮助（HELP）

应检查诊断插头及其连接线。

(2) 查询和清除故障存储器（见手动空调自诊断）。

(3) 初始设置。将 V. A. G1551 操作“功能选择”。按“0”和“4”键：

快速数据传输（Rapid data transmission） Q
04—初始设置（04—Initiate basic setting）

按“Q”键：

初始设置（Initiate basic setting）　　　　　　帮助（HELP）
输入显示组号（Input display group number）×××

对于奥迪100轿车，按“0”和“1”键，然后按“Q”键：

初始设置1（System in basic setting 1）
×　　×　　×　　×

温度活门伺服电动机V68、中央活门伺服电动机V70、脚部和除霜活门伺服电动机V85、通风活门伺服电动机V71等元件被激活并存入其最终位置。

对于帕萨特B5轿车，按“0”键：

初始设置0（System in basic setting 0）
×　　×　　×　　×

温度活门伺服电动机V68、中央活门伺服电动机V70、脚部和除霜活门伺服电动机V85、通风活门伺服电动机V71等元件被激活并存入其最终位置。

对于奥迪A6轿车，按“1”和“0”键：

初始设置10（System in basic setting 10）
×××　　×××　　×××　　×××

此时，左侧温度活门伺服电动机V158、右侧温度活门伺服电动机V159、通风活门伺服电动机V71、中央活门伺服电动机V70、除霜活门伺服电动机V107一个接一个地被激活，活门运动的位置可以在控制和显示单元E87上跟踪，其信息被存入E87。五个伺服电动机的动作在显示屏上显示跟踪，反馈值发生变化并不说明电动机有问题。

然后等待一会儿，出现以下显示时：

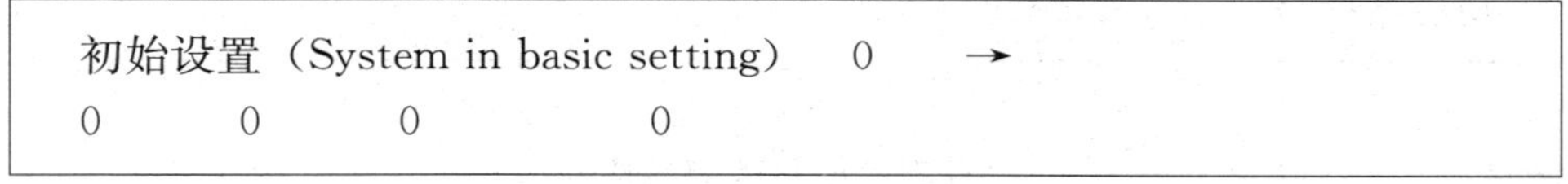
初始设置（System in basic setting）　0　→
0　　0　　0　　0

表示“初始设置”结束。若系统中储存有故障，按“→”键，选择“02—故障存储器查询”并进行故障排除。在故障排除后还应再次查询故障储存器，以确定是否还有故障。

（4）对控制单元J255编码。每次拆装都需要执行“07—控制单元编码”和“04—初始设置”。若J255没有编码，故障灯会在显示单元E87上闪烁15 s。接通V. A. G1551，选择“08—空调/暖风电器”。

按“0”和“7”键：

快速数据传输（Rapid data transmission）	Q
07—控制单元编码（07—Code control unit）	

按“Q”键确认：

控制单元编码（Code control unit）	Q
输入编码（Enter code number）×××××（0～32000）	

按“0”“2”“0”“0”和“0”键，并按“Q”键确认：

控制单元编码（Code control unit）	Q
输入编码（Enter code number）	02000

按“Q”键确认，如奥迪A6轿车：

4B0 820 043 × A6 自动空调（Klimavollautomat） D××
编码（Codierung）×××××ccccc 服务站（WSC）

如帕萨特B5轿车：

3B1	970	044A	S××	→
编码（Coding）		02000	WSC	×××××

显示出控制单元J255的编码（见表8—2）和配件号，按“→”键：

快速数据传输（Rapid data transmission）	帮助（HELP）
功能选择（Select function）××	

表8—2　控制单元J255的编码

编码	适用国家	编码	适用国家
02000	除日本外的国家	05000	除日本外的国家
02100	日本	05100	日本

关闭点火开关，编码被输入。

（5）结束输出。完成检查后，应按“0”和“6”键，选择“06—结束输出”：

快速数据传输（Rapid data transmission）	Q
06—结束输出（06—end export）	

按“Q”键确认：

快速数据传输（Rapid data transmission）	帮助（HELP）
输入地址字（Enter address word）　　××	

关闭点火开关，拆下故障诊断仪 V. A. G1551 或 V. A. G1552。

3. 读取故障代码注意事项

控制和显示单元 E87 存储的故障可在 V. A. G1551 上以代码的形式阅读并显示出来，具体故障代码见每个车型的介绍。读取故障代码时应注意以下事项：

（1）偶然出现的故障或排除故障后未清除故障存储器，这些故障就作为“偶然故障”以“/SP”后缀显示出来。遇到这种情况，应清除故障存储器，并重新对故障进行查询。

（2）有时仍不能排除故障，应检查相应元件的插头连接是否松动（使用 V. A. G1589/11 和 V. A. G1589/12 按电路图检查控制和显示单元 E87 的导线连接），然后进行“03→执行单元诊断”和“08—读测试数据组”检查。若仍不奏效，可以进行经验诊断。

（3）更换空调部件后，必须进行“04—初始设置”，对故障存储器进行查询。排除故障后还要对“02—查询故障存储器”和“05—清除故障存储器”进行检查。

（4）如果关闭点火开关后，控制和显示单元 E87 处于工作状态，按电路图检查 E87 导线（插头 D、插口 1）是否对正极短路。

（5）对于带车顶太阳能装置的车，如在关闭点火开关后，新鲜空气/空气再循环活门没有处于“新鲜空气”位置，应在电气检测时检查 E87 上的插头 A、插口 10 是否有电。

（6）如果某个空气分配伺服电动机上的电位计有故障，则按一下控制和显示单元 E87 上的按钮，改变空气的分配。

（7）最后检查空调制冷效果。

三、汽车空调系统常见故障诊断案例

1. 汽车行驶中无冷气

（1）车型。奥迪 A6 轿车。

（2）故障现象。用户反映行驶中突然无冷气，检测发现空调系统鼓风机、压缩机都不工作，系统熔丝 S25 烧毁。更换熔丝后系统工作正常。因该车行驶 70 000 km 没有发生过碰撞事故，空调系统线束没有改动过，大致检查线束没有明显短路、搭铁处。过了两天驾驶员来报修说该车再次出现故障，行驶中突然右前部“嗡”的一声，随后系统就停止工作。

（3）故障诊断与排除。用 V. A. G1551 检测发现一个故障代码：01273 新鲜空气鼓风机—V2 调整差别/SP。查阅维修资料提示为几个故障方向：新鲜空气鼓风机、风机控制单元 J126、空调系统控制和显示单元 E87 以及三者间连线。首先检测新鲜空气鼓风机及其控制单元。拆下副驾驶员侧储物盒，测量风机电阻值为 0.8 Ω，在规定范围内。拆下风机检查叶轮，转动灵活，无卡滞，轴承无异响。利用 V. A. G1551 进入空调系统读取测量数据块，选择 009 显示组，观察显示区 1 和 2，逐渐调节风机转速，观察风机 V2 规定电压值和实际电压值，测量结果都在维修手册规定范围内。检查空调系统控制单元也无明显搭铁短路处。检查压缩机型号，发现所更换的压缩机不是原型号的，更换原型号的压缩机，故障排除。

2. 空调压缩机频繁跳动

（1）车型。皇冠 3.0 轿车。

（2）故障现象。一辆 1996 年款皇冠 3.0 轿车行驶 22 000 km，用户向接车员叙述该车内外循环灯会自动转换。

（3）故障诊断与排除。在初步检查空调时，发现压缩机也会频繁跳动。当空调内外循环灯交替闪烁一次时，压缩机就会跳开一次，而且每次都是这样。空调内外循环灯交替闪烁是一种假象，是出现故障的前兆。

这款车使用带有后空调的自动空调系统。从各传感器元件入手，检查空调压力是检修空调的首要环节。接上空调压力表测试，低压为 255 kPa、高压为 1 666 kPa 时压缩机停止工作，当低压升至 412 kPa、高压为 1 372 kPa 时压缩机开始工作，说明系统压力正常，可以排除压力过高引起的故障。

以前经常遇到压缩机锁止传感器损坏而引起 A/C 灯闪烁，为了排除这次故障不是上述原因引起的，对压缩机转速传感器进行检测，测量其电阻为 218 Ω，在标准范围内。用红盒子 MT3500 测量其波形，发现输出波形正常。为了确保不是该传感器引起的问题，把转速传感器的黄/绿线和灰色两条线人为短接，发现压缩机不工作，空调面板 A/C 灯闪烁，这样完全可以排除不是转速传感器引起的故障。

经过以上检查没有发现问题，有必要对自动空调的工作原理进行分析。当按下空调“A/C”键和“风机”键，或按下“自动控制”键时，空调 ECU 使电磁离合器吸合，压缩机开始工作。工作过程如下：空调 ECU 的 MGC 端向发动机 ECU 输出压缩机工作信号，使发动机 ECU 的 A/C MG 端接地，电磁离合器接合，压缩机开始运转；同时，电流也流入空调 ECU 的 A/C 端，向空调 ECU 反馈电磁离合器工作信号。

当进行自动控制时，环境温度或蒸发器温度降至一定值以下，空调 ECU 控制压缩机间歇性工作，电磁离合器交替接合和断开，以节省电能。

空调工作时，空调 ECU 从发动机点火器和压缩机锁止传感器收集发动机转速与压缩机转速信号并进行比较，若两种转速信号的偏差率连续 3 s 超过 80%时，ECU 判断压缩机锁死，并使电磁离合器断开，空调停止工作，避免空调装置损坏。这时风扇不转。制冷剂压力超过 1 568 kPa 时触点断开，继电器不工作，电子风扇运转，以增加冷凝器的散热能力。2 与 4 脚为双向开关，其为常闭合。当制冷剂压力小于 108 kPa 或大于 2 842 kPa 时，该双向开关断开，压缩机不工作，以防止制冷剂泄漏造成压缩机润滑不良而抱死，或压力过高、系统负荷太大而损坏。

该车在起动后开空调时风扇运转，而正常情况下是在压力达到 1 568 Pa 时风扇才开始运转，原来是压力开关坏了。据估计，这辆车在天冷时到其他修理厂维修过，开空调时电子风扇工作不正常，维修人员也检查出是压力开关的问题，但只是修改线路而未更换损坏的压力开关，天冷时这样做可以达到预期的效果（压力很难大于 1 568 kPa，所以压缩机可以正常工作），而在炎热的夏天就会出现这样奇怪的问题。更换压力开关，将线路恢复正常，压缩机正常运转，内外循环灯也不再闪烁，问题解决了。

3. 空调系统有噪声

（1）车型。蓝色别克君威轿车。

（2）故障现象。该车的主要问题是开启空调开关后有凉意，但感到空调系统有噪声；关掉空调冷气开关，响声很小，甚至听不到。

（3）故障分析。引起空调系统噪声的可能原因如下：

1）压缩机本身有故障而产生工作噪声。

2）压缩机安装不牢固而产生振动噪声。

3）压缩机电磁离合器接触不良而产生碰擦声。

4）压缩机缺少润滑油，产生干摩噪声。

5）鼓风机风扇松动或磨损过度而产生工作噪声。

6）过渡轮、张紧轮因负荷过重而产生噪声。

（4）故障诊断与检修。办理好接车相关手续，将车开到维修工位上进行故障诊断。首先揭开发动机舱盖，用直观法目视检查压缩机系统管路有无漏油痕迹，结果很正常（没有漏油），由此可以排除压缩机因缺油而产生异响。用手晃动压缩机，检查压缩机安装情况，发现很牢固，由此能排除因安装不牢固而产生振动噪声。起动发动机，根据车主的描述，验证故障现象的真实性。在不按下冷气开关的情况下，用听诊器探头在压缩机体、水泵、传动带过渡轮、张紧轮、鼓风机处测试，结果均没有大的异响。因为发动机在工作状态下会产生工作噪声，属于正常现象。开启冷气开关后，响声立即加大，而且还发出“咣吱”声。按前面所述的检查项目进行复诊，发现异响是从压缩机处发出的，由此可以证明压缩机存在问题。为了进一步明确故障点，将压缩机传动带拆下，起动发动机，只能听到发动机发出的声音。熄火后用触诊法检查过渡轮、张紧轮的轴向间隙和跳动情况，发现存在松旷现象。经小组讨论及询问老师，决定更换冷气泵、过渡轮和张紧轮。于是用制冷剂表在发动机不起动的情况下检查管路中的压力（高、低压管为 4.5 kg/cm^2），此时能确定管路保压良好。检查完毕将管路中剩余制冷剂排出。转动离合器压板，发现异响明显。用塞尺测量总泵的离合器压板与带轮的间隙，正常间隙为 0.5～0.8 mm，而实际测得的间隙为 0.3 mm。拆开离合器压板，发现泵体内轴承松旷，由此确定制冷泵的内部磨损引发工作时异响，需要更换制冷泵及相关传动件（张紧轮、过渡轮）。

在装复制冷泵前，需对制冷泵系统进行清洁。如果杂质进入制冷剂中，可能造成系统堵塞，使系统不能制冷。新的制冷泵要补加冷冻机油，并手动驱动检查，以免冷冻机油过量造成泵体压缩不了液态油而损坏。制冷泵装回后，进行系统加压检漏。随后对系统抽真空处理 10 min 并加适量冷冻机油，以补充拆卸过程中的损耗。接着就是加制冷剂（R－134a）。第一瓶加入高、低压管；第二瓶加入时需关闭高压阀门，然后着车开空调，从低压管加入并观察高压侧制冷剂表刻度，直到高压侧为 14～16 kg/cm^2，低压侧为 1.5～2.5 kg/cm^2（着车开空调前，已装复新的张紧轮、过渡轮和传动带）。加完制冷剂后对空调工作情况进行检验，制冷良好，异响消除，故障排除。

复习思考题

一、思考题

1. 造成交流充电系统充电电流过小的原因有哪些？
2. 如何判断引起起动机不转的原因是在起动机还是在控制装置？
3. 造成起动机转动无力的原因有哪些？
4. 汽车灯光系统的常见故障有哪些？
5. 当电喇叭出现长鸣不停现象时应怎么办？
6. 汽车空调电气系统故障应按什么顺序进行检查及排除？

二、选择题

1. 灯泡或分电器触点经常烧毁的故障原因是（　　）。

A. 调节器调节电压过高　　B. 发电机传动带打滑

C. 充电电流不稳　　D. 以上选项均不正确

2. 发电机不发电的原因之一是（　　）。

A. 换向器损坏　　B. 充电线路接触不良

C. 轴承损坏　　D. 以上选项均不正确

3. 蓄电池电解液消耗过快是由于（　　）引起的。

A. 充电电流过小　　B. 充电电流过大

C. 充电电流不稳　　D. 以上选项均不正确

4. 充电电流过大会引起（　　）。

A. 充电指示灯忽暗忽明　　B. 发电机及点火线圈易过热

C. 发电机内部短路　　D. 以上选项均不正确

5. 起动机不转的原因之一是（　　）。

A. 起动机开关接触点烧蚀　　B. 起动继电器触点烧蚀

C. 换向器脏污、烧蚀　　D. 以上选项均不正确

6. 起动机空转的原因之一是（　　）。

A. 单向离合器失效打滑　　B. 起动机内部断路

C. 起动机内部短路　　D. 以上选项均不正确

7. 前照灯远近光不全的原因之一是（　　）。

A. 断路　　B. 短路

C. 灯泡烧坏　　D. 以上选项均不正确

8. 制动灯不亮的原因之一是（　　）。

A. 制动灯开关触点烧蚀　　B. 连接线路接触不良

C. 制动灯开关复位弹簧断　　D. 以上选项均不正确

9. 造成喇叭常响的原因之一是（　　）。

A. 喇叭共鸣板松动　　B. 喇叭继电器触点烧结

C. 喇叭振动膜片破裂　　D. 以上选项均不正确

10. 造成机油压力表指针不动的原因之一是（　　）。

A. 仪表线路有断路处　　B. 机油压力表与传感器间导线搭铁

C. 传感器内部搭铁　　D. 以上选项均不正确

11. 启动空调，压缩机不转动，出风口只出风而无冷气，表明空调出现（　　）故障。

A. 空调异响　　B. 制冷度不足

C. 压缩机不转动　　D. 以上选项均不正确

12. 空调系统无制冷剂，会造成（　　）故障。

A. 压缩机不转动　　B. 制冷度不足

C. 电磁离合器开停频繁　　D. 以上选项均不正确

13. 当制冷剂不足时，压力表组指示状态为（　　）。

A. 低压表过低，高压表过高　　B. 高、低压均低

C. 高、低压均高　　D. 以上选项均不正确

第九章　汽车安全气囊系统故障诊断

学习目标

1. 了解汽车安全气囊系统故障诊断方法。

2. 掌握汽车安全气囊系统的常见故障现象，能正确分析每种现象产生的原因。

3. 掌握汽车安全气囊系统故障诊断流程，并能按流程快速排除故障。

第一节　汽车安全气囊系统故障诊断基础

一、汽车安全气囊系统故障诊断程序

1. 故障诊断的一般步骤

(1) 接通点火开关，观察SRS警告灯指示是否正常。

(2) 读取并记下ECU中存储的故障代码。

(3) 关闭点火开关，并将蓄电池负极电缆拆下后等待30 s。

(4) 断开安全气囊连接器，并将安全气囊线端短接。

(5) 检视各部件尤其是传感器的安装情况，并根据所读出的故障代码视情况检修。

(6) 装复蓄电池负极电缆，接通点火开关，进行电气检查。

(7) 读码、清码再读码。

(8) 输出正常代码，警告灯指示正常后将安全气囊接入电路。

2. 诊断后的电气检查程序

用12 V小灯泡代替安全气囊接入电路，检查时，以下情况小灯泡均不闪亮为正常。

(1) 接通点火开关。

(2) 起动发动机。

(3) 汽车行驶至车速超过80 km/h时，紧急制动。

(4) 在崎岖的道路上行驶，或设置常见障碍（如路面有砖头等）高速驶过。

二、汽车安全气囊系统故障诊断方法

1. 警告灯诊断法

一般轿车都配备有自诊断系统，通过对自诊断接口进行相应的操作，即可通过仪表板上的安全气囊（或 AIR BAG）警告灯读取故障代码。下面以丰田车系为例，简述警告灯诊断法的步骤。

（1）警告灯的检查。将点火开关转到“ACC”或“ON”位置，观察仪表板上安全气囊警告灯是否点亮。若警告灯点亮 6 s 后熄灭，则系统正常；若警告灯常亮，说明中央安全气囊传感器总成已储存故障代码；若警告灯点亮 6 s 后有时会亮或点火开关处于“OFF”位置时也亮，则可能是警告灯电路发生短路；若警告灯一直不亮，则多为警告灯线路有故障。

（2）故障代码的检查。将点火开关转到“ACC”或“ON”位置并等待约 20 s，使用专用工具 SST 将 TDCL 的端子 Tc 和 E_1 短接。此时警告灯开始闪烁，其闪亮的次数即为所表示的故障代码。若警告灯以 2 次/s 的频率闪烁，表示没有故障代码存储；若中央安全气囊传感器总成内存在故障代码，将按照故障代码由小到大的次序依次闪出。丰田车系故障代码为两位数，输出的第一个数为故障代码的首位，经过 1.5 s 暂停，输出代码的第二位数；两个输出代码之间将有 2.5 s 的暂停；在所有的代码输出后，停顿 4 s，然后将重复输出。

（3）故障代码的清除。根据故障代码提示对故障部位进行检查和修复，然后将点火开关转至“OFF”位置，拔下安全气囊与 ECU 的熔断器或断开蓄电池负极线 30 s，即将 ECU 中的故障代码清除。

2. 参数测量法

有的轿车的安全气囊系统配有供故障诊断用的测试接口，在进行故障诊断时，只需测出各接口之间的电压，与手册中的正常电压进行对比，即可找出故障原因。

3. 仪器诊断法

若安全气囊系统出现故障，其故障警告灯常亮，利用故障诊断仪读取故障代码，然后根据故障代码的提示进行相应的故障排除。仪器诊断法的一般步骤如下：

（1）将点火开关置于“OFF”位置。

（2）连接装有本车系测试卡的诊断仪器。

（3）接通点火开关，操作仪器读取故障代码。

（4）断开点火开关，排除故障。

（5）接通点火开关，操作仪器清除故障代码。

（6）试车，复查无故障代码后断开故障诊断仪。

第二节　汽车安全气囊系统故障诊断案例

一、丰田车系安全气囊系统故障诊断

丰田车系安全气囊系统在仪表板上均设有指示灯，如图 9—1 所示。当安全气囊系统出现故障时，自诊断系统将故障代码存储在安全气囊 ECU 中，可按下面的程序调取，由安全气囊指示灯闪烁显示。

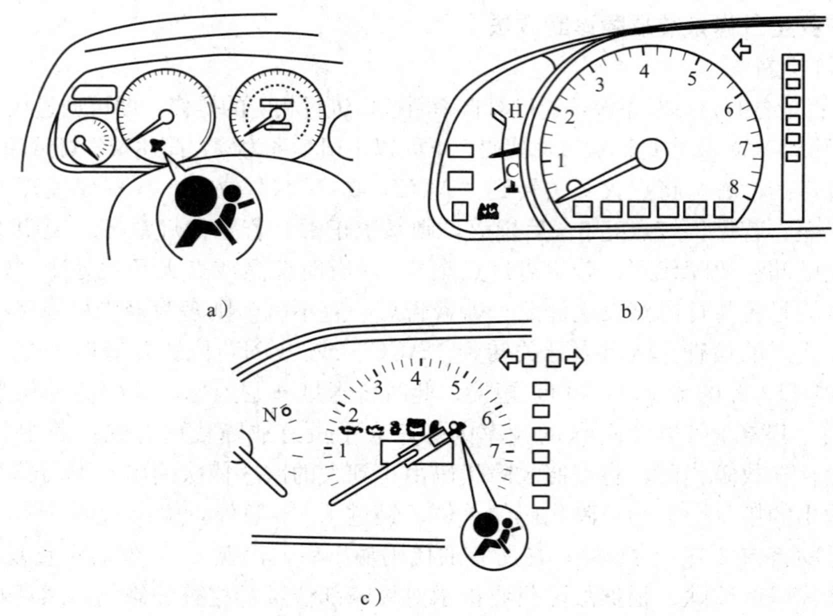

图 9—1　安全气囊指示灯

1. 故障代码的调取

安全气囊系统故障代码的调取也是通过在诊断座上采取跨接线的方法进行的，具体步骤如下：

（1）将点火开关转到“ACC”或“ON”位置，等待 20 s 以上。

（2）将诊断座上的 Tc 端子与 E_1 端子用导线跨接，如图 9—2 所示。此时安全气囊指示灯将会闪烁故障代码。

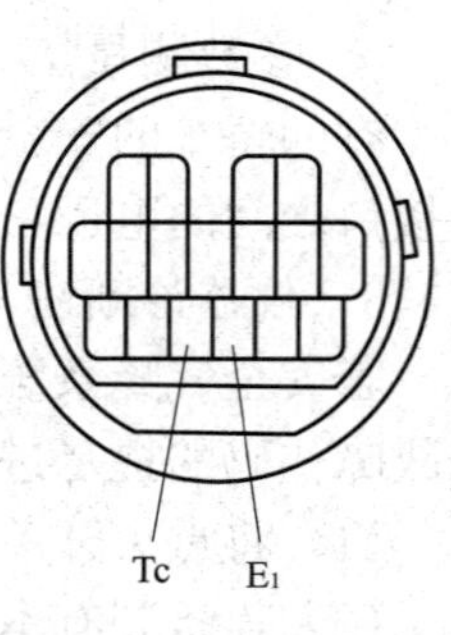

图 9—2　诊断座

丰田车系安全气囊系统故障代码波形如图 9—3 所示，故障代码内容见表 9—1。

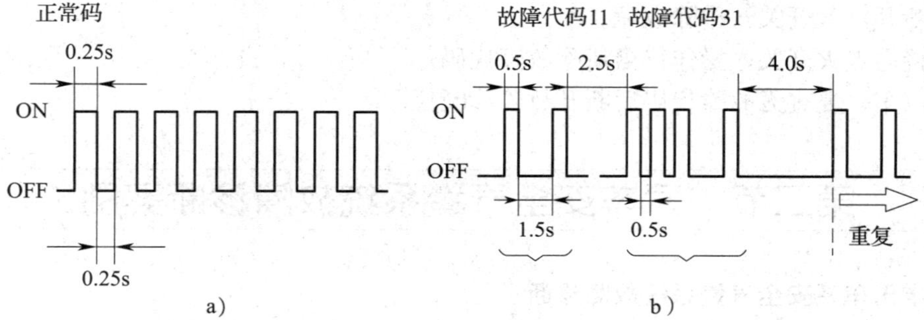

图 9—3　丰田车系安全气囊系统故障代码波形

a）正常码　b）故障代码 11 和故障代码 31

表 9—1 **丰田车系安全气囊系统故障代码内容**

故障代码	故障内容	检查部位
(连续闪烁)	(1) 系统正常 (2) 电压不足 (3) SRS ECU 故障	(1) 检查电源电压 (2) 检查及更换 SRS ECU
11	(1) 安全气囊线路搭铁 (2) 碰撞传感器故障	(1) 检查安全气囊线路 (2) 检查碰撞传感器
12	(1) 安全气囊线路与电源短路 (2) 碰撞传感器断路	(1) 检查安全气囊与电源间电路 (2) 检查碰撞传感器及线路
13	安全气囊的 D_+ 与 D_- 两条导线相互短路	检查安全气囊 D_+ 与 D_- 两条导线
14	安全气囊线路短路	检查安全气囊线路
15	碰撞传感器断路	检查碰撞传感器及线路
22	安全气囊指示灯线路故障	检查指示灯线路及指示灯
31	SRS ECU 故障	检查及更换 SRS ECU
41	SRS ECU 曾存储有故障	按故障代码 41 的清除方法清除

2. 故障代码的清除

(1) 对于安全气囊系统故障代码 11～22，只需将蓄电池搭铁线拆下 10 s 以上即可清除。

(2) 故障代码 41 的清除方法：

1) 将点火开关转至“ACC”或“ON”位置。

2) 如图 9—4 所示，先将 Tc 端子搭铁 1 s 后取开，并在 0.5 s 内将 AB 端子搭铁 1 s。

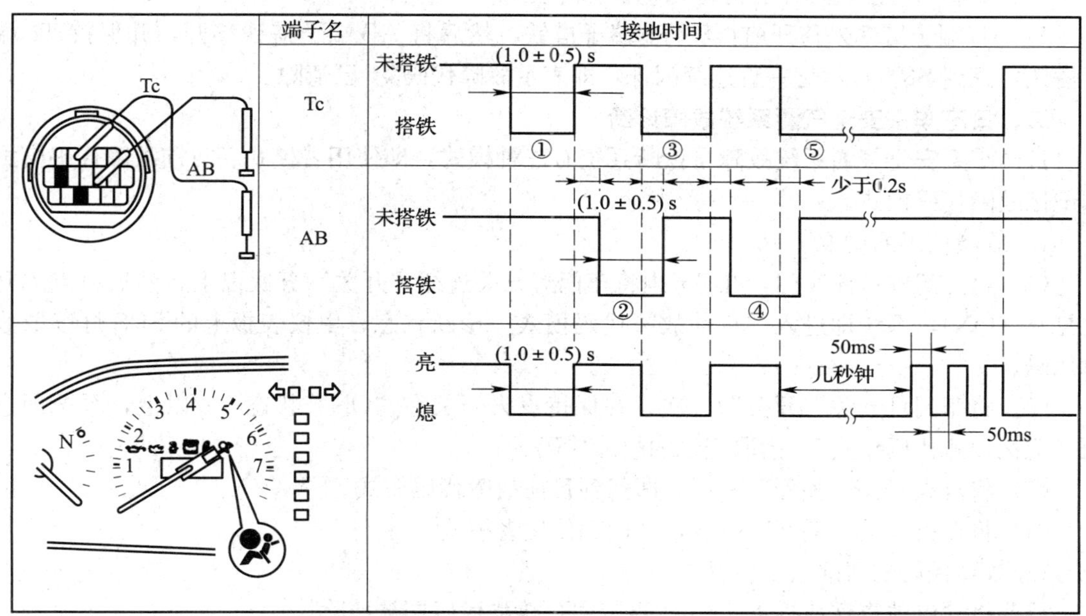

a)

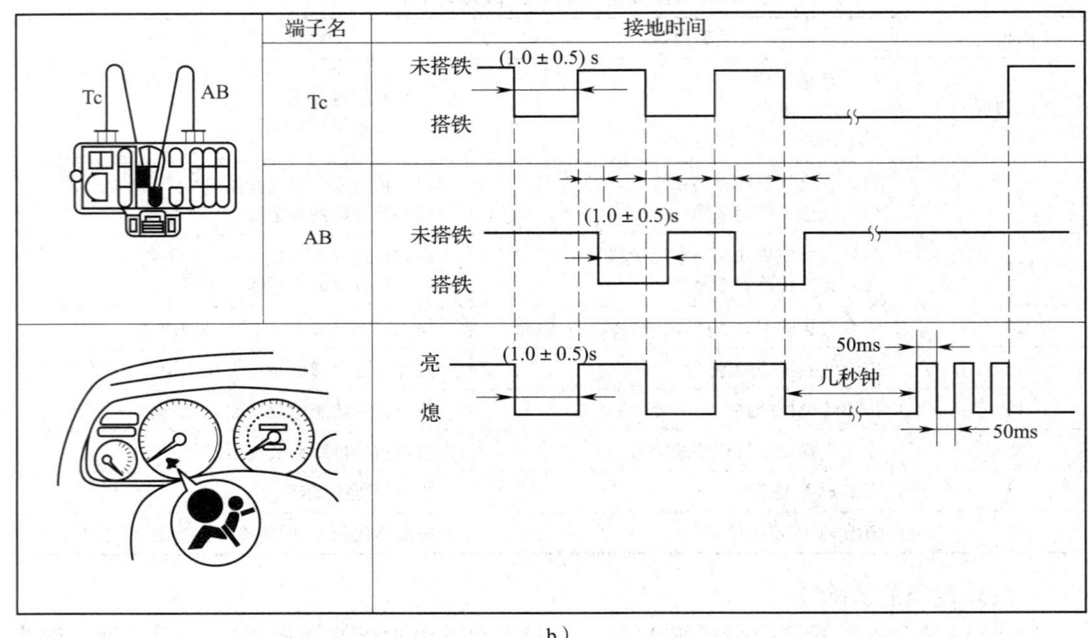

b）

图 9—4　故障码 41 清除

3）在 AB 端子未取开前，将 Tc 端子再次搭铁后移开 AB 端子等待 1 s。

4）Tc 端子与搭铁移开后再将 AB 端子搭铁 1s。

5）AB 端子搭铁未移开前再将 Tc 端子搭铁，然后将 AB 端子搭铁移开，并保持 Tc 端子搭铁，直到 SRS 指示灯一直连续闪烁，即表示故障代码 41 已清除。

二、日产车系安全气囊系统故障诊断

日产车系安全气囊系统故障自诊断系统有三种模式，即使用者模式、目前故障代码模式和记忆故障代码模式。

1. 故障代码的调取

（1）打开驾驶员侧车门，在 7 s 内将车门灯开关连续“开关”五次以上，然后将点火开关打开（ON），系统即进入“目前故障代码模式”诊断状态，由仪表板上的 SRS 灯读取故障代码。

（2）将车门灯开关“开关”一次，并保持点火开关在“ON”状态 7 s 以上，系统即进入“记忆故障代码模式”，读取记忆的故障代码。

（3）将点火开关“关开”一次，即回到目前故障代码模式。

（4）将点火开关“关开”一次，即回到使用者模式。

2. 故障代码的清除

只要将蓄电池搭铁线拆下 10 s 后再装回，故障代码即被清除。

日产车系安全气囊系统故障代码内容见表 9—2。

表 9—2 日产车系安全气囊系统故障代码内容

故障码	故障内容	检查部位
0	SRS 灯不闪，系统正常	
1	触发传感器故障	检查触发传感器及线路
2	安全气囊故障	检查安全气囊及线路
3	触发传感器故障	检查触发传感器及线路
4	左碰撞传感器故障	检查左碰撞传感器及线路
5	右碰撞传感器故障	检查右碰撞传感器及线路
6	中央碰撞传感器故障	检查中央碰撞传感器及线路
7	SRS ECU 故障	检查及更换 SRS ECU
8	同时有两个以上故障代码	进一步检查有关部位

三、通用车系（凯迪拉克）安全气囊系统故障诊断

1. 故障代码的读取

同发动机控制系统故障代码调取方法一样，凯迪拉克轿车安全气囊系统也由空调控制面板及显示屏来调取与显示故障代码。空调控制面板和显示屏如图 9—5 所示。故障代码为两位数，若出现三位数的故障代码，则表示曾经出现过的故障。

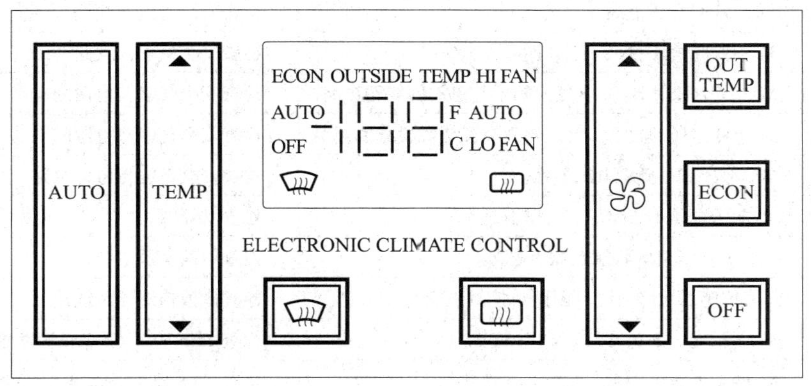

图 9—5 空调控制面板和显示屏

2. 诊断步骤

(1) 将点火开关打开（ON）或起动发动机。

(2) 同时按下“TEMP▲”及“OFF”键。

(3) 空调面板上显示屏显示“-00”，系统进入自诊断。

(4) 选择所需诊断系统，当显示屏上显示“-03”时表示诊断安全气囊系统，“-02”表示诊断中央空调系统，“-04”表示诊断 ABS 系统。

(5) 按“OUT TEMP”键读取故障代码。

（6）直接按下“OFF”键即可清除诊断系统中的故障代码。如当前处于“-03”诊断功能，显示安全气囊系统故障代码，按下“OFF”键即可清除“-03”安全气囊系统故障代码。

（7）按“AUTO”键退出诊断功能。

通用车系（凯迪拉克）安全气囊系统故障代码内容见表9—3。

表9—3　通用车系（凯迪拉克）安全气囊系统故障代码内容

故障代码	故障内容	检测部位
14	SRS ECU A3、A4、A5、A6及10端子线路接触不良	检查ECU端子及线路
15	A7、B7乘员座安全气囊电路电阻过大（5～12.5 Ω为正常）	检查安全气囊及线路
16	A7、B7间电阻过小，即乘员座安全气囊电路电阻过小	检查安全气囊及线路
17	A7、B7间断路，即乘员座安全气囊电路断路	检查安全气囊及线路
18	碰撞传感器（C109、C110）线路断路	检查C109、C110碰撞传感器及线路
19	A7、B7间电压过高	检查安全气囊及ECU
21	B9、B8间电阻过大，即驾驶员座安全气囊电路电阻过大（5～12.5 Ω为正常）	检查安全气囊及线路
22	B9、B8间电阻过小	检查安全气囊及线路
23	B9、B8间电压过高	检查安全气囊及线路
24	B9、B8间电压过低	检查安全气囊及线路
25	A7、B7、B8、B9安全气囊端子与电源间线路短路	检查安全气囊与电源间电路短路部位
26	B8、B9电压超过0.5 V，驾驶员安全气囊线路短路	检查安全气囊与电源间电路短路部位
28	A7、B7、B8、B9电压不稳	检查安全气囊至电源电路
31	A5端子电压不正常（1 V以下正常）	检查SRS ECU至双联触发器间线路
34	由1139B线至双联触发器无电源	检查熔断器及电源线路
35	碰撞传感器线路故障（断路或接触不良）	检查碰撞传感器及线路
36	A6端子电压不正常（1 V以下正常）	检查SRS ECU至双联触发器间线路
42	A4端子电压不正常（1 V以下正常）	检查SRS ECU至双联触发器间线路
43	B8端子电压为36 V时，A5端子电压不能达到36 V	检查驾驶员座安全气囊、双联触发器及线路
44	B7端子电压为36 V时，A6端子电压不能达到36 V	检查副驾驶座安全气囊、双联触发器及线路
51	安全气囊曾经引爆过	用专用仪器清除
52	系统存储故障代码超过四个	用专用仪器清除
53	B9、B8端子接头松动	检查驾驶员座安全气囊至ECU的线路及接头

续表

故障代码	故障内容	检测部位
54	A7、B7 端子接头松动	检查副驾驶座安全气囊至 ECU 的线路及接头
61	B1 端子线路故障	检查 SRS 指示灯和至 ECU 的线路及接头
62	B12 端子线路故障	检查 SRS 指示灯和至 ECU 的线路及接头
71	SRS ECU 故障	检查 SRS ECU
81、82	双联触发器中二极管断路	检查双联触发器中的二极管
83、84	双联触发器中二极管击穿短路	检查双联触发器中的二极管

四、汽车安全气囊系统故障诊断案例

1. 汽车安全气囊报警灯报警

(1) 故障现象。宝来 1.8L 轿车安全气囊报警灯常亮。

(2) 故障诊断与排除。安全气囊报警灯常亮，说明气囊控制单元存储有故障代码。用 V. A. G1551 故障诊断仪进入安全气囊控制单元，查询故障代码为 00595，即碰撞数据已存储，经反复清除，该故障代码依然存在。

故障代码说明安全气囊控制单元已经存储了一个碰撞数据，经检查该车无碰撞痕迹，用户也说未发生过碰撞事故，由此可见，故障原因应在控制单元内部。

更换安全气囊控制单元并进行编码，报警灯熄灭，故障排除。

2. 汽车安全气囊报警灯时亮时不亮

(1) 故障现象。一辆长安福特轿车，点火开关打开后安全气囊报警灯点亮，有时闪一下就常亮，有时会自动熄灭。

(2) 故障诊断。确认故障后，首先连接故障诊断仪对安全气囊系统进行检测。安全气囊系统控制单元中存储故障代码含义为“B0700—驾驶员安全带张紧器触发控制”。根据故障代码分析，故障原因可能为安全带张紧器故障，张紧器线路故障，或安全气囊控制单元故障。

(3) 诊断过程。首先确定安全带张紧器是否存在问题。利用模拟器代替安全带张紧器，经过检查，安全气囊报警灯依然点亮，说明安全带张紧器没有问题。然后对照电路图（见图 9—6）对安全带张紧器的线路进行测量。经测量得知，驾驶员侧安全带张紧器插头 1、2 脚对地电阻为无穷大，没有搭铁。接着测量驾驶员侧安全带张紧器 1、2 脚与安全气囊控制单元 C3R114 插接器 1、2 脚的通断性时，发现 C3R114 的 1 脚已脱出插接器。

(4) 故障排除。更换该线束，恢复正常。

(5) 故障分析。该故障是安全气囊控制单元插接器在出厂时存在隐性故障，导致相应线路出现偶发性断路，所以电控单元检测不到张紧器电阻，最终点亮故障报警灯。

(6) 总结。此车故障属于偶发性的线路故障，该类故障多是由线路接触不良、偶发性搭铁或短路引起的。维修此类故障时，应熟悉相关系统的控制原理，在掌握控制原理的基础上，厘清维修思路，再结合电路图仔细检查，就能让故障水落石出。

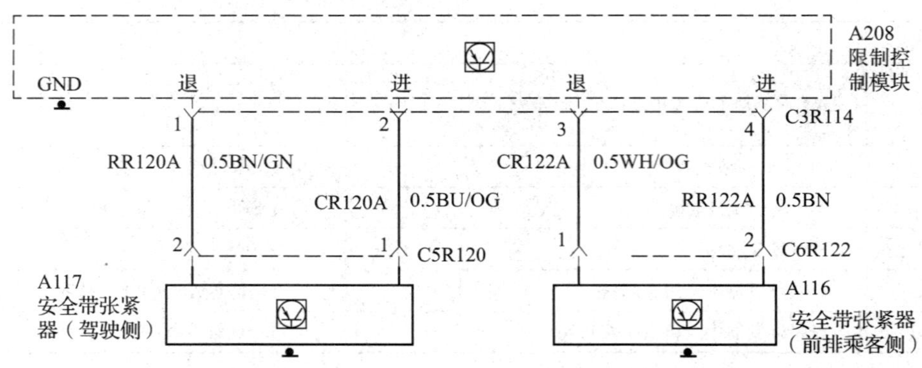

图 9—6　安全带张紧器电路图

复习思考题

一、思考题

1. 简述安全气囊系统一般故障诊断程序。

2. 简述通用汽车安全气囊故障代码调取与清除的方法。

二、选择题

1. 一般车辆将点火开关打开后，安全气囊系统进行自诊断（　　），安全气囊指示灯熄灭。

A. 2 s　　B. 6 s　　C. 10 s　　D. 30 s

2. 安全气囊指示灯在点火开关接通时，应（　　）属于系统正常。

A. 点亮　　B. 熄灭　　C. 先点亮后熄灭　　D. 闪烁

3. 安全气囊的保护效果，还应配合（　　）的使用。

A. 防抱死制动系统　　B. 转向系统　　C. 灯光系统　　D. 安全带